资深买手宝典手册

Workbook for Senior Fashion Buyers

冷芸 著

上海科学技术出版社

图书在版编目(CIP)数据

资深买手宝典手册 / 冷芸著. —上海:上海科学技术出版社,2020.4(2022.1重印)
　ISBN 978-7-5478-4763-3

　Ⅰ.①资…　Ⅱ.①冷…　Ⅲ.①服装-采购管理-手册 Ⅳ.①F768.3-62

中国版本图书馆 CIP 数据核字(2020)第 019828 号

资深买手宝典手册
冷　芸　著

上海世纪出版(集团)有限公司 出版、发行
上　海　科　学　技　术　出　版　社
(上海市闵行区号景路159弄A座9F-10F)
邮政编码 201101　　www.sstp.cn
常熟市华顺印刷有限公司印刷
开本 787×1092　1/16　印张 19
字数:440千字
2020年4月第1版　2022年1月第2次印刷
ISBN 978-7-5478-4763-3/TS·244
定价:69.80元

本书如有缺页、错装或坏损等严重质量问题,
请向工厂联系调换

内 容 简 介

本书是继《时装买手实用手册》后又一本由冷芸本人创作、专为资深买手而撰写的书。本书涉及的内容包括：时尚行业的发展趋势以及这些趋势将如何影响买手的工作？买手可以执行哪些个人力所能及的市场调研？买手应该如何运用企业预测体系来规划销售策略、促销折扣、OTB采购预算以及库存？如何将海量的潮流趋势资讯与自己的品牌定位及目标消费者需求结合在一起并找到他们的共性？如何选品并打造爆款？如何订货补货？如何开发与管理供应商？等等。

本书每一章节都有商业案例。这些案例既涉及线下企业，也涉及线上店铺。相信它们对读者会有更多的启发。

本书适合已经阅读过《时装买手实用手册》或者已经有 2~3 年以上买手相关工作经验的读者阅读。

前　言

2011年《时装买手实用手册》出版后，该书就受到了市场的热切关注。而在经历过对买手学员的3年培训后，我将我的买手课程进行了梳理，并在此基础上出版了这本《资深买手宝典手册》，希望它能够帮到那些因种种原因无法听课的读者们。

买手这一职业最近10年在国内得到了前所未有的关注。这毫无疑问是一件令人兴奋的事情。这说明国内时尚业的岗位分工越来越专业了。不过，在给学员培训的过程中我也注意到了一些普遍现象：大公司的买手岗位都非常细分，做商品企划的只会做企划，他们大多不知道、也无法控制企划最终落地执行的情况，因为落地执行是由其他同事完成的；有的买手在岗位上做了三五年也只是给各店铺配货；有的只是长期给某个区域的店铺订货……而中小企业的买手虽然做的工作相对全面，但是往往又不专业。在我的培训过程中，我发现他们用的公式不少是错误的。因此，本书的目的即是为了帮助有兴趣成为专业买手的读者通过系统及专业的学习能在买手的道路上更长远地发展。

本书中大多数的案例均来自我的学员及"冷芸时尚圈"社群群友。在这里也向所有提供案例的学员及网友们一并表示感谢。分享案例的目的是让读者看到现实场景中更多角度的问题解决方案，案例中的观点并不一定都代表我个人的观点。

本书中每章节所附的练习并无标准答案。这些练习的目的主要为了激发大家的思考力！

如果您对书中的内容有任何问题，欢迎通过我的社交媒体账户与我交流！

冷芸
2020年3月15日

目 录

前言

第一章 服装行业发展趋势及其对买手职业的影响 …………………………………… 1
  第一节 服装行业发展趋势 …………………………………………………………… 1
  第二节 新发展趋势下的服装行业所产生的变化及它们如何影响买手
          职业的发展 …………………………………………………………………… 14
  第三节 买手应当如何适应行业新趋势的发展？ ………………………………… 21
  案例一：AI将如何改变我们的时尚产业？ …………………………………………… 26
  案例二：无人店铺将如何改变时尚产业的消费？ …………………………………… 30
  练习 ……………………………………………………………………………………… 33

第二章 中国时尚消费者习性正在发生什么变化？ …………………………………… 35
  第一节 买手如何才能关注到消费者习性的变化？ ……………………………… 35
  第二节 消费者定位方式的变化：从"人口"定位到"价值"定位 ……………… 42
  第三节 消费者给我们"意外"的反馈 ……………………………………………… 50
  案例：由冷芸主导的正态智库于2018年8～11月所做的大众
       消费群体调研 …………………………………………………………………… 57
  练习 ……………………………………………………………………………………… 63

第三章 资深买手所需具备的市场调研技能 …………………………………………… 65
  第一节 市场调研的流程 ……………………………………………………………… 65
  第二节 市场调研常用的调研方法及它们各自适用的场合及利弊 …………… 70
  第三节 不是会说话就会提问：问卷设计与问题设计常见错误及
          正确方法 ……………………………………………………………………… 71
  第四节 依靠个人可以完成的市场调研方法 ……………………………………… 83
  案例：中国消费者服饰鞋消费习性调研焦点小组访谈调研设计 ………………… 89

第四章　企业预算体系：销售预测—采购预算(OTB)—现金流预测 …… 99
　　第一节　销售预测 …… 100
　　第二节　OTB预算-库存规划-促销规划 …… 112
　　第三节　损益表与现金流预测 …… 124
　　案例：转型后的买手店销售预测 …… 133

第五章　如何将时尚流行趋势落地为适合本品牌的流行元素表？ …… 141
　　第一节　时尚流行趋势基础知识 …… 141
　　第二节　时尚流行趋势预测原理、方法及内容 …… 144
　　第三节　品牌定位、用户需求及潮流元素之间的关系 …… 149
　　案例：名创优品的商业模式探索 …… 161
　　练习 …… 164

第六章　商品企划 …… 167
　　第一节　商品企划的定义以及执行过程中的常见问题 …… 167
　　第二节　新零售下的商品上市波段与产品线宽度规划 …… 172
　　第三节　商品潮流生命周期企划 …… 178
　　第四节　商品品类结构性企划 …… 180
　　第五节　其他商品企划 …… 182
　　第六节　核心系列的企划 …… 184
　　案例：如何制作快时尚商品企划案？ …… 189

第七章　如何选款及打造爆款？ …… 199
　　第一节　快速选款法 …… 199
　　第二节　爆款选款法 …… 205
　　第三节　如何利用图片与文案打造爆款？ …… 211
　　案例：爆款选择 …… 222
　　练习 …… 227

第八章　产品开发与订货 …… 229
　　第一节　产品上市周期 …… 229
　　第二节　订货会 …… 234
　　第三节　货品调拨 …… 236
　　案例一：参加知名运动品订货会是一种怎样的体验？ …… 239
　　案例二：订货会前的内部商品评估会议具体是如何操作的？ …… 241
　　练习 …… 244

第九章　供应商的开发与管理·················247
　第一节　鞋服业供应商的分类与开发策略··········247
　第二节　供应商开发渠道······················252
　第三节　供应商开发评估······················254
　第四节　签订协议···························258
　第五节　供应商合作后的评估方法···············261
　案例一：我参加意大利 MICAM 鞋业展的经历分享······266
　案例二：供应商如何帮助品牌方（店铺方）有效降低库存？······270
　练习····································275

第十章　综合案例··························277
　案例一：电商大促当前，买手需要做好哪些准备工作？······278
　案例二：利郎是如何将公司特卖会延展为"线下双 11"活动的？······286
　案例三：新品上市后，如何利用活动提高新品销售？······288

第一章 服装行业发展趋势及其对买手职业的影响

第一节 服装行业发展趋势

在日常工作中,很多人常常会疏忽对行业发展趋势的关注。除了因为大多数人每天都陷于日常事务性工作的忙碌中,也可能因为很多人觉得"行业趋势"似乎是个老板才需要关心的"宏观"话题,而自己只是个小职员,没必要关心那么多!

这正是我将这个主题放在本书开篇的原因。因为我相信,在透明化、互动性如此高,新生事物迭代如此快速的当今世界,没有一个人能够或者应该忽略未来发展的趋势!如果你看不清楚未来时尚产业的发展趋势,你也不会明白买手这个职业在现今与未来究竟会发生怎样的变化。如果你不能明白这个变化,你也无法认知做一个有职场生命力的买手,需要具备什么技能。

另外一个特别值得注意的现象是,在互联网兴起之前,中国时尚产业的发展几乎都在步西方时尚产业的后尘。如果你不知道自己接下来该做什么、怎么做,只要去看看西方品牌是怎么做的,西方在流行什么,然后照着模仿即可。但是,互联网革命将中国时尚产业与西方时尚产业几乎拉到了同一条起跑线上。面对这个新生事物,我们需要共同探索如何在互联网浪潮下生存与发展!因为缺少了参考对象,我们必须更加关注未来发展的趋势,才不会被快速淘汰。

接下来我们就来看看整个时尚行业究竟有哪些大的发展趋势?

一、从"产品为王"到"用户为王"

"用户""流量"几乎是现在所有零售业都会用到的高频关键词。虽然,零售的本质——

"人、货、场的匹配"至今并未发生本质的变化，但是对"用户"的关注度已达到前所未有的高度！

当然，从"产品为王"到"用户为王"并不是说"产品不重要了！"事实上，自从有买卖开始，产品本身一直都是核心要素！毕竟，没有人会长期购买一个不靠谱的产品。从"产品为王"到"用户为王"导致了更多的对商业模式的颠覆。

在"产品为王"时代，我们考虑的都是如何专心将产品做好。我们所有的商业谋略，都是为了做出用户需要的产品，然后把它们卖给用户。在这种思考模式下，我们研发的都是单一导向的产品。比如，当我们是个服装品牌时，我们考虑的仅是如何做好服装，通常我们不会考虑再去做培训、媒体或者广告等。

而"用户为王"下的思考模式则是：用户需要什么样的产品或服务，我就提供什么样的产品与服务！

比如，如果我的服装品牌拥有50万会员。在"产品"时代，大家所思考的仅是如何做好自己的服装，以优质的服装服务好会员。而在"用户"时代，当我拥有了50万买我服装的用户，我可以再拓展自己的服务，比如"穿搭培训"。我可以边教这些用户如何穿搭，同时把自己的衣服也卖出去。这样延伸一段时间后，也许可以成立一个穿搭培训公司。或者，把自己品牌的公众号变成一个媒体号，既然品牌拥有那么多用户，完全可以拓展媒体广告业务。

所以，在"用户为王"时代，我的商业范畴就从"卖衣服"，到同步"做培训"，再到"做媒体广告"。在"产品为王"的时代，我们是很难突破这个商业思考界限的。

可能很多人觉得这种突破违背了我们传统接受的教育"专心致志做一件事"。其实两者的专注核心点不一样，一个核心点是"(服装)产品"，一个核心点是"用户"。在前面给大家分享的案例中，每一个延伸业务与现有业务都是有关联的，它不是完全脱离现有业务的全新拓展。

二、从"跨界"到"无界"

这是互联网时代带给我们的第二个趋势。因为技术与互联网的发展，许多原本我们不可能接触的领域，也正变得触手可及，最终，行业之间的界限变得越来越模糊。这个趋势具体体现在时尚产业有以下几点：

1. 时尚风格的界限正变得越来越模糊

以前看时尚 T 台秀、杂志大片或者品牌画册,我们大多数时候可以立刻判断出这些服装的风格,比如优雅的、性感的、朋克的……我们通常也会立刻判断出某套/款衣服适合什么场景,比如办公室、商务宴会、日常约会等等。

但是今天我们再看时装秀、广告大片或者品牌画册,我们会发现不总是能立刻定义那究竟是怎样的一种风格? 或者适合怎样一种的场景! 或者说,"混合的风格"就是流行。比如:原来只会出现在职场的西服与原本只会出现在舞会上的纱裙与原本只会出现在运动场上的球鞋的搭配,是今日典型的流行款。

男女装性别界限感也日趋模糊。现在很多"潮牌"卖的都是中性装。其至,男生现在涂口红、上面膜也不是什么新闻。也许男生穿裙装与高跟鞋也指日可待吧! 而女性除了好穿大一号的男生装外,削短发、追男生,也一样很流行。这些都是潮流风格跨界的例子。

2. 销售渠道从跨界到无缝对接:单渠道——多渠道——全渠道——新零售

从"跨界"到"无界"的另一个表现是销售渠道的变化。

零售业的销售渠道经历了从早期的"单一渠道"(百货商场),到"多渠道"(百货商场、购物中心、街边店、电商平台等),到今日的"新零售"。虽然"新零售"的定义似乎有很多争议,但在我看来,"新零售"就是一种无界零售(后面会有更详细的解释)。

由于本书主要针对资深买手,所以这里不再赘述一般行业人士都能理解的"百货商场""购物中心""街铺""电商平台"等渠道的明细。这里主要解释以下 3 个相对比较新型的渠道:社交商业渠道、快闪店与沙龙秀。由于社交商业渠道涉及的内容比较多,我将它放在最后讲解。

(1) 快闪店(Pop-up store)

快闪店从形式上来说就是临时搭建的店铺。这种店铺通常面积不会太大,装修也比较简约。它最早出现是带有艺术品位的,比如有的高端品牌会在一个车库、艺术空间或者游艇上做一个快闪店。快闪店通常用于新品发布、新品测试、品牌宣传,也有的会用于高端品牌的特卖会。这种比较讲究格调的快闪店有利于提升顾客的体验感。[1]

---

[1] 关于快闪店更多资料,建议阅读由 Schüller, Sophie 与 Jud, Bianca Viola 合写的 "*The Revolution of Brick-and-Mortar-Retail*:*Pop-Up Stores a Taxonomy*", Marketing Review St. Gallen, 2018 年 1 月刊, 60~68 页。

快闪店最大的好处是投资小，场地灵活。属于通过相对小的投入就可以获得顾客对新品的反馈并增加与顾客互动体验感的模式。其实以前百货商场一直都有的临时特卖场也是这种类型的店铺。只不过"特卖场"听上去比较低端，而且也不像快闪店那么讲究所谓的格调及体验感。但从销售而言，两者并没有本质差异。

（2）衣箱秀（Trunk show）

"衣箱秀"是一种设计师带着自己的设计作品直接面对顾客的形式。独立设计师自己开店（无论线上还是线下）都比较昂贵。而衣箱秀就是一种小投入但回报相对比较高的模式。

衣箱秀的形式也比较多样。总体而言，就是设计师在一个艺术、设计氛围相对比较浓厚的空间里（可以是画廊、酒店等。现在国内也专门有这种临时艺术空间出租）举办一个小型的服装展览秀。秀的形式可以是模特展示，也可以是通过人台或者挂杆陈列的静态展示。有的设计师因为预算有限，请不起模特，也没有人台，他们就将自己的画册图片贴到墙面上，服装则以挂杆形式呈现。

衣箱秀通常都会配备小点心、酒水等，为来访者营造一个比较轻松又亲密的环境。

通常衣箱秀的流程是这样的：

> 设计师先通过PPT介绍自己的设计灵感来源，介绍每款产品的设计与工艺。
> 如果条件允许，开始是模特走秀的环节。或者就直接进入下一个环节。
> 顾客可以直接试穿所有衣服，相互评价。最后决定是否要购买或定制。
> 沙龙秀也可以邀请买手店买手及公关公司，同步拓展批发业务。

受邀请的客人从哪里来？

> 通常是设计师平时积累的客人名单以及通过朋友口碑邀请。
> 通过专业的公关公司及showroom邀请。

一般衣箱秀时间在3～7天。时间长短主要取决于设计师的预算及客人规模。

对于设计师来说，这种形式最大的好处是，投入小且灵活，能与顾客亲密接触。这也是很多小众设计师很在意的，他们希望能直接与自己的顾客对话，了解他们的需求。而对于顾客的好处也是显而易见，顾客能近距离接触设计师，了解潮流资讯，认识更多同类朋友。这种带有社交属性的社交模式也符合当下"社交商业"的特征。

当然其缺点就是不适合大规模拓展。但是对于一个小众设计师，如果可以到各个时尚之都以这种形式拓展新顾客，还是一种性价比比较高的模式。

（3）社交商业渠道

所谓"社交商业渠道"，就是以"社交化"的形式进行商业交易。在我们了解"社交化"商业前，我们先来看下"社交营销"与"传统营销"究竟有何区别。因为有了"营销（流量）"才会有"商业化"的基础。以下是我基于自己的经验对两者区别的总结：

a. 传统营销基于"企业"品牌；社交营销基于"个人"品牌

刷下微博我们会发现，高粉量都是个人而非品牌官网。比如，马云的粉丝量是2 488万；而阿里巴巴官网的粉丝量则是83万[1]。在我看来，马云是60、70后里最懂社交商业的人物。要知道，他们的许多同龄人都不玩社交媒体的，甚至至今许多人认为玩社交媒体很浪费时间。也许许多人还没意识到，社交媒体其实已经发展成一种商业模式，而非仅仅是个人吃喝玩乐的工具。

网红们也正是抓住了这个社交时代的"个人"化特征，早期通过晒个人生活、工作的图片或者主题内容聚集了一批粉丝，最后得以将这些粉丝流量转化为现金流。

社交化营销基于"个人"品牌并非说企业官方品牌就无法生存了，而是说，营销的玩法改变了。它的改变主要体现在沟通方式上，也就是接下来的b点。

b. 传统营销很"正统"；社交营销要"好玩""够娱乐""够互动"。

每当我们说起"企业官方媒体"，大家容易联想到的是"正统""严肃""权威"。但是在社交化时代，企业如果依然这样正襟危坐，那么基本上就很难在社交媒体上获得用户关注。当今社交化的形式要"好玩""够娱乐""萌"。你的内容依然可以很正规，但是形式上可以很轻松、甚至有些自我娱乐与调侃。

比如，全国最大的互联网服饰品牌及平台韩都衣舍曾经出了一组关于"气死前任攻略"的海报。海报上是这样写的：

> 气死前任攻略
> 现任蓝盆友是土豪驾豪车从前任渣男面前飘过！
> 变成前任的老板娘！
> 找个比前任更高更帅的蓝盆友！
> ……

---

[1] 上述数据截至2019年8月26日。

这个海报明显比一本正经做"失恋"故事的文案更能吸引青年人。

"互动"感是社交营销的另外一个重要特征。这也是它与传统营销的区别。传统营销时代，企业与顾客之间的互动基本只能靠线下活动，或者在店铺进行。这种受时空限制的方式能带给顾客的互动感是非常有限的。而社交媒体极大地拉近了两者的距离。也因此，与用户之间保持互动是社交化商业的一个主要特征。

c. 传统营销是"王婆卖瓜、自卖自夸"；社交营销的内容更趋向于多元化

传统营销时代，营销形式主要有三大类：广告、（线下）活动、公共关系（PR）。社交商业时代，这三个形式依然存在，但是在内容上非常多元化。大家可能曾接触过这样的术语——"内容营销"，意思就是靠营销内容取胜。

传统时代的营销策略主要是"王婆卖瓜，自卖自夸"。无论是广告（我们俗称的"硬广"），还是产品推介，基本都是直白的王婆卖瓜形式。但是在社交商业时代，这种直白的卖货形式已经很难获得人心（虽然这种形式依然存在）。

社交营销内容一个重要特色是以"教育"形式吸引用户流量与转化率。

比如，服装企业不再仅仅在自己的公众号推送产品介绍，还会教顾客如何穿搭衣服；彩妆公司不再仅仅卖彩妆，还会教用户如何化妆，在这个过程中，再"顺势"推介自己的彩妆产品。

d. 传统营销有了产品才做营销；社交营销没有产品也可以营销

在传统营销时代，我们通常有了产品才会做营销推广。即使作为新品发布活动的预热，通常这个预热阶段也不会离开发布日期太远。而在社交化营销时代，即使没有产品，也可以营销。因为你可以提前积累自己的用户，也就是俗称的"粉丝"。等粉丝量达到一定规模，你的产品上市，即可设法转化为销售。

这也是俗称的"粉丝"经济，或者"流量"经济。社交商业时代，聚集"流量"/"粉丝"是第一步的。而这个聚集方式主要就靠前述的内容营销。

假如你是一个想创业的服装设计师。在传统营销时代，只有你把自己作品创作为成衣后，才会想着去哪里卖它们以及如何卖。但是在社交化商业时代，即使你只是有个创业的点子，你就可以开始通过社交媒体圈粉。从你的创业点子开始，你每天工作中的想法、困难、疑惑，都可以在社交媒体上与粉丝们沟通。这些点点滴滴的内容就构成了你日常在社交平台上沟通的内容。它们并不需要刻意被创作。

第一章
服装行业发展趋势及其对买手职业的影响

对于玩社交媒体的人而言,发布"真诚""真实""及时"的内容比所谓的"完美"更为重要。在我教学过程中,有的学员认为应该将产品做完美了再上线。所以,如果自己的创业想法还不成熟,或者自己还不满意产品,就不能上线。这就又要谈到我之前与大家谈过的"互动感"的问题。在社交时代,粉丝已经不单单是你的跟随者,他们也可以是与你一起成长的朋友。让他们参与到你的工作中,其实既是一种社交也是一种商业策略。也许你的创业点子不完美,你可以请粉丝们帮你改善到完美啊!也许你的产品不够完美,你可以请粉丝给你提供反馈与意见啊!能在产品上市前获得更多人的反馈,岂非更好?当然,如果你的粉丝真的给你提供了有效建议,请一定要记住给他们些务实的回报——比如,发个红包之类的。

比如本书上市前,我会在自己的社交媒体上发布封面草图,请大家帮我选择哪个封面设计更好?其实这时我的书还没写完。但这个举动其一对我来说是完成封面设计的任务,并且我希望未来本书的读者们一起参与到这个选择来,帮我做出更好的选择;其二也是我与粉丝互动的机会。最后事实证明,大家写的反馈都很中肯,对我的帮助很大!作为回报,我则会赠送书给为封面提供了有效建议的读者。

也有的人,特别是设计师担心提前分享自己的产品或者点子,会被抄袭或者复制。其实我个人一直认为,一件事情或者一个产品,如果它是很容易被抄袭的,那么说明这件事情或者这个产品本身的价值也不高。即使上市前不被复制,上市后依然很快会被人抄袭,这种时间差可能只有一两天。所以无论是否提前分享,都很难与抄袭者拼速度。其次,那些会购买抄袭者产品的人,可能也并不是你的目标客户群。比如你做的一件衣服用的是 300 元的材料,而抄袭你的人用的是 30 元的仿制材料,那么这些买低价产品的人也并不会买你用 300 元材料开发的产品。

对于这个问题也有一些好的对策,美国公司 Betabrand 就是让用户与粉丝众筹,一起参与设计开发、制作及售卖产品,参加众筹的用户未来可以以更低的价格来购买该平台出售的产品。

e. 传统营销,"推广"与"销售"是分开的;社交营销,"推广"与"销售"是一体化的

传统营销中,"销售"与"推广"是分开的。在这个模式里,销售是负责赚钱的;而推广则是负责花钱的。在社交时代,"推广"与"销售"的功能则趋向于一体化。在社交媒体上发布内容,即是推广,可以通过简单地加一个店铺链接转换到销售。这就是"推广"与"销售"一体化的概念。我个人相信,在不久的将来,市场部/营销部不仅要会花钱,也要会赚钱。

f. 传统营销,机构是销售代理人;社交营销,人人都是销售代理人

在传统营销中,一般销售工作都是通过机构、公司完成的。而在社交营销中,人人

都是顾客，同时人人也是销售代理人。一个最明显的案例，我相信大家都经历过，就是看到朋友圈卖产品或者推荐某个商家，无论他们是以硬广告还是软广告形式，无论是有意销售还是纯粹的推荐，都会给观者留下印象。比如，我们在某个餐馆享用了一顿美餐，在朋友圈分享一下，可能立刻朋友圈就有人问："是哪里？""多少钱？"。也许餐馆并没有给你任何销售佣金或者好处，你只是觉得他们的菜品确实好，无形中也就帮餐馆推广了一次。这种推广的效果往往比商家的硬广更好，社交商业就是利用朋友圈彼此信任这个特征，以"社群""微信朋友圈"等形式渗透到每个人。

当然，这种渗透频率与形式非常重要。过度营销只会适得其反，很可能最终弄丢了很多朋友。只有依赖靠谱的人品推荐靠谱的产品，才可能在朋友圈得以长期生存。

基于"人人都可以是销售代理人"的原理，一些企业鼓励所有员工担当起传播企业品牌的任务。想象一下，假如一个企业有100位员工，每个员工微信朋友圈有500位好友，那么至少一次也有5万人次的曝光。对于大型企业，比如有3000位员工，则可能意味着150万人次的曝光。而这些都几乎是零成本的曝光。大家现在去实体店买东西，很可能也会碰到导购主动要求加微信的情况，加微信就是为了保持彼此的黏性。微商的模式正是利用了这个特点。当然，如何激励员工自愿、真诚地在朋友圈分享是很重要的，最起码应该要给员工销售提成或者其他现金/物质方面的奖励。其次产品确实要好，让员工信服，不然，可能就是对员工朋友圈的伤害了。

在了解了社交营销与传统营销的区别后，我们再来看看社交化商业有哪些渠道。

a. 微店

无论是基于微信小程序还是有赞平台的小店，本质上都是基于社交模式的轻体量店铺。对于卖家而言，它最大的便利是轻体量，不需要做太多的投入就可以轻松开店。但是无论是微信小程序还是有赞平台，都无法直接提供流量。换句话说，流量还是需要靠商家自己去其他地方（广告、朋友圈、社群等）获得。

b. 社群

社群销售渠道初期都是在微信上建立的群。比如，一个微信群可以有500人。如果能建立200个群，那就是10万人的社群。如果每个月平均有15%的转换率，客单价在500元，每个月的销售收入则大约是750万元。

当然，去建立200个社群本身也是需要付出代价的。除了靠口碑，更需要靠与其他社群的合作，甚至花钱购买流量。

对于现在已经遭遇流量瓶颈的电商用户，其实可以考虑如何将线上顾客转化为更有黏性的社群。社群最大的好处是增加了买卖双方的沟通便利性。

社群运营最大的挑战是维持其长期的活跃度。本书读者当中大部分人或多或少都进过一些社群。大部分社群建立一段时间后，有效内容就越来越少，慢慢社群就呈被冷落的状态了。这就是社群运营者需要考量的问题。在我看来，如果社群销售的产品比较单一，而且长期只是在卖产品，基本都很难维持活跃度。因此，在做社群运营时，要预先考量好这个社群除了卖货（需要品类丰富），还能为用户提供什么有价值的服务。

社群运营也有弊端。如果碰到一个蛮不讲理的顾客，可能他/她的发言或者对商家的评价会影响其他人对商家的看法。其次，社群很容易被其他社群抢人，当然这些问题在其他渠道同样存在，只是在社群里这样做的成本与门槛更低。但无论怎样，最主要还是考验社群运营的能力。

社群做大了也可以自己开发社群 APP，形成自己封闭的生态圈。

c. 社区

基于社区做销售的模式更适合低价、高消费频次的产品，比如食品、日常生活用品等。购买顾客通常是妈妈们。虽然现在有些超市也有送货上门的服务，但是许多妈妈更喜欢货比三家，知道今天哪家有更多选择，价格更适宜。而社区就可以提供这样的服务，主要是提供更丰富的信息源，帮个人做出更合理的选择。

社区与社群营销最大的区别是物理距离。社区主要销售给在近距离范围内的家庭。因此，以日用品销售为主。

d. 直播

直播从刚开始乱象丛生到今天，已经在慢慢走向正规。以前直播主要靠个人运营，现在直播已经形成比较完整的产业链。杭州已经建立了许多直播基地。直播基地除了为主播提供直播空间，也会为他们做一系列的相关培训，并为他们开发/寻找适合的货源。同时直播基地可以从相关直播平台获得更多的流量。虽然主播是风水轮流转，但是直播基地相对就比较稳定。

不过现在社交化商业渠道主要销售的还是低价产品。相对传统模式来说，无论是销售策略、产品品质还是售后服务还有很多有待提升的空间。但是它们确实已经成为不可被忽略的主流渠道了。

最后，让我们再来了解下究竟何为"新零售"，以及新零售将如何影响我们的企业运营方式？

（4）新零售

如上所述，这么多大大小小的渠道及平台加在一起，一个顾客约可以通过30余个入口买东西。如果企业后台没有一个强有力的中央系统，一定会造成各个渠道数据的混乱（比如库存数据的不准确）。因此，无论顾客从哪个入口进入购买产品，从顾客端体会到一种无缝对接的服务很重要。这种就是从顾客角度所理解的新零售。这个对企业无论是硬件投入还是企业管理、运营能力都提出了很高的要求。

新零售的实施既需要硬件条件（信息系统、智能设备等），更需要软能力（人员素质、企业协调等）。我并不认为新零售改变了零售的本质（即"人、货、场的匹配"），但是它确实可以大大提高"人、货、场的匹配"的效率。原因是高科技允许商家能够更便利、更有效及更精准地收集几乎所有与消费者相关的消费数据。在传统时代，我们实体店铺的POS系统原则上只能收集到顾客购买记录，但是它无法记录"非交易数据"。所谓"非交易数据"指的是顾客从入店到购买之间的过程数据；以及如果顾客没有购买，也就没有任何数据。这正是线上店铺击败传统线下店铺的一个原因，线上消费者的消费过程数据几乎是可以被全程记录的，但线下就没有这个条件。但现在依靠高科技设备（RFID射频识别技术、表情识别仪、智能试衣镜、智能仓储货架等），消费者从入店，到行走路线，看、摸衣服、试穿等，都可以得到记录。从而更加有利于商家分析消费者的消费行为，并找到其消费或者不消费的原因，做出更适合顾客需求的产品。

不过硬件条件只要有钱总是容易实现的。更难以实现的是新零售对软能力的要求。

新零售对软能力的要求，首先是要求企业学会从"人工决策"转向"数据决策"。

很多人误以为所谓的"智能化""数字化"，就是加强IT信息系统的投入。殊不知，在本质上，它是要求人的思维方式的转变。

众所周知，中国纺织服装业的基础是劳动密集型企业。只是最近几年开始追求"智能化"与"数字化"，在人才水平上有了很大的提升。但是劳动密集型的属性并非一朝一夕就可以改变的。劳动密集型的基础决定了整体服装业的人才水平与其他行业相比，比如金融、制药、专业人士（律师、医生）、互联网业等要低许多。坦率说，在过去近40年的时间里，我们的纺织服装领域并不算是高度拼智商与能力的时代。它更主要靠的是机遇，创业者的直觉、经验、勤奋与勇气。

直觉与经验曾经帮我们第一代甚至第二代企业家获得了很大的成功。但与此同时，企业与企业家们需要看到，今日我们所面临的世界已发生了巨变。首先我们面对的数据量与信息量已是数十数百倍于 10 年前的。最简单的例子就是我们开发的产品数量，以前也许一年开发几百或者上千个 SKU 就够了，而今天，一年开发的 SKU 至少有两三千甚至到上万款。以前每 1~2 个月上次新款，现在几乎每 1~2 周上次新款。这种产品上新频率、款量以及销量已经让我们很难单纯靠人脑去记忆与分析数据。如果在这样的情况下，还是靠老板一个人的脑袋决策，肯定已是力不从心了。

而当下的现实又是怎样呢？"智能化"与"数字化"并非仅仅建立强大的 IT 系统就可以了，它要求企业学会依靠数据来科学、客观地分析业务现状并依据数据来高效地决策（在最短的时间内做出一个合理的决定）。然而，在国内，我们还有很多企业主连基本的财务报表都看不懂，就不要说依赖于数据来做决策了。

因此，新零售首先需要的是企业自上而下对企业决策方式的改变。在当下，企业必须学会借助于数据来做决策，而非再依靠某个人的头脑来决策。举例来说，美国的 Stitch fix 网站，就是通过数据及算法来智能为用户提供"订阅式"穿搭服务。所谓"订阅式"服务就是用户只要缴纳一定的会费（订阅服务费），就可以每个月收到一次由商家推荐的、已经搭配好的服饰系列产品。顾客只要根据自己需要留下所需服装（需要另外支付产品费用），其他的直接退回即可。这种服务比较适合那些工作非常忙碌，或者懒得自己思考每次要买什么衣服的人。

三、从"追求物质"转向"追求精神"

在物质日益丰富的情况下，更多的人开始追求"精神"类产品。在时尚业的几个具体表现是：

1. 逛店不再仅仅是购物，体验感很重要

体验感指人们对一件事物从"视觉、听觉、嗅觉、味觉、触觉"五方面所体会到的直观感受。如果大家现在去逛店铺，一定会发现商家越来越注重整体的空间设计，店内与顾客互动装置、道具或者设备的配置等，这些都是注重"体验感"的表现。

另外，大家可能也注意到店铺产品品类更加丰富，比如从"服装店"转为"生活方式店"。原来只是卖衣服的店铺，正在慢慢拓展为多品类的"生活方式店"，除了卖衣服，还卖文具、生活用品，甚至还有发廊、音乐厅、书店等。其实这种模式早在 20 多年前就出现在欧洲了。

2. 定制流行时

"定制"本身并非新需求。众所周知，在成衣出现以前，服装都是通过定制完成的。但是今天的"定制"已经远非 100 年前的"定制"了。那时候的定制耗时巨长，不符合当

下的速度。现在的定制更确切地说是"半定制",也就是在成衣的基础上进行适当、局部的调整(比如长度、领型、尺寸等)。比如 NikeID 就是一个线上半定制的模式,用户可以选择 logo 色彩、鞋面色彩,可以签上自己的名字等,所需要支付的费用与买一双成品鞋子相差不大,拿到成品鞋需要等候 30 天左右。

对这种半定制服务的需求体现了消费者日趋个性化的诉求。也算是一种从追求单纯物质享受转到追求精神层面享受的表现。

3. 可持续时尚

究竟什么是"可持续时尚"?它的定义即使在学术界也众说纷纭。不过总的来说,可持续时尚主要是指产品在设计、制作、销售、消费四个阶段中,能考量它对自然与人文环境的影响。它的分类主要有以下几种:

(1) 减少浪费

如果大家没有去过垃圾填埋场、加工厂或者企业仓库,可能都很难想象纺织服装业的浪费程度究竟有多大。做过衣服的人都知道,在面料裁剪过程中,有 20%~30% 的面料会成为废料。这些废料日积月累,可以成为庞大的纺织废料。而导致浪费最大的源头是企业库存,服装一旦成为库存,除了会占用企业现金流,还会长期占用企业仓储空间,使得新货品无处可放。这也是为什么会有媒体报道企业最终不得不烧掉库存,以尽量摆脱这种累赘。

减少浪费的方法一种是"零浪费裁剪技术"。这种减少浪费的方式是在设计、裁剪阶段就充分考虑如何充分利用面料本身的特性与面积来做衣服,尽量减少废料的产生。

还有一种减少浪费的方法是利用废布头做一些枕垫、配饰等小件物品,尽量充分利用好被废弃的面料。

减少浪费还有一种形式是做循环利用,比如通过改造(二次设计)二手衣或者库存衣服来延长衣服的穿着寿命。

(2) 新型可持续材料研发

可持续时尚从根本上而言还是要从改变纤维材料开始。毕竟,上述的收集碎布料、改造二手衣或库存衣服本身也很耗费成本。就拿家家都有的旧衣服来说,旧衣服从收集,到整理、分类、清洗,再次被循环使用,需要耗费巨大的人力成本。这个成本甚至超过了买新面料做新衣服的成本。因此其可行性并不是很强。

第一章

服装行业发展趋势及其对买手职业的影响

在新型材料的研发上,纺织科学家主要朝以下几方面努力着:

a. 尽量使用本就被废弃的材料或者可以自然生长的植物.

我们现在主要使用的棉花与涤纶都是需要消耗巨大能源的。前者耗水,后者则是从石油中合成提炼的。两者都是有限的自然资源。长此以往,必定不是长久之计。

因此,科学家早就开始考虑从一些原本被废弃的材料(比如鱼鳞、蜘蛛网、可乐瓶等)中提取可以制成纤维丝的原料成分;或者从一些可以自然生长而不需要人工种植的植物中提炼制成纤维丝的原料成分。

b. 有机种植、养殖的材料

比如有机棉、有机羊毛。这些都是指没有使用农药、化肥,而且在没有被污染过的土地上种植或者养殖的。

c. 可循环使用材料

面料被使用后可以重新回收再生成新的纤维丝。

(3) 对人文环境的关怀

在纺织服装业,对人文环境的关怀主要体现在对流水线工人、手工艺人的关怀,以及是否能为他们提供有尊严的劳动环境及待遇。

在第二章,我们还会继续介绍现在的消费趋势。其中一点就是小部分先知先觉的消费者已经不仅仅只是关心买衣服的价格,他们也关注这些衣服是如何做出来的(什么样的工厂?衣服最终会去向哪里?是否会被浪费?等)。同时我们也会介绍些国外案例,他们是如何随着这样消费趋势的出现创造出新的商业机会。

事实上,奢侈品巨头 LVHM 与开云集团,体育运动品牌耐克、阿迪达斯,以及快时尚 Zara 与 H&M 很早就开始布局可持续时尚战略,并且在近几年加快了这方面业务的进展。

第二节　新发展趋势下的服装行业所产生的变化及它们如何影响买手职业的发展

一、企业文化、组织架构、人才需求与管理方式的变化及人才需求的新要求

互联网技术正在逐步改变我们对企业的治理方式。一个最简单的例子就是以前需多人协作的工作，几乎都要靠见面才能完成。现在理论上，只要有网络，依靠诸多线上协作办公软件，你几乎可以在任何地方办公。这些周围环境的变化，对企业的管理方式、组织架构及人才需求都提出了新的要求。

1. 敏捷性组织趋势，要求员工能够一专多能

现代企业为了能够对外部市场的变化做出快速反应，必须对自己的组织架构也做出相应的调整。敏捷性组织也正是因此变得更为重要。敏捷性组织的特点是去"中心化"，以单位"作战"（应对市场），且保持团队组织的灵活性（按项目需求组织团队）等等。这种组织架构赋予了员工更多权力，但也对员工也提出了更高的要求。[1] 在这种情况下，只拥有单一技能的员工很难再长期适应现在日新月异的市场变化。敏捷性组织需要员工能扮演更多的功能角色。

在传统的企业，特别是大企业，往往是一个萝卜一个坑。很多员工在某个岗位或者职业可能做了多年，他也许对自己长期作业的领域非常熟悉，但这也造成了这些员工的技能非常单一。就买手职业来说，大企业可能会把买手的岗位碎片化地分为"商品企划""采购订货""数据分析""货品调拨"等。长期做货品调拨的只会做调拨；长期做数据分析的只会做分析。而如果企业要转向敏捷性组织，对员工的要求就类似于特种部队对自己成员的要求，每个人的技能必须足够多元化，或者说一个人能顶几个人用。这样的团队组合在一起，不仅将提高劳动效率，也能同时对市场做出快速反应。

无论是买手还是其他职业，都需要能够丰富自己的知识结构与经验背景，最好能做到"一专多能"，这也会大大提高自己的就业竞争力！

2. 从单一工作到斜杠人生

直到20世纪80年代，绝大多数人一辈子可能只会在一家企业工作。到了90年

---

[1] 更多关于敏捷性组织的来源与特点请参阅 Yves L. Doz 与 Maria Guadalupe 的 *"Escaping the 'S-Curve'-is the 'Agile' Organization the Answer?"*, INSEAD Working Paper, 2019年1月, 1~30页。

代,随着国家政策允许人才自由流动开始,人们就开始了较为频繁地换工作。不过即使如此,大部分人平均也就是数年换一次工作。而今天,据职场社交平台 LinkedIn(领英) 2018 年发布的《中国千禧一代商业决策者洞察》,90 后平均在第一家企业工作的时间是 7 个月。他们的跳槽频率高于他们的前辈。这说明,员工高流动性已成为一种不可避免的社会发展趋势。毕竟,这个世界变化太快,每天都有新鲜的事情发生,让人对任何事物从一而终变得越来越难。与此同时,高科技的发展也让弹性工作方式成为一种可能。同时,企业为了削减固定成本,也会雇佣更多的兼职员工。在各种环境因素的促使下,"斜杠人生"正成为社会的一个热词。所谓"斜杠人生",就是一个人可以拥有多个抬头、多项事业,比如:歌手/培训导师/旅游达人等。大家不妨观察下周围的朋友,可能会发现有些朋友有份全职工作,但同时还会在业余时间在朋友圈卖卖化妆品、保险或者其他服务产品,这也可以被视为一种"斜杠人生"。

我相信,随着企业对组织架构灵活性的需求,更多的岗位会是项目制的:当项目存在时,岗位就存在;当项目结束时,岗位就不需要了。或者,因为智能机器已经大大提高了工作效率,企业也不需要每个员工每周都工作 40 小时。在瑞士一些企业,有的岗位每周只需要工作 3 天。因此,这些员工在剩下的 4 天里,还可以照顾下自己开的酒吧、画廊或者其他小店。到了周末再陪陪家人,或者去旅游。

未来的世界,每个人都有可能拥有斜杠人生。这也算是智能机器时代为人类提供的一种解放:让人类从繁琐机械的劳动中解放出来,可以从事更多需要思考与创意的工作,尝试更多种类的事情。但是,斜杠人生是有门槛的事情。要拥有斜杠人生,首先自己的知识技能一定是多元化的;其次在各项职业素养方面,比如时间管理、人际沟通方面,都有更高的能力。

3. 人机共事

大家一定都听说过,或者质疑过 AI 智能机器究竟是否会替代人类工作?以我对 AI 智能机器的发展,我相信在我们有生之年,它并无法完全替代人类的工作。但是我相信 AI 一定可以替代平庸的员工。如果你的技能依然非常单一,工作性质属于重复且机械性的作业,不需要太多的灵活思考,那么你被 AI 替代的可能性极大。事实上,在过去三五年里,金融业已经有不少工作被机器替代,许多大型公司的会计岗位被削减。但是,大家看到,金融业、会计岗位依然存在,只是这些领域需要更加高、精、尖的人才。因此,我并不认为 AI 机器会替代人类,它只是替代了平庸者。对于大多数人来说,需要适应的是如何与机器协同工作。

4. 人人都需要有创业精神

我相信未来企业需要的员工,不一定是创业家,但必须是有创业精神的员工,愿意与企业共进退、共闯市场的员工。现在企业为了不断适应日新月异的市场,也推崇在企业内部创业的模式。不少企业在自己内部推出"创业孵化器"平台,以保证自己的企业能够不断推陈出新,向市场源源不断提供创新型产品。这些内容最早都是从互联网企业诞生的,现在也在慢慢影响着传统型服装企业:比如允许企业内部员工自己创立品牌,公司后台给予扶持并且占有一定的股权。

总而言之,未来的时代,你必须是个真正对企业、对社会有价值的"人才",才可能有立足之地。如果至今你还希望找一个"稳定""舒适"的工作,那么很快将会被淘汰,你必须不断保持并提升自己的核心竞争力,方得以生存。

二、行业趋势对买手岗位的影响

那么,上述行业趋势又将如何影响买手岗位的发展呢?

1. 以数据为导向的决策模式对买手岗位的影响

前面已经提到,"数据"已经成为企业不可缺少的"资产",这将对买手工作内容与方式产生很大的影响。不过,也许在目前它尚未对买手产生明显的影响,主要是因为以下几个因素:

其一,目前大多数企业虽然已经拥有很多的数据量,但是数据质量、数据完整度、数据使用的友好度等方面还有很多问题。以数据质量为例,很多企业并不太注重收集、输入数据时对数据的清晰定义。比如输入"产品采购成本"时,该数据究竟是含增税还是不含增税呢?我曾经向自己的学员调研过,结果发现大部分企业买手部门的负责人自己也没注意过这样细节的问题。其结果是有的人输入含税价,有的人输入未含税价。虽然是一个细微差异,但对于上亿元级销售规模的企业来说,百分之十几增税的差异就可以让数据结果差异巨大。

其二,使用数据的界面友好度目前也存在很多问题。我去过不少企业,发现至今买手的工作方式与20年前我的工作方式没有区别。20年前,我们主要依靠Excel收集、整理及分析数据。今天,我见过的买手几乎还在靠Excel表格生存(所谓的"表哥""表姐")。与此同时,今天企业买手面对的数据量已经是20年前我做数据分析时的数据量的数倍甚至十几倍。据我所知企业在信息系统方面投资的钱也远超过20年前的企业。但是为什么大家还不得不靠Excel工作呢?一个主要挑战在于企业所开发的系统出于一些原因总是无法满足买手使用的需求。其结果就是一个企业有多个系统,每一个系统都储存了某些买手需要的数据。买手首先要从这些系统分别下载自己需要的数据,然后再把这些数据整合到一张Excel报表进行统计分析。归根结底,信息系统只是个数据存储库而已。它并没有起到真正的数据管理与决策的作用。

但是我相信这种局面很快会被改变。因为人工统计与分析已经很难满足未来庞大数据量的需求。上述问题我相信随着软件开发人员对业务需求更透彻的了解迟早会得到解决（这类问题通常不是技术问题，而是技术人员与业务需求部门之间沟通的问题）。同时，因为数据量的庞大以及市场日新月异的变化，企业也更倾向于根据自己的数据库建立数据研究模型。这种数据研究模型可以通过对大量的历史数据进行分析，然后从中找到影响数据不断变化的因素（通常有固定因素也有变量因素），最后为这些"原因"与"结果"寻找某种逻辑关系，再把这种逻辑关系树立为一种模型。以后只需要输入"影响因素"，就可以预计到某种结果。因此，现在一些奢侈品公司及有前瞻性的企业在招聘买手时，已经更偏向于统计学、经济学背景的人士。而随着数据变得越来越重要，我相信这种专业背景的人对于时尚企业来说会更加重要。

可能有的人还会强调，这些人懂数据但不懂时尚，能做好买手吗？我的回答是：对于依靠数据决策的企业（一般是大型企业），完全可以。如果大家注意到，最近10年创业成功的时尚方面的项目，很多创始人并非来自时尚相关专业。本书中涉及的几个国外案例，他们的创始人也并非来自时尚业，而是科技背景。

科技对所有领域，包括时尚产业的影响与渗透是不言而喻的。因此，我相信随着科技对时尚产业的渗透以及影响，时尚企业的人才结构也会有所变化。比如，迄今为止，时尚企业的专业人才结构多以人文艺术或者管理为主。而我相信，接下来服装企业需要更多拥有统计学、经济学、工程学及跨学科（艺术与科技）等专业背景的人。而数字决策性企业对于买手的要求将更侧重于经济学、统计学、数据科学家之类的背景。

2. 服装供应链的变化及其对买手岗位的影响

服装行业近10年另外一个重要的变化是快速反应供应链的形成与发展。这一切皆因为市场对时尚产品的上新要求越来越"快"。

"快"速供应货品在国内的服装业并不算稀奇。即使在10多年前，你去广东任何一家批发市场，批发商都会告诉你，如果你需要大货（大批量），他们可以在1~2天内就交货。今天，如果你问大多数只在互联网上卖衣服的商家（纯粹线上销售的商家），他们都会告诉你，他们从产品下订单到交货只需要2~4周即可以完成。而如果你去问传统型服饰企业（线下起家或者线下店铺销售为主的服饰企业），大部分企业从下订单到交货时间则是8~12周甚至更长。

为什么同为服饰企业，大家的供应链交货时间会差异如此之大。我个人的分析如下：

从改革开放算起，传统服饰企业迄今已经发展了近40年。这些服饰企业从早期的工厂、贸易公司开始,慢慢转向品牌公司。通过向国外品牌学习、市场历练,慢慢形成了自己开发产品的模式。在传统服饰企业里,为了保证产品的品质,真正对得起"品牌"二字,产品在开发阶段,就会经历至少2～3次的评估与审核。这个时间就需要2～3个月。在生产阶段,从选料到各种工艺细节,乃至最后的质检,都有相对严格的标准。因此整个产品从开发到上市基本上都要6～9个月的时间。

而国内的互联网服饰业最早是从个体起家的。他们从服饰贸易起家(从批发市场或者工厂进货,在网上卖),慢慢地就发展成大店,然后自己开始开发产品销售。这些创业者基本上都是靠自己的直觉创业、选货、卖货。即使自己开始开发产品,他们也没有遵守(或者他们也不知道)传统服饰企业的产品开发模式。比如,我碰到许多的线上卖家并不了解"审稿""产品评估会"这些概念。他们中甚至有些也没有自己的产品开发团队,他们只是到批发市场或者工厂选货,然后下单,交工厂加工生产,因此他们的周期快很多。但这也是为什么大家会发现,纯互联网业的服装产品品质普遍不如线下品牌公司的产品。

当然纯线上店铺上新快也因为线上数据反应更快。

而我这里所提的"快速反应"供应链,指的是能将产品做得"又快又好"的供应链。因为仅仅做到快但没有品质,并不算真正的好供应链。

快速反应的供应链模式极大地影响了订货模式。在传统时代,买手下订单原则上必须一次性下准。下完第一单,通常很难再次快速补单。买手通常都必须在上市前3～9个月前订货,如何能够订出相对合理的货品与数量对买手是个很大的考验。比如,可能你看着会畅销的款,结果没卖好。然后你没看中的一般款式,又卖得没货了。这种现象经常发生。今天"快速反应"供应链正在缓和对买手的这一压力。

"快速反应"供应链的概念最早来自汽车行业。它的理念就是:销售需要多少量,就制造多少量。理论上它可以达到零库存。这个在汽车业是一套比较成熟的模式。但是服装业与汽车业有一个本质产品属性的差异,即服装是非标准类产品,而汽车是相对标准类产品。总的来说,汽车各个零部件的变化不会像服装变化那么多、那么大! 汽车业从物料储备来说比服装要简单得多。而服装,即使一根拉链,在材质、色彩、规格上就有很多差异,物料备货要复杂许多。而且服装的供应链非常长、也非常琐碎,这就造成了服装业的供应链管理其实一直都是相对复杂的领域。但是这个"快反"概念多少还是帮助了服装供应链做出更有弹性的反应。这种弹性反应允许买手可以快速补单,相对减少了买手必须一次性准确下单的压力。

同步借助于电子商务与社交商业的发展,现在互联网服饰企业以及部分有线上业务的传统服饰企业已经按照以下模式下单了：首先是在线上测试产品。测试产品的方式就是将产品所有相关信息（图片、产品介绍等）上传网上。根据一定时间内的图片点击率、收藏率、预订量及顾客反馈来预计产品是否会热卖。根据上述信息反馈，买手可以试水第一批订单。根据企业规模，通常数量在100～500件。在货品到仓开卖后，再根据后台数据反馈来判断该产品的所需量随时补单。这一切得以实施，需要感谢线上数据的及时反馈，以及供应链的快反模式。

毫无疑问这种快反模式非常依赖于物料的准备情况。大家知道服装生产环节，一般来说最耗时的工序是面料的准备。对于大部分讲究品质的服饰企业来说，单单面料生产周期就至少需要1～2个月。至于其他备料比如辅料通常也需要定制并有一定的生产周期。

因此，供应链部门需要每年根据销售预测以及历史物料消耗数据来准备常用物料。尽量让物料能够储备得当，以备应急之需。

对于品牌公司来说，供应链要做到快反的另一个方面，是与工厂建立良好的关系，能让自己的生产订单优先上流水线。大多数服装产品一旦上了生产流水线，根据订单与流水线规模，都可以在几天或者几周内完成。而服装加工周期之所以会耗时1～2个月，是因为大多数工厂合作的品牌公司都会有数家，他们通常根据订单的先后来排期。因此生产订单的耗时主要是排队等候上流水线的时间。也因此，一些订单比较稳定的企业已经采取以下模式与服装加工厂合作，即长期承包工厂的某（几）条流水线，这几条流水线长期就做该品牌客户的订单。这样如果品牌方要补单，在物料准备充分的前提下，可以随时补，随时上流水线，随时交货。

信息系统的发展也帮助企业提高了自己管理供应链的能力。比如我知道国内有的企业正在考虑采用"滴滴"平台模式，基于云平台发布订单需求，由有闲置的流水线服装工厂以"抢单"方式"接单"。这个模式将极大提高工厂与品牌方的沟通及匹配效率，可以说是非常智慧的做法，但这种模式的可模仿性并不高，因为它必然对资金、技术及管理能力要求都更高。

而供应链能够做到"快速反应"，与其制造设备的智能化升级息息相关。智能化设备不仅仅影响了零售，也影响了制造业。无论是自动裁剪设备、自动吊挂系统还是一些部件的自动缝制设备，都在大大改善并提高生产效率。不过目前高度自动化设备主要被运用于相对标准类服装产品的加工，比如西装、T恤等。对于款式变化比较多的时装类产品，目前主要还是依靠手工作业。

以上消息对于买手来说既是好消息，但也是坏消息。因为理论上来说，如果供应链真的可以做到随时订货随时交货,买手的作用似乎也没那么大了。因此,这个时候更加考验的是哪个买手能尽量减少补单次数,让订单能在首单之后,就达到一个相对准确的数值。我碰到的一些企业一款产品的补单次数居然可以达到十几次,我以为这其实说明买手并不专业。如果说第一次下订单还不清楚销售状况,但是在首单之后如果还需要补十几次单才能满足市场需求,就说明买手根本不知道如何利用数据做决策。而事实上,任何补单都会涉及人力、物流等资源的再次消耗(无论多快)。而且现在的补单并做不到当天到达。即使耗时3天或者1周补货,它也可能会耽误销售时机。

第三节　买手应当如何适应行业新趋势的发展？

综上所述，新发展趋势下的服装买手岗位也将发生一些职业特征的转变：

一、买手将变得更重要，也更不重要

"买手将变得更不重要"，这句话可能对于想往专业买手发展的人来说，不算好消息。我们可以想象下，随着供应链的发展，如果有一天智能制造充分发挥它的优势，现买现做成为现实，那么现在买手的岗位确实可以变得可有可无。或者，如果大家使用"预售制"，先让顾客下单，再去工厂下生产订单，然后卖给顾客，那么买手也可以变得可有可无。

从这个角度而言，现在的买手如果其岗位内涵不发生变化，那么未来 10~20 年被淘汰是极有可能的。当然，这些高科技的发展从诞生到普及，一般至少都有 20~30 年的周期。从这个角度而言，最近 10 年做买手依然是安全的。

但我依然认为所有的人都应该有职业危机意识。在如今日新月异的世界里，我们每滞后一小步，都可能随时被世界淘汰。而不被淘汰的唯一方式便是不断地学习，不断地适应市场的新需求。而这也是我之所以将"行业趋势"放在第一章节的原因。我希望大家是在了解大环境的趋势下去了解买手这个岗位发展的趋势，只有这样才可以真的做到"顺势而为"。

之所以说"买手会变得越来越重要"，我是指，如果你是一个充分且动态跟踪消费者习性的买手，你在任何时代都不会被淘汰。因为在任何时代，关注消费者、了解消费者都是件无错的事情。在本章节的最后，我也会重点强调，我认为这些趋势对买手作业提出了什么新的技能、知识与素养要求。

二、买手应该如何适应新趋势？

1. 新老系统交替之际，既要会用 Excel 表格，也要会与智能机器共处

"新老系统交替"是当下整个时尚产业面临的现状。因此，作为一个正在学习与成长的买手，既要关注传统模式下买手的作业方式，也要不断学习新的知识与技能，并关注整个行业与职业的发展趋势。在数据分析的使用工具方面，你既要擅长使用 Excel 表格，也要会与智能机器相处。

2. 既是数据统计员，也要懂文化、艺术与创意

在国内，迄今我们有文理分科，所以最后导致文理兼修的人才很少。擅长数据分析的理工人士难以理解时尚潮流；而很多学艺术出生的服装设计师天性就比较排斥数字。然而正如上述这些趋势，整个行业需要的是技能相对更全面的人才。也因此，如果你希望自己在未来能成为一个有竞争力的人才，让自己发展全面是很重要的。如果你是理工人，不妨通过各种学习，包括参观博物馆、看画廊、看秀、看有品位的杂志来大大提高自己的时尚鉴赏力；如果你是艺术生，也许你的数字很差，但可以至少学习看报表，试图理解报表里数字与数字之间的逻辑关系。

3. 最容易被忽略却又极其重要的软技能：沟通表达力

软技能在专业领域经常被忽略。而作为团队作业的一个成员，我们每天几乎都要与人沟通。很多人可能会有类似的感受：我们工作中，与人的沟通占据了比较大的精力。许多情况下，为了解决一个问题，沟通成本很高。沟通效率与很多方面相关，比如组织架构、流程设计的合理性等。在个人层面，沟通能力同样会影响沟通效率。而买手又是一个非常需要沟通技能与效率的岗位。在工作中，买手与设计部、生产部、销售部、零售运营部、财务部、营销部等各个部门都有很多日常沟通工作。因此，沟通能力显得尤为重要。

现实中，我们可能都碰到过买手、设计师与销售部之间的争执。比如，销售部责怪设计师设计得不好；以及买手该买的没买，不该买的买了一堆。买手也常常指责设计师设计的东西不好卖。设计师会认为如果什么产品都好卖，还要买手与销售部干嘛？这种争论在产品审核会时更加明显。我们来听听以下的对话：

买手：这款衣服好丑！卖给谁？
设计师：哪里丑？
买手：这个口袋太大了！这个领子也很奇怪！颜色配得也丑……
设计师：是你是设计师还是我是设计师？要么你来做设计师？
……

大家仔细研究下这场对话，买手只是在表达自己的感觉，但这些感觉缺乏有说服力的依据。比如，大口袋又怎么样了呢？你有数据说明大口袋就一定不好卖吗？这样的领子一定不好卖吗？你个人不喜欢，所以它就一定不好卖？站在设计师的角度而言，你不能跨越设计师的职能，不然，确实，那你干嘛不去做设计师呢？

一个更加有效的沟通方式是大家摆事实、讲道理、用数据、客观事实来说服设计师。另外，不要在提出有效证据之前就否认别人，特别是去评判设计师作品的美丑问题。在本书当中，我也会不断随着不同的章节主题，以举例说明形式贯穿对这种沟通效率问题的说明。

4. 市场调研能力

市场调研其实是一门专业，它并不是我们在这里三言两语可以学习的知识。在国外，买手并不需要掌握这种技巧，原因是企业可以请专业市调公司执行调研。但是在国内，大部分鞋服企业并不重视市调，甚至觉得市调费钱且产生不了什么价值。或者，很多人认为电商后台的所谓大数据就足以让买手了解消费者动态。我们暂且不论这些数据是否可以被称为"大数据"（很多人并不理解"大数据"与"数据"的区别），但是即使这些大数据也并不构成一个完整了解消费者动态与习性的数据源。原因是这些数据基本都是定量数据，它能够告诉我们发生了什么，比如，顾客何时进入店铺，在店铺停留多久，在哪个页面停留多久，买了什么等等。但它并无法告诉我们为什么会发生这些动作，比如，具体是什么让客人在某个页面停留了更久，他/她为什么买了这样一款产品等等，而这些只有通过更多的定性调研方式才可以理解。

因此，我认为国内的买手应该培养一些基本的、个人可以完成的市场调研能力。所以，市场调研也是本书会触及的板块。只有掌握了这些基本市调技能，买手才能够力所能及地掌握一些消费者动态。

5. 严谨的逻辑思考力

在我做培训时，我们在做数据分析案例时，学员经常会说的一句话是："之所以我们应该订这个款，是因为去年这款（或者类似的一个款）卖得很好！"

为什么去年卖得好，今年就一定卖得好呢？你会说因为去年你很喜欢吃巧克力，今年一定也会喜欢吃巧克力吗？这两者之间有什么必然的逻辑关系？

一个更加严谨的逻辑思考过程应该是，我们首先要了解去年为什么这款产品好卖（或者不好卖），找出其背后的因素，然后再看这些因素在今年是否发生了变化。有的时候，也许卖得好的因素是很偶然的、是难以被重复的。比如，正好碰到气温骤降，而店铺里就这一款厚羽绒服了，那么它自然会卖得最好。但这种气温骤降的外部因素并非是商家可以主观控制的。你并不确定这个因素今年是否会重复发生，或者，卖得好也可能仅仅因为有明星代言等等。所以需要排除这些偶然因素，找到产品自身好卖的原因。它可能是整体款式、颜色甚至一些细节因素。总之，只有知道它好卖的原因，再从这些原因维度去分析今年这些因素是否还存在，再判断是否会继续好卖。更为重要的是，时尚是个需要前瞻性的行业。每年流行趋势多少都有些变化，这些因素都要考虑入订货中。

重点总结

一、时尚行业发展的主要趋势

1. 从"产品为王"到"用户为王"。
- 产品思维产生的商业结果是品牌。
- 用户思维产生的结果是多元化的业务平台。

2. 从"跨界"到"无界"。
- 时尚风格的界限正变得越来越模糊。
- 销售渠道正在从跨界到无缝对接,在过去数十年里,我们的渠道经历了"单渠道——多渠道——全渠道——新零售"。
- 新型渠道正在兴起:它们包括了快闪店、衣箱秀及社交商业渠道(微店、社群、社区、直播等)。

3. 从"追求物质"转向"追求精神"。
- 逛店不再仅仅是购物,体验感很重要。
- 结合科技的半定制服务正流行。
- 可持续时尚是未来的主流时尚。

二、新行业趋势将如何影响买手职业的发展?

1. 新行业趋势对人才提出了更多新要求。
- 敏捷性组织趋势,要求员工能够一专多能。
- 更多的人会从单一工作转向到斜杠人生。
- 人机必须学会共事。
- 人人都需要有创业精神。

2. 行业趋势对买手岗位的影响。
- 以数据为导向的决策模式会使得更多的服装企业需要拥有统计学、经济学、工程学及跨学科(艺术与科技)等专业背景的人的加入。
- "快速反应"服装供应链考验的是买手能否做到将补货次数降低到最低。

三、买手应当如何适应行业新趋势的发展?

- 新老系统交替之际,既要会用 Excel 表格,也要会与智能机器共处。
- 既是数据统计员,也要懂文化、艺术与创意。
- 最容易被忽略却又极其重要的软技能:沟通表达力。
- 培养自己的市场调研能力。
- 培养严谨的逻辑思考力。

案例一：AI 将如何改变我们的时尚产业？

时间：2025 年夏季，一个周五下午 3:30

地点：三亚，海滩边的小木屋

一个美少女，懒洋洋地趴在小木屋外的栏杆上，看似发着呆，望着不远处的海滩。其实她的脑子里在想，明天要和一个在网络上认识的美少男约会。原以为这里的天气很热，美少女只带了夏季的薄裙。可是，昨夜骤降的暴风雨，这里的气温顿时从 30 多摄氏度降为几摄氏度。她急需一件保暖的约会穿的连身裙。

她抬起自己的胳膊，手腕上有一块手表。手表显示，此时为 15:35。

她按了下手表旁侧的按钮，并对手表说了一声：

"需要约会穿的保暖连身裙。"

"有特别中意的品牌与款式吗？"手表问到。

美少女答："没想法。"

此时，手表的屏幕中自动推送了一款"Gucci 可自动调温粉色连身真丝裙"，并询问美少女的意见。

美少女表示可以。

"请问何时需要送到？"

"最晚今晚睡前！"

"明白！"

代表手表与美少女对话的，其实是坐在上海办公室的机器人助理小 A。小 A 在获得美少女主人对款式的确认后，15:35 登陆 Gucci 网站，选择了小粉裙。不过小 A 大脑

第一章
服装行业发展趋势及其对买手职业的影响

里所储存的美少女的身体数据显示,小粉裙长度偏长2厘米,需要修短。所以他在下单时,备注说明衣长需要剪短2厘米。

15:36,Gucci在上海的总仓收到订单消息。通过自动搜索、分拣及传送带系统,15:37,小粉裙已被放到了发货台。发货台的机器人小B,将订单包裹与其他同样需要修改的衣物产品放到一架小型无人机上,随后指示无人机飞向松江的某裁缝铺处。

15:45,裁缝小C收到了衣服。包裹里,放在最上面的小粉裙的包装袋上贴了红色标签,代表最高级别的加急。他小心翼翼地拆开小粉裙的里布与表布——剪短它们的长度——再缝合。衣服上看不出任何曾经修整过的痕迹。此时为16:45。

因为唯有小粉裙是加急订单,为了节省无人机的费用,小C直接叫了724快递。这家快递每周7天24小时无休。724快递员16:50抵达裁缝铺,取件后,直接将快递送往上海虹桥机场。

飞机于当晚19:00离开上海虹桥,22:00抵达三亚机场。

三亚机场的724快递员22:30将小粉裙送到美少女手中——扫码——付费……

好吧,2025年,我们知道这个时间还没到来。

不过,这个未来的故事中涉及的几乎每一项技术都已经是现实存在的,而在它们的背后,几乎都有人工智能的参与:

与美少女对话的手表,是款智能手表,不仅能看时间;监测人体基本的健康数据;还能够储存主人大量的人体与生活习性数据。比如身高、体重、体型、肤色、喜爱的时尚风格、经常出席的社交场合、通常能接受的各类产品价格、历史购买记录等。机器助理小A正是根据这些数据,向美少女推送了Gucci小粉裙。因为所依据的数据足够充分,这种推送能让主人满意的概率接近100%。千万不要以为这是天方夜谭哦!美国的Stitch Fix,也正是基于对顾客的消费习性数据的收集,而开发出一套智能帮顾客做形象顾问的系统。Stitch Fix为顾客提供定期打包选购服务。每个月(或者根据顾客选择的周期),他们都会定期选购几套衣物,寄给客人。这类打包的代购及形象顾问服务,非常适合那些很想穿好,但又没有时间思考如何穿好及购物的人们。

而手表上的AR(增强现实)与VR(虚拟现实)技术,则可以帮助客人通过一个小小的屏幕,虚拟体验衣服上身后的感觉。首先生成一个与客人体型参数一致的3D人模,将衣服套上人模,客人可以通过旋转3D人模来观看三维效果。到目前为止,虚拟体验基本体现在视觉与听觉上。其实,科学家们也正在研发将人类的嗅觉与触觉数字化——未来人们可以通过电子屏幕触碰到面料的感觉。

可自动调温的小粉裙也绝不是梦幻。芬兰的 VTT 技术研究中心(VTT Technical Research Centre of Finland)就已经在这方面取得了阶段性的成功。他们研制出的织物可以根据外部环境温度及穿着者体温,自动调节衣物的温度,从而让人感觉持续身处舒适的状态。而其背后原理同样是基于大量的人体数据收集,以智能的方式让织物来跟随环境及人体数据自动调节温度。

至于故事后半部分的仓库、物流、支付等自动及智能工作系统,目前已在不少大型服饰类企业及电商平台投入使用。

智能设备几乎已经渗透时尚产业各个领域。比如服装加工厂的智能吊挂系统,可大大提高生产效率,降低人工流水线操作失误;自动缝制系统虽然目前主要运用在诸如西服、Polo 衫等相对标准类产品,但是可以想象随着科技的发展,未来再复杂的款式,也可以由智能机器自动缝制完成。如果这一切真的完全实现,再配合 3D 人体扫描仪、自动裁床以及高度自动化的仓储与物流的系统,将大大降低企业储备库存的风险。从理论上来说,这种高度自动化与智能化的系统可以让顾客真正实现现买现做现发货的梦想。

即使在零售终端,线上与线下的界限也将消失,真正实现两者的无缝对接,为顾客提供随时随地最大便利的服务。人工智能实现的基础首先是拥有大量的相关数据。传统一直认为线上数据收集远比线下来得容易。但现在通过智能设备,线下数据收集也正变得无处不在。比如多品牌线上服饰零售商 Farfetch 近期曾宣布他们对"未来商店"的展望是一个可以整合 VR、情绪扫描软件及创新支付方式的高科技零售店铺。在这家未来店铺里,通过各种道具(衣架、试衣镜等)收集消费者的行动路径(从衣架上取下衣服——试穿——犹豫——放回/买单),以及记录消费者在此过程中所呈现的各类表情。情绪扫描软件可根据人们的面部表情变化,来判断消费者是处于什么样的情绪,从而帮助商店了解,为什么他们没有购买某款产品。

对于商家来说,了解人们为什么没有购买某款产品远比了解他们为什么购买了某款产品更为重要。到目前为止,绝大多数零售企业的数据分析都集中在已售出的产品。但其实企业更希望了解为什么留在仓库里的衣服没有卖掉?所以,Farfetch 所提到的未来商店形式,将有助于企业更好地判断消费者习性。

以上所有信息的关键词,最终都指向"数据"AI 的工作,离不开庞大的数据集成。归根结底,AI 其实是逼着时尚产业由经验驱动转向数据驱动。长期以来,时尚产业主要依靠各人的经验行事。在产业体量不大的前提下,个人的脑袋尚可以应付业务。而如今消费者日益多元化的需求,使得一方面数据已经无处不在;另一方面,数据体量已俨然是个巨无霸。继续依靠个人经验,已很难应对当下的局面。AI毫无疑问将引领整个产业趋于更加理性与有序。

与此同时,AI也是令人担忧的。虽然我们尚不确定AI究竟可以替代多少人的工作,但我们能肯定的是,AI至少可以替代平庸员工的工作。平庸的员工懒于思考,懒于做事,替代他们,AI毫不费力。

所以,要想让自己不被AI淘汰,最可能的方法就是每天努力让自己成为一个更擅长思考,更勤于行事的人!

案例二：无人店铺将如何改变时尚产业的消费？

"欢迎光临！请扫码进入！"

这是一家犹如博物馆般的近千平方米的时尚品店铺。从各种彩妆护肤品，到适合各年龄段的男装、女装、童装、内衣，应有尽有。整个店铺的陈列参考了博物馆策展方式。每个区域都有一个时尚故事，每个故事区域除了陈列了相关的时尚产品，还有个小型电子屏——播放着这个区域产品的搭配方案及产品介绍。

与其他店铺不同的是，这里除了正在闲逛的客人，看不到一个穿着工服的店员。

刚刚用手机支付宝扫码进入的Amy，在靠近入口的一个人台模特前驻足了大概有十几秒。她盯着模特身上的衣服看了几秒，又用手触摸了下衣服的面料……此时，"模特儿"说话了：

"亲，你可以到左侧试衣镜那里去虚拟试穿我的衣服哦！"

"哈哈，还可以虚拟试穿！好玩！每次都觉得试穿衣服，脱上脱下是件很麻烦的事情。"

Amy边想着边来到试衣镜前。这是一面看上去与普通试衣镜无二的镜子。唯一不同的是，这面镜子上是有字幕的。为了看到良好的试衣效果，Amy需要与试衣镜保持一定的距离。所以这不是一面触屏式镜子，Amy只需要站在一米左右的位置，用手在空中上下左右移动，就可以隔空点击试衣镜上的菜单。在点击"产品"二字后，Amy找到了模特身上的衣服，试衣镜立刻虚拟显示出"Amy"穿上衣服后的三维效果图，与此同时，试衣镜还在旁边推荐了可以与该款衣服搭配的其他衣服与配饰。

Amy"试穿"后，表示很满意。随后点击屏幕上的"下单"——"付款"，此时，其手机上的支付宝响了一声，并报告"您的支付宝于2021年2月13日消费一款连身裙999元。"

Amy随后离店。她知道，等到她回到家里，这件连身裙就会被"闪送"送到家里。

好吧，也许你觉得这好像是天方夜谭。这种听天方夜谭的感觉，就好像十多年前没有人相信阿里巴巴会颠覆人们消费方式一样:那时大概没几个人会想到支付宝会从此让人们不再携带现金出行;也没有人想象到一个小方块智能手机几乎可以满足一个人所有的生活需求……

事实是,这一点儿也不天方夜谭。

开篇所述的无人店铺在技术上,其实都已经在现实中存在:

在用 APP 扫码时,该 APP 同步获取了使用者所有相关的个人信息:性别、身高、肤色、历史线上线下(无人店)的购物记录;这是后期试衣镜能够为 Amy 推荐搭配清单及尺寸的数据依据。

扫码进入后,Amy 的手机会自动使用店铺的 Wifi 登陆。Wifi 会跟踪 Amy 在店铺的行动路线,并记录她在各个区域的停留时间。而店家可以根据客人的路线图及停留时间,来调整商品的位置。比如将滞销品调入高流量区、将必需品调入低流量区,以此来刺激商品的更快流通。这种商品调动也可以由智能陈列系统完成。

人台模特其实是个机器人。机器人通过自带的表情扫描仪便可以"阅读"客人此时的心情。比如,嘴角上扬代表客人很满意;撇嘴代表不满意。而机器人会根据客人的表情来推测客人的心理,并为客人答疑。

而试衣镜则是利用了 VR/AR 技术,让客户以虚拟方式试穿衣服。接到系统的"下单"信息后,公司后台仓库就可立刻发货。这也是为什么,店铺本身不需要像传统店铺设计仓库空间。做到这点,除了提高店铺空间的使用效率外,也降低了储存商品可能丢失的风险。

在这个过程中,客人可以不带一分钱现金,不带任何包包进出,享受了线上购物便利的同时,还可以现场触摸服装面料、看到实物的色彩,体验充满艺术感的店铺所带来的视觉享受。而对企业来说,少了店员,除了降低人工费之外,最主要的是不再为店员的招聘与管理而耗费精力。要知道,传统店铺的最大挑战之一就是店员的招聘与管理。随着年轻一代中更多的人对"任劳任怨""忠于职守"之类价值观的淡漠,企业越来越难找到稳定且优秀的店长与店员。

无人店铺也会让数据的收集、分析及问题的解决更加便利。传统零售从数据收集到分析到解决方案的提供几乎都是依靠人工作业。比如,传统零售终端的 POS(Point of Sales)系统只是记录了销售记录,却无法记录丢单情况。所谓丢单即客户本想购买却因为各类原因(比如受一起购物的朋友影响、仓库缺货、存货品质问题等)没有购买的信息。记录这种情况就非常取决于公司平日的管理水准及员工素质。好的员工或许会手工做些记录，再反馈给公司。但是绝大多数公司做不到这点，因为它太依赖于员工个人的自觉性。其次，消费体量的增加使得企业所面对的数据量庞大无比。以前一个季节（平均3个月）开发一次新款，每次有一两百个款式，而现在至少每1~2周要上几十个款式。为了提升市场竞争力，企业需要收集的数据维度也更加丰富。数据量的剧增使得像传统模式那样依靠Excel做报表，依靠工作人员个人经验去判断数据好坏并提供解决方案已经不再现实。

科学家们相信，这些依靠智能方式收集的数据将会让机器比我们自己更懂得自己的需求。《人类简史》及《未来简史》的作者尤瓦尔·赫拉利相信，未来智能机器（数据主义）可以给出我们各类建议及解决方案：比如"你该跟谁结婚，挑什么工作，以及是否开战。"背后的逻辑就是机器具备强大的学习及记忆能力。机器通过长时间在各种生活语境深度学习我们在阅读、观察、购物时所有的表情与习性，来积累对我们的认知。比如，可能我们早就忘了1年前我们曾购买及阅读过什么书，可是机器会记得，它们甚至记得我们阅读此书时不同段落的各类表情。正是通过这些强大的记忆及数据阅读，智能机器可以成为我们的智囊，来向我们推荐最适合我们的物品、服务及解决方案。

唯一有待确认的是，无人店铺将如何解决我们本就已经足够强烈的孤独感？互联网已经足以让人足不出户；如果好不容易出去一次，所进的店铺也是无人的，不知那对我们人类将是一个什么样的感觉？

以上两篇案例均由冷芸本人创作，并刊登在2017年《周末画报》冷芸专栏上。

练习

请与你的同学或同事一起头脑风暴思考并总结以下 2 个问题。

1. 你们认为未来 10 年后,消费者将如何购买衣服?这种购买习性又将如何影响买手的工作?

2. 未来 10 年后,卖家将如何卖衣服?这种卖衣服的模式又将如何影响买手的工作?

未来的买手需要学会与机器人共事

插画：袁星

第二章 中国时尚消费者习性正在发生什么变化？

在了解了整体行业发展趋势后，我们再来了解下中国时尚消费者习性正在发生什么变化。在第一章我们已经谈过，买手是为市场，而不是为个人喜好买货的。而要为市场买货，就必须了解你的目标消费者。只有了解他们的消费习性与时尚品位喜好，你才可能订出一盘真正符合他们需求的货品。[1]

第一节 买手如何才能关注到消费者习性的变化？

关注消费者习性变化有很多种渠道与方法。以下是我推荐给大家的主要渠道与方法：

一、通过国家统计局官网了解宏观人口结构变化及相关经济数据

国家统计局官网有以下数据值得关注：

1. 人口普查数据

这套数据（图2-1，图2-2）不但显示了全国数据，而且按城市、性别、年龄、教育程度、家庭、就业、婚姻等不同状况都有明细数据。这个数据对于我们掌握全国以及目标销售市场（比如某具体城市、省份、区域等）的人口概况很有帮助。假如你的销售目标是某个年龄段的女性，那么你至少可以根据统计局官网的信息，估算这个年龄段在全国或者在某个区域的女性人数有多少。再结合这些区域的人均收入、人均可支配收入等经济数据来推算这个市场大概有多大。

---

[1] 本章节内容主要依据本人在2018年8月到11月执行的消费者调研而做。

图2-1　国家统计局官网数据[1]

图2-2　人口普查数据,来自国家统计局官网

1　所有国家统计局官网数据来自http://www.stats.gov.cn/,并截屏于2019年2月23日。下同。

2. 社会消费品零售总额

社会消费品零售总额(图2-3)可以帮助企业评估自己在全国零售业里大致是什么水平。当然,这个数据对成熟的大企业意义更大。如果你的企业刚开始创业,还在高速发展阶段,这些数据也许参考意义不大。

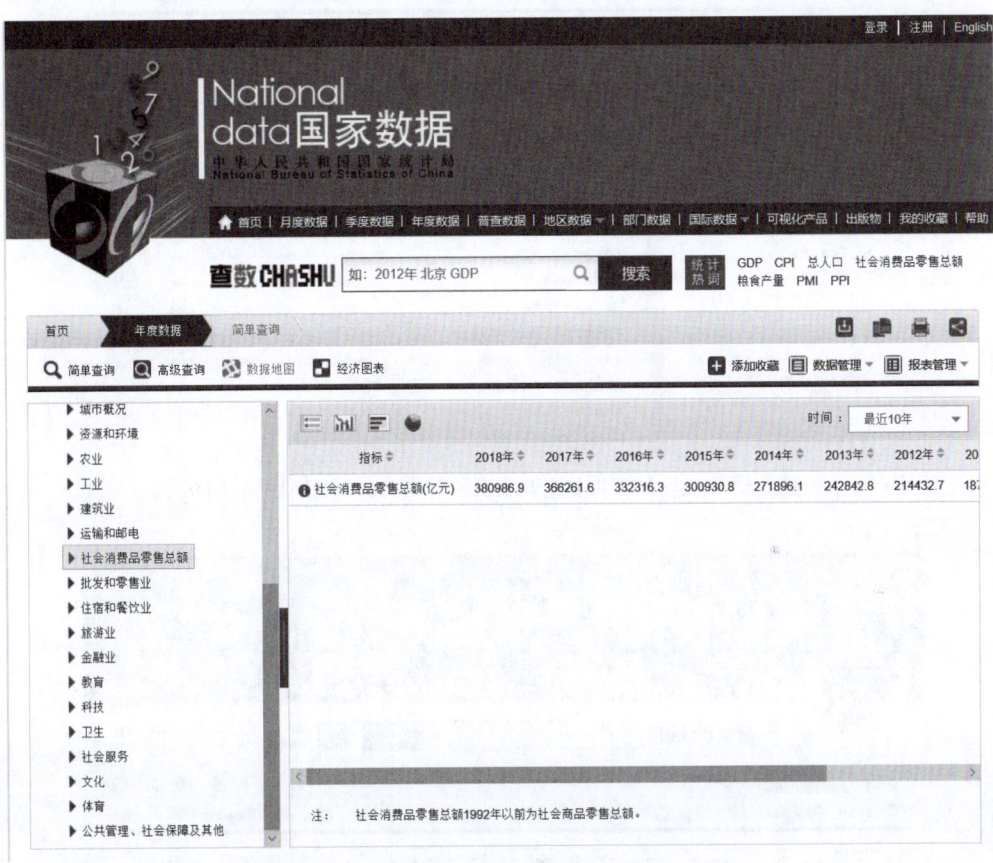

图2-3 社会消费品零售总额,来自国家统计局官网

批发业与零售业数据(图2-4)也是一个重要参考指标。大家可以按照自己所处的行业以及企业性质(私营独资、国有、有限公司等)找到相对应的分类,然后再比较自己在同行业中的成长水平到底占据什么位置。

3. 其他鞋服业相关数据

衣着类居民消费价格指数(图2-5),也是个有意义的参考数据。基本上每一年零售商品的价格都会有些微调。

图2-4　批发与零售业企业主要情况，来自国家统计局官网

图2-5　衣着类居民消费价格指数，来自国家统计局官网

"人民生活"栏目下的"居民人均收入与支出"可以帮助企业了解目标消费群体经济与消费基本状况。图2-6显示,2018年时人均衣着支出是1 289元。大家也可以看到在消费开支方面,各项目消费金额占比中,衣服并不算最大类。更大类的支出是食品烟酒、居住、交通通信、教育娱乐、医疗保健等。这个数据可以显示衣着在居民人均可支配收入中的占比,以及历年这个数据有何变化。根据图2-6,可以计算出2018年,衣着在居民人均可支配收入中占比是1 289/28 228=4.56%。

图2-6 居民人均可支配收入,来自国家统计局官网

二、查询可靠的、有行业声誉度的智库、资讯机构发布的行业报告

自自媒体流行以来,人们似乎不再对所阅读内容进行好坏与真伪的判断。长此以往,除了大家的阅读能力下降(想象一下如果大多数时候阅读的都是伪信息、伪知识,最终会让自己变成什么样的人?),基于伪知识与伪信息所做出的对市场、社会、世界的判断一定也会充满了误解。

这并非说自媒体都是不好的。毕竟,自媒体从业者中也有佼佼者,但相对于正规的出版机构,自媒体自己创作(很多还不是"创作",而是"复制粘贴")、自己发布,也没有第三方审核机构,确实让知识的门槛降低了许多。对于许多人生阅历、职场阅历并不丰富的青年人来说,接触新事物通常是先入为主。比如,如果你第一次听人说:"买手就是选款的",你可能就这样定义买手了!

因此,对于职场与人生阅历尚不丰富的人来说,选择对的书、自媒体及内容阅读是非常重要的。千万不要让伪知识与伪信息充满自己的脑袋。那么,对于自己并不熟悉的领域,如何判断资料的靠谱性?以下是我给大家的分享与建议。

1. 首先,看出版方是否是这个领域的专家

通常来说,每一个出版方都有自己擅长的领域。比如有的擅长文学,有的擅长医学,有的擅长科技,有的擅长管理或者商科,等等。因为长期专注某个领域,他们在编辑、校稿方面都有专业知识的人才储备及评估能力。但是,如果你看到一向只出文学作品的出版社出版了医学、养生知识,那么这样出版的内容就需要质疑其靠谱性。

2. 其次,看出版作品是否有完整、明确的作者介绍

作者介绍的详细程度是一个判断依据。比如我经常看到一些培训机构对讲师,或者出版机构(主要是自媒体)对作者的介绍是这样的:

Daisy,世界五百强高管经历。曾在欧洲留学数年。特别擅长……

对于有判断力的人来说,这种介绍就是糊弄人的。首先,连姓名都没有任何指向性。在公众场合首次推介某个人,至少有姓有名不应该吗?即使用英文,至少也该有个姓吧?世界五百强,究竟是哪家公司呢?高管,究竟什么高管呢?在欧洲留学,具体在哪里留学呢?获得了什么文凭或者学位呢?没有这些客观依据,如何说明她特别擅长什么呢?

因此,作者介绍是否足够具体、清晰,作者的背景与相关出版主题是否相符,都可以作为判断对方是否足够专业的依据。

3. 接下来,看资讯、信息来源

如果是非一手调研信息(自己直接采访,或者调研得来的信息),是否有资讯出处?出处是否靠谱?

我们会经常发现,一些出版作品是这样陈述的,"据某(电视台、某领导人、某公司等)说……",比如,我经常在朋友圈发现这样的文章:"耶鲁大学研究表明……""某某

(名人)说……"文章里面也没有具体说明,耶鲁大学的哪个研究者或者研究团队,通过什么研究方法得到了这个研究结果。至于某名人说什么,也没有涉及该名人究竟在何时、何地说了这样一段话?而且文章也没有作者简介,也没有转载说明。我就好奇了,难道这些公众号那么牛,是去现场听了某名人的讲话,还是去耶鲁大学采访了某研究团队?换句话说,文章的信息来自哪里呢?

4. 最后,就是看文章本身的质量

比如文章写作是否达专业水平?文笔如何?错别字是否过多、语句是否通顺、论据是否明确、前后内容是否有逻辑性等。不过遗憾的是,自从自媒体时代开始,我翻阅许多自媒体,发现他们已经完全忽略了文字与文笔问题。我经常看到一篇文章出现通篇只有逗号与句号;句子没有主语;上下段落没有关联等最基本的语文问题。长此以往,人的语言表达力将会下降到何种地步?真是令人难以想象!

第二节　消费者定位方式的变化：
从"人口"定位到"价值"定位

迄今为止，大部分品牌还主要以性别、年龄段、地域、收入、教育背景等主要维度定位不同的目标消费群体。这就是典型传统的消费者定位方式：以人口统计资料（demographics）为定位依据。但是随着市场竞争的激烈化以及多元化，对消费者的定位也日趋细分化。因此，在定位方法方面也有些新的动向。

一、产品设计风格定位与消费者定位：从"单一"走向"多变"与"多元"

品牌基本都会有自己特定的设计风格。以前大家对这些风格的定义都比较粗糙。比如常见的有"少淑"装（20～28岁间），"大淑"装（28～45岁间），"运动"装，"休闲"装等。迄今为止，大多数百货商场也是按这个类别区分楼层的。这些分类只是大约指明了消费者的年龄段和粗略的风格（比如淑女装一般比较女性化些；运动休闲比较偏中性风格些）。也有的风格是按地域进行分类的，比如"欧美风""韩风""英式风格"等。其他对风格的定位还有以视觉表现感来分类的，比如"森女风""极简风""奢华风""复古风"等等。

不过，我认为，以某一种风格来定位自己品牌产品的时代，正在被"多风格"或者"无固定风格"的产品定位而替代。这与我们传统时代对"品牌风格"的认知是有一定冲突的。

比如，我们一直强调品牌的标识性（identity），这种标识性大多时候是某种特定的设计风格。例如：简约的廓形、缤纷的色彩或者印花、出色的结构设计与剪裁等等。对于时尚品牌来说，具备一定的标识性是树立品牌价值的很重要的基本点。这样，当人们需要购买某种风格的商品时，他们能够立刻联想到去哪家品牌购买。

但现在的问题是消费者太多变了，而且变得很快！事实上，自从进入互联网社会，一切节奏都变得更快了。也许并非所有业界工作的人都喜欢这种过快变化的节奏，但是每个人都在被这种洪流裹挟前行。这种快节奏让很多事物的生命周期变得更加短暂了，以前一个款可以热卖几年，现在一个款能卖满3个月已经是"爆款"了。

在这样的背景下，"以变作为唯一的不变"就成了企业定位唯一的方法论。但是，如果一个品牌只会跟随潮流走，而完全没有了自己的标识度，那么作为品牌方，"你又是谁呢？"。既然大家都在跟风做一样的产品，消费者为何又非要买你家的产品呢？这个问题,我会在第五章的潮流趋势部分再与大家做进一步的分享与解读,即如何去平衡"跟随潮流"及"品牌标识度"之间的关系。

当下人们的着装风格为什么变得更快、更多元化了呢?这种风格多元化,首先表现在人本身变得多元。这种多元化并不完全与年龄相关,而且在女性身上特别明显。比如这几年曾经流行的词:"中年少女",指那些生理年龄是少女,但心理及身体特征已像中年的女性;"佛系青年",指原本应该是充满活力以及进取心的二十几岁的年轻人,日子过得随遇而安、没有热火朝天的热情、做事节奏也比较悠闲的状态。我所培训的学员中,就有这样的佛系青年。他们生活很有规律,早起早睡;很注意养生;很注意生活的品质。该做的工作会认真完成,但在此之外并没有太多的其他追求。我甚至还碰到过"佛系创业者",每个月就工作几天,剩下的就交给员工去做。随遇而安,没赚什么大钱,但也能赚一份比打工更多的钱,养活自己与小家没有问题。

如同大家所看到的,即使在类似的人口结构中,人群的生活方式也变得多元化了。单用人口结构去看待现在的消费群体,我们会忽略上述细分群体的变化。这些不同细分群体的市场,在着装习性上也可能存在着很大的不同。

这种风格多元化,其次表现在即使同一个人,也可以很多变。这种多变,也许是人本身的善变,也可能是个人的追求。依然以女性为例,一位职场女性,在职场上是干练与强势的,也许此时她需要的是能让她彰显气场的服饰;但在恋爱时是小鸟依人的,此时她需要的是尽显女性味的裙装;如果结婚养了孩子,她又必须变成女汉子,原本从不沾家务的双手要能一手抱娃儿,另一只手还要炒菜做家务,此时她需要的就是可以让她干活方便的服饰。总之我个人的观察是,这个社会正让女性变得越来越能在不同角色中穿梭:一个女人可以是温柔的小女子,也可以是强悍的女汉子。生活或者社会需要她扮演什么样的角色,她都能扛起来就做!

最后,风格多元化的发生也是因为人们生活场景变得更加多元化。虽然在过去,我们就有按场景区分产品风格的传统,比如"职场装""休闲装""运动装",但是现在这种粗线条分类已经很难满足日益细分的社交市场。即使在职场里,按入职年龄来算,还可以区分为"初入职场""职场高管"等类的穿着;按照职场场景来说,可以细分为"日常办公穿着""商务会议""商务谈判""商务宴会"等不同的场景穿着。即使在日常生活中,按场景区分穿着,还可以分出"日常着装""舞会着装""观看艺术/展览/表演着装"以及"旅游着装"等等。

正是上述这些社会及人们心理、生活习性发生了变化,产品风格也需要越来越细分化与多元化。当然,品牌既可以选择只深耕某一个细分领域,也可以针对同一人群的不同风格需求开发产品;或者,也可以针对同一人群的不同生活场景需求开发产品;或者,针对同一风格但可能是不同人群来开发产品。总之,在产品定位方法论上,也可以更加多元化。

二、消费者定位:边缘化人群及主题爱好人群

大家可能也注意到了,在时尚类、零售类、消费类媒体中,我们看到最多的关于消费者的信息,大多是关于"90后""95后"甚至"00后""Z世代"。如果你相信这代表了当下与未来消费者市场的全部,那你就被媒体误导了。事实上,有不少中老年服饰都在悄悄地赚钱。比如,很多年轻人可能都为爸妈买过的"足利健",自2012年成立,靠着专门为中老年开发设计鞋子,约6年时间,其年销售规模已过数十亿[1]。这个销售体量已经超越许多做了二三十年的服装企业。还有一些诸如"就爱广场舞"的APP,已经聚合了数百数千万的"大妈"忠实粉丝。在这个流量为王的年代,有粉丝就意味着商机。

另外一个原本被忽略但现在已得到热切关注的人群是"大码女装"。长期以来,时尚似乎都是为苗条女性准备的。但是爱美是所有人的权利。大码女装在国外二十多年前就有了,只是国内那时市场竞争还没那么激烈,所以大家都跟风做主流的服饰。而现在主流领域,特别是女装竞争特别厉害,大家才开始逐步关注这种原本被忽略的群体的需求。

另一类正在兴起的关注边缘人群是残疾人与行动不便利的老年人。根据中国残联官网,截至2010年末,我国残疾人总人数为8 502万人[2]。以中国目前约14亿人口基数来计算,这意味着,大约每16人中有1人是残障人士。这些可能还不包括一些身患疾病而行动不便的老人。那么这些人的穿着是否也值得关注呢?2018年9月,北京服装学院就成立了"无障碍服装研究中心",这是全国首家无障碍服装研究机构,旨在"在残疾人服装、服饰等领域重要的理论开拓、学术研究和产业创新(起到)推动作用"。[3]这些资讯都说明,原本被主流品牌所忽略的市场,也正在逐步得到关注。

另外,随着大家生活水平的提升,消费群体中也逐步出现了一大批对某种生活方式特别偏爱的人群。比如,特别偏爱中式服装的消费者(包括旗袍、汉服,或者从其他中国古代服饰演变而来的服饰),在这方面,吉祥斋、花笙记就是典型的成功案例。另外还有"茶服"的流行。其实这些人群以前都存在,只不过互联网放大了这个群体并且增加了

1　消息来源:匿名人士。
2　数据来源:http://www.cdpf.org.cn/sjzx/cjrgk/201206/t20120626_387581.shtml,2019年5月23日查询。
3　信息来源:"大美无障碍服装专家研讨会在京举行　无障碍服装研究中心成立",中国日报网,2018年9月25日。

彼此之间的聚合度。

三、消费者定位：向"价值观"定位转变

在消费者定位方面，另外一个明显的改变是消费群体的消费价值观的转变。在西方，这类具有消费价值观的群体被称为"消费公民"[1]。他们在消费产品时，考虑的不仅仅是个人喜好的问题，而是会更加理性地思考客观需求：我是否真的需要买这件衣服？或者，产品制造过程是怎样的（衣服是在哪里生产的？工厂是否善待了员工？加工过程是否对环境产生了什么影响），以及购物会对这个社会产生哪些影响（这件衣服最终会去哪里？是否会成为新的垃圾填埋物？）等等。

可能对于从不关注这些问题的人而言，这些问题显得太"高大上"了：自己的小日子还没过好，谁会去关注这些问题呢？工作本身就比较辛苦了，买衣服还要思考那么多问题，累不累呀？或者，我知道要减少浪费、要注意环保，但是，这与我们买衣服有什么关系呢？

如同第一章所述，"可持续时尚"在西方正在逐步走向主流社会。当然，至今它依然属于小占比业务。但正如前章所述——这是个不可被忽略的趋势。而作为买手，也应该看到消费者习性的转变。虽然这种"消费公民"意识的觉醒，在中国尚处于萌芽状态。但是，以我 2018 年底所完成的一次消费者调研[2]来看，90 后及 95 后确实有人会特别关注这些带有社会责任感的问题。

可能很多人潜意识里会把这种"消费公民"当作"好人做好事"的事情来看待。而卖产品给这类人的企业也一定是抱着同样的心态来做的。在大家传统认知里，"好人做好事"的心态是赚不了钱的，但事实又是如何呢？我们接下来看两个真实案例。这两个案例也是目前在美国最热门的在这类消费意识上比较有代表性的案例。

Everlane：透明报价让你知道工厂赚了多少钱！

如果登陆 Everlane 的官网（www.everlane.com），你会发现，这家公司销售的产品都很"基本款"，而且与其他卖基本款的公司相比，这家公司的零售价格并不便宜。比如，一款基本款牛仔带猫须超短裤，零售吊牌价为 58 美元，折合人民币约为 400 多

---

[1] Featherstone, Mike. 1991. *Consumer Culture and Postmodernism*, London: SAGE Publications Ltd; 1st edition.

[2] 关于本调研介绍与报告，可参见本章节的后半部分。

元[1]。这些零售价格,无论对于中国还是美国市场都不属于低价产品。

也正是这家卖不便宜的"基本款"的公司,在短短的8年里,业绩已经高达2亿美元,约合人民币14亿元左右。与同规模中国传统服饰企业相比,这个发展速度同样是惊人的[2]。

这家卖不便宜的"基本款"的公司是如何做到盈利的呢?在其官网"企业介绍"里,Everlane写到:"异常优质的品质(Exceptional Quality)、道德的工厂(Ethical Factories)、彻底的透明(Radical Transparency)"这三个企业的核心价值观,这正是他们在市场上取胜的法宝。

Everlane的产品款式看上去都很基本,但是从原材料到工厂选择都很讲究。与其他品牌将供应商信息视为"商业机密"不同,Everlane率先将其供应商的信息甚至报价都公开在自己的官网上。

比如,在介绍一家专门为其提供开司米(cashmere)制品的位于中国东莞的工厂时,他们是这样介绍他们对原料的甄选的:

"开发开司米羊绒是一个艺工结合的过程。首先,我们需要找到最好的羊绒纤维——它们必须是15微米宽度及35毫米长度的羊绒。然后我们再将这些纤维纺成精细的纱线。我们在全球搜寻了近10家供应商。最终我们找到了一家可以提供A级开司米羊绒的供应商。他们直接从内蒙古购买原料,然后在宁波一家拥有意大利纺纱机器的工厂里纺成纱线。"[3]

毫无疑问,这种对供应商信息的披露,已经多过普通品牌会披露的范畴。除此之外,Everlane还会具体介绍给自己供货的每家工厂具体做什么品类的产品?何时建立?拥有多少员工?在什么地方?叫什么名字?自己是如何找到这家工厂的?以及工厂老板(合伙人)的名字与他们个人的背景……还有工人所工作的环境是如何的?工人是否得到了良好的待遇?工人之间的友好度、工人工作的稳定度如何等等,同时还会配图或者录像来演示工厂的环境及工人工作的状态等等。

另外一个值得注意的细节是,很多加工型企业在为自己做官网时,如果有任何个人照片出现,我们大多时候看到的是领导的照片。我们很少看到以某个工人为主角的图

---

1 2019年5月10日官网数据。
2 数据来源:https://ecommercedb.com/en/store/everlane.com,2019年5月23日数据。
3 译自其官网,2019年5月23日数据。

片。但是Everlane会将一个微笑的女工照片置放在官网中,虽然我们依然不知道她是谁,但确实显示了他们对一线工人的尊重。而这也正是他们的经营理念:如果你需要一线品牌的品质,你就需要善待在一线做工的工人!

他们在对供应商的介绍及图片展示细节方面都在告诉读者:"我们是一家有道德感的企业!"因此"道德感"也是他们评估供应商的重要原则之一。而具有道德感的企业所制造出来的品质一定也是优秀的。

Everlane打破的另外一个业内行规是将生产报价显示给消费者。所有用户均可上其官网查看每款产品的生产明细价格。

图2-7是一条带猫须的基本款牛仔裤的报价。其报价明细如下:

"原材料8.77美元+硬辅料2.58美元(拉链、金属扣等)+人工费(9.50美元)+税3.54美元+运费0.69美元=25美元"

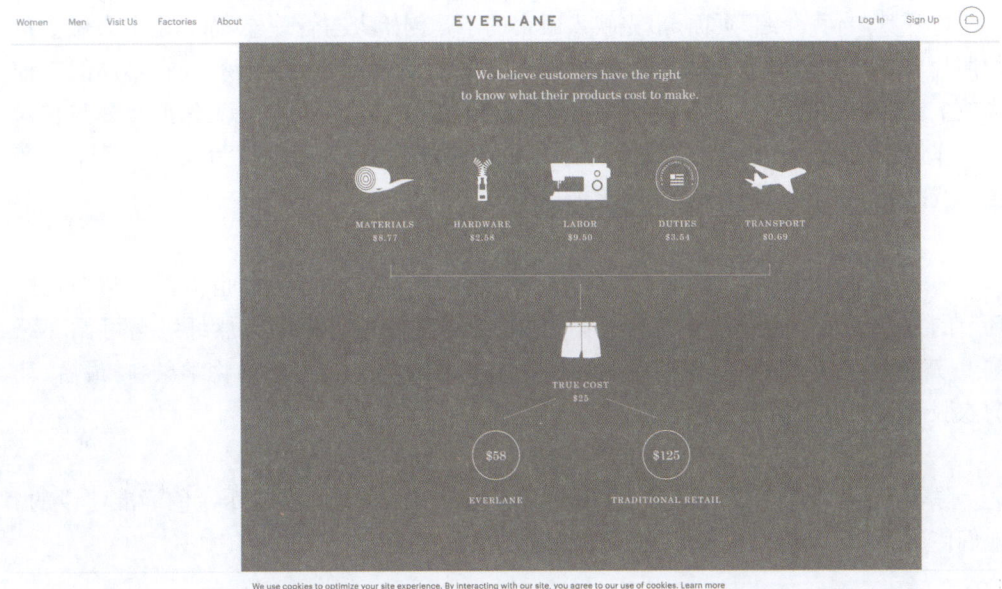

图2-7　EVERLANE官网截图[1]

Everlane的零售价是58美元,加价倍率约为2.3倍。这个倍率是远低于行业标准的。即使在西方,大部分倍率如其图中所示,在5倍左右。因此,一条25美元生产出来

---

[1] 2019年5月6日数据。

的短裤,零售价要在125美元。

Everlane的成功,可以说既是价值观的成功,也是其营销理念的成功——打破行业传统观念,来重新塑造大家对产品与品牌的认知。将供应商及报价信息展现给消费者,体现了其对消费者的尊重与信任。很多企业认为,将报价信息透露给消费者,只会让消费者意识到自己赚了多少钱,也许会引发消费者讨价还价的动力。而Everlane的案例说明,至少有相当一部分消费者是值得信任的。这些消费者可以理解任何一家企业都需要合适的盈利才可以生存。而且Everlane身体力行,去关注在供应链最上游的工厂与工人,这些也都是在显示他们的社会责任感。消费者对他们行为的接受也说明,消费者很接受这种透明做法,这种做法增加了他们对产品及产品背后故事的更多了解。

Reformation

Reformation是一家倡导"可持续时尚"的品牌。在洛杉矶拥有自建工厂。打开其官网(www.thereformation.com)单看其产品线,大家会发现他们的产品款式也比较大众与基本。但是,因为其坚守"可持续时尚"的理念,他们还是在美国收割了一批忠粉。

打开其"自我介绍"页面,最先映入眼帘的不是创始人与管理层,而是由工人做主角的照片。图片主角都是个体工人,他们有着不同的肤色,不同的年龄,处在不同的工种岗位上。每个人的脸上都有一个大大的开口笑,展现了他们对自己工作的热爱与在这里工作愉快的场景。在这方面,他们与Everlane殊途同归,即都认为如果你希望生产出一线品质的产品,那么你就需要更加尊重一线工人。

Reformation对"可持续时尚"的执行不仅体现在人文关怀上,也体现在整个生产环节的方方面面。首先从原材料开始,他们会尽量使用有机的天然纤维与可循环纤维[1];其次,在生产过程中,他们会循环使用水资源及染色过程中的化学染料;最后,裁剪衣服剩下的边角料也会被回收,做成小件成品或者物品。

除了产品,即使在工厂建设上,Reformation的工厂也是按国际绿色标准建设的。他们使用100%风能供电、LED灯光及其他节电设备等。

另外,通过循环使用以减少浪费的理念深入其管理文化。无论在办公、生产还是销售环节,他们都尽量考虑如何做才能降低对环境的危害。

---

[1] 注:并非所有天然纤维都是环保的。比如棉花是天然纤维,但在其种植过程中会被喷洒农药而导致土壤及环境遭受污染。

上述两个案例说明,既然这样的企业能够成功开创业务,说明消费者的消费意识与价值观也都在发生变化。对于预备创业,或者找工作的买手来说,在选择项目时,除了看竞争激烈的红海市场,也可以关注这些新兴市场。总之,在接下来的岁月中,唯有不断"创新"才是生存之道。而"创新",不一定是产品创新,也可以是商业模式创新、营销理念创新等等。

第三节 消费者给我们"意外"的反馈

2018年8到11月,我带领自己的研究助理们一起做了一场关于消费者的调研。这场调研我们以线上及线下的形式访谈了近400名消费者。男女性样本比例为30:70;消费者包括了70后、80后、90后及95后;城市包括了一线、新一线、二线、三线城市;职业尽可能地多元化。因为我们的调研目标是大众市场,故此次的调研样本主要聚焦在月收入12 000元以下群体。

本次调研目的主要是为了了解消费群体对品牌及美学的认知。这里呈现的并非一个正式且完整的调研报告,毕竟这并非本书的核心目的。我只是想将我调研所获得的结论与我们作为业内人士传统认知不太一样的方面与大家分享下。

一、"好"的品牌构成要素:质量最重要!营销最不重要!

对于什么是"品牌",可能很多人的答案不一样。在我所能观察到的业内案例中,我发现不少人其实对"品牌"的理解还是比较浅显的。在我看来,国内能被称为"品牌"的鞋服企业屈指可数,绝大部分所谓的"品牌"只是一个有着"商标名字"的产品。而我对是否是"品牌"的判断很简单,即去掉所有有形资产(货品、店铺、人员等),如果只是出售这个品牌的标识(logo),这个标识可以卖多少钱?这部分钱也可以被称为"品牌溢价"。一个没有品牌溢价的品牌,在我看来称不上是真正的"品牌"。

国内许多企业对"品牌"的认知还停留在"产品+包装"上。所谓的"包装"就是请明星、网红、KOL代言,花重金做好店铺装修,把钱砸在广告或流量上。以至于今天,时尚业已经出现了严重的本末倒置的现象:在营销上的开支,远高于在产品研发及品质上的开支。这点在线上店铺尤其明显:店铺流量及图片、大片拍摄占据了更多的资源。

但"产品+包装"并非塑造有价值品牌的公式,也不是消费者所追求的公式。这也正是我想与大家分享我本人调研结果的主要原因。

我的调研发现,大众消费者在对"好"的品牌定义上,最关注的是品牌下述的五个维度,它们分别是:

1. 好的质量

95%以上的样本(男性95%,女性97%)将"好"的质量作为"好"品牌的第一要素。

第二章
中国时尚消费者习性正在发生什么变化？

而"质量可靠"也正是大众愿意选择"品牌"的最主要因素（而非媒体与教科书上常常宣称的它代表了某种阶层/身份象征）。那么，究竟什么是消费者定义的"好"的质量呢？

"穿着令人感到舒适"是消费者所定义的"好"的质量中最主要的部分。穿着舒适涉及到版型、裁剪的舒适度，以及面料的亲肤感（柔软、透气、亲肤等）。其次，消费者定义的"好"质量还包括"耐穿/耐磨/耐用/耐洗"，以及"做工细致"。

2. 好的设计

消费者所定义的"好"的品牌评估维度，"设计"处于第二位。77%的男性，与87%的女性认为"好"的品牌需要有"好"的设计。对于大众群体而言，他们对"好"的设计的定义是"简洁＋细节设计"。我相信做过销售的人对这一点是有体会的，但是不一定所有的买手与设计师对这点有体会。我以为在企业内部，不同的岗位对"好"的设计的定义是不同的，这正是造成买手、设计师、销售彼此之间会争执的根本原因。

我们不妨仔细观察下我们所生活的环境中的人——他们的穿着习惯。比如：地铁中、公交车上、马路上；公司里、小区里，他们穿着当中，有多少人穿的是与广告大片、T台秀一样的服装呢？我们甚至会发现，在大众群体中，我们很少会看到有人穿所谓的"流行色"。

而设计师在设计时，总是在追"流行色"，总是在看T台秀。大多数的设计师，总是在想做"加法"：加个流行色、加个装饰、加一条分割线等等。而这增加的部分，似乎才是属于自己"创造"出来的设计。

但是无论是观察我们周围生活的环境还是我的研究都表明，其实大众消费群体喜欢的是总体简洁，但细节部位有内容的设计。这些细节部位包括了：领部、袖口、下摆、口袋、配饰（纽扣）、腰部（腰带）等细节部位，只要在这些细节部位能有些内容，比如撞色、小装饰、小的结构变化等，消费者就很满足了。但是这些细节内容在一款衣服上不能多，多了就让人觉得啰嗦与累赘。而且，我的研究发现，我们国内大众群体对色彩总体持非常保守状态，他们更喜欢有彩色部分出现在局部（比如上述细节部位），而非全身。

总之，对于做大众消费群体的企业来说，无论是买手还是设计师都需要意识到，做大众群体市场必须有商业规模。没有商业规模，企业就没有前景。而要有商业规模，就必须了解什么样的产品是有受众规模的（指更多的人愿意且能够穿）。本质上，大众品牌就是一个"以市场为设计导向"的定位。意识并接受这一点对于设计师来说是比较痛苦的。大部分设计师辛苦学习了几年的设计，都是为了做自己想做的风格，而非迎合市场需求。如果真是这样，也许你应该更换自己的职业路径，离开需要追求商业规模的大众定位品牌,去做能够以"设计师风格为导向"的小众设计师品牌(但是这同样会面临商业市场需求的问题)。

品牌到底应该是"迎合"市场,还是"引领""教育"市场的问题,在我看来,更多取决于品牌自身的定位与能力。至少从现实状况来看,大众品牌迎合市场需要才能生存是事实。不过,如果所有的品牌都去"迎合",而没有品牌"引领""教育"市场的消费者,那么,这个世界肯定也会变得更乏味。这就是为什么无论是迎合市场的大众品牌,还是"引领""教育"市场的更加高端的设计师品牌、奢侈品牌,都有存在的必要性。而买手、设计师都需要意识到这点,自己所服务的品牌到底是在"引领"还是"迎合"市场的需求。

3. 好的服务

仅次于"质量"与"设计"要素的,是"服务"。消费者对"好的服务"的定义,主要体现在"售后服务"。而好的"售后服务"主要体现在"服务态度""及时性"以及"专业度"。比如,退货时,售货方是否可以"不推卸责任""提供方便的退货流程""态度耐心、语气温和""在特定的时间内无理由退货"等。即使是"非质量问题",是否也可以退换等等。而在"专业度"方面,则指企业客服对自家产品是否足够了解,是否可以解释质量问题为何会发生等等。

值得注意的是,我在调研时发现,相当一部分消费者因为购买商品价格并不高(比如几十元、百元左右的产品),即使有了质量问题,他们也会选择不退货。原因是觉得"退货太麻烦"(比如要上网、填写退货单等)。这个或许可以给那些没有售后跟踪服务体系的商家一个提醒:没有退货,并不代表消费者就是满意的。因此,定期做些对顾客的回访,及时了解消费者的反馈,可以帮助企业不断改进自己的产品与服务体系。

4. 好的声誉

市场声誉度是消费者所关注的关于"品牌"的第4个要素。具体来说,大多数样本认为,"好"的声誉包括了"大多数人认可""被大家熟知/喜欢""市场上有良好的口碑""在市场上受欢迎"等。

也有消费者将"声誉"定义为"企业价值观"及是否具备"社会责任感"。比如,企业是否有自己特定的价值观?是否能以消费者利益为先,做到真诚地对待消费者?是否总是传达正能量的价值观?是否讲诚信?是否有环保意识?是否能做到不剥削劳工?这些都在印证我们在上述第二节中所讲述的"价值"消费理念确实正在中国市场萌芽。

除此之外,品牌成立的时间(消费者认为,"品牌成立时间越久,说明品牌经得起时间的考验"),以及是否在国内(外)市场有一定的影响力,也是消费者对"好的声誉"的定义。

5. 好的营销

消费者在对"好的品牌"定义中,最后,也可以被视为最不重要的是"营销"。只有约12%以上的人(男性14%,女性12%)提到了好的营销对品牌很重要。"好的营销"包括了传播方式与内容,比如:"广告多""能定期推送新品信息""曝光率高""能让人一眼记住""内容完整且有重点""能引发购买的欲望""与自己能建立持续关联"等等。

其他内容还包括"有自己的品牌故事与文化",以及店铺设计方面的因素。比如,"店铺陈列令人感觉舒适""店铺风格有趣""店铺有空间感"等。少部分人提到,应该有"明星代言"以及"促销活动"。

另外一个值得提到的问题是,在我们问到的其中一个问题中,关于"最近12个月,是否有买了服饰鞋类产品后悔的经历"时,72%的女性样本与55%的男性样本都有过这类经历。被消费者认为后悔购买的品牌中,获得最高频次的是"杂牌"(以线上消费为主)。这其中大多数都是质量问题。而质量问题中,又以尺寸问题居多。在鞋服业做过零售终端的人一定对尺寸问题印象深刻。我们经常碰到消费者什么都满意,愿意购买,却遇到相应尺寸缺货的问题。这里需要澄清下,尺寸不合身可能是产品品质问题(比如版型问题),但也可能是消费者没有选对适合自己的尺寸。后者严格意义上不应该算品质问题,而是消费者选择问题。但是从消费者角度而言,他们将两者都视为品质问题。另外,我的调研还发现,"天猫/淘宝"是大众消费者用得最多的购买渠道,而网上不能试穿确实会增加因为尺寸问题而退货或者消费者后悔的现象。

其他导致"后悔"的问题还包括,买回来发现"上身效果不好""风格与自己想象的不一样""穿上后不舒服"等。这其中既有线上购物,也有线下消费的经历。造成后悔的原因,既有线上产品介绍及图片呈现与现实不符,也有客服、销售过度推销,以及消费者自己冲动或者贪便宜。

虽然造成问题的原因是多样化的,但是我之所以将这个问题归为"营销"类问题,是因为我认为除了消费者个人因素之外,造成消费者后悔购买的原因,一大部分是因为我们当今的过度营销。

同时做过线上与线下零售的人一定都有这样的经验——线上退货率远高于线下。在高峰期,某些店铺线上退货率可高达50%~60%,这是个非常惊人的数字。遗憾的是,媒体的宣传及企业的报告通常只显示当下的成交数值,并不跟进后期退货率。虽然对于线上而言,有相当一部分退货率是因为线上不能试穿而造成的,但我相信更多的是因为过度营销造成的。这些退货其实为企业带来了巨大的隐形成本。发送一件新品也许只要几秒钟,而企业接手一批退货需要耗费巨大的人力与物力:从开袋检查货品品质是否受损、是否适合再销售,到最后重新包装上架销售的过程涉及货品分类、拣货、验货、再上架(或者另作处理)等流程。这个过程耗费的时间与人力成本是发一件新货的几倍甚至几十倍。这种现象无论对企业,消费者还是这个社会(来回物流的浪费、物流交通对环境所造成的碳排放等)都是极其不利的。

我的研究表明,对于现在的消费者来说,即使各类媒体及所谓的市调报告不断在宣传现在的消费者习性发生了巨变,"产品是王"依然是硬道理。就这点而言,与二三十年前人们消费并没有本质的差异:人们总是在追求更好的产品。这个"好",包括了好的"设计"与"品质"。而"营销"依然只是辅助手段——没有好的产品,营销只能获得短暂的成功。因此,企业应该重新评估各项费用及成本开支占比。应当投入更多的钱用于产品研发、品质控制、改善服务等与产品直接相关的项目,而非过度营销。特别是对于线上销售来说,我发现许多卖家在照片拍摄上投入的心思与精力远高于其在产品上的投入。虽然图片在线上属于引流量的重要载体,但是如果照片拍得已经脱离产品的实际情况,这就是过度营销。我相信这也正是消费者所提到的"真诚地对待消费者"的意思。

二、究竟何为"美"?

1. 何为"美"?

我的调研还涉及了大众消费群体如何定义"美"的问题。毕竟,到目前为止,我们经常看到的是媒体上渲染的各种时尚之美,以及教科书上教的美学定义等。基本上,我们可以把媒体上、教科书上所宣传的定义为"专家"(设计师、编辑、学者等)的观点。那么,专家的观点,与大众消费群体的观点一致吗?

对于消费者而言,鞋服之美最重要的不是产品外观如何好看,而是是否能让穿着者的身材显得好看。具体来说,也就是是否可以让穿着者的身材"扬长避短""遮肚子、粗腿、粗胳膊""显腿长""显女性曲线""显腰身"等。但是如果翻开主流时尚媒体以及与设计、美学教育相关的教科书,我们很少会看到他们是这样定义"美"的。大多数时候,他们都在教育我们如何做好外观设计,让衣服"看"上去很好看,而不是"穿"上去很舒服以及"修身"等。

另外,我的研究还发现,大众群体对"美"的定义还取决于主流价值观。比如部分样本认为:"让自己与他人感觉舒服的衣服就是美的";或者"在群体里穿着不突兀的就是美的",以及"让人感觉得体的就是美"。这个或许可以解释为什么国内大众群体的穿着是趋于保守的。而且我还发现,95后并不像一些媒体或者市调报告表述得如此有个性。事实上这个群体一样有着趋同性的追求,而且他们同样在乎周围人的说法与看法。

在本章的最后案例中,我以 95 后为例呈现了他们某些调研部分的原话,希望通过这样的方式让大家看到一个真实的消费群体。

那么大众消费群体又是根据什么来确定哪些衣服适合自己呢?在我们的调研中,越是年长的消费者(70 后~80 后)对什么样的鞋服产品适合自己越是有更加自认为正确的认知。比如,他们会说,他们认为某种特定的色彩特别适合自己,"因为配自己的肤色""能让自己的肤色显白"等;或者某种版型/款式特别适合自己的体型、身高等等。然而,值得注意的是,很多消费者自认为正确的"搭配"知识,从专业角度而言是有误的。比如不少年轻女性样本提到,自己很喜欢超短裙,因为"超短裙可以遮盖自己的粗大腿"。而事实是,超短裙真的可以遮盖粗大腿吗?确切地说,还要看穿着者具体腿部的长短及整体的腿型。超短裙在某些粗大腿身上可能还暴露了更多的体型缺陷。

这个问题也说明,站在品牌的角度,我们还可以进一步引导消费者对服饰搭配知识的正确看法。让他们真正了解自己的体型、肤色及职场、生活习性,以期真正找到及搭配出适合自己生活与职场场景的穿着。

2. 美重要吗?为什么?

我们另外问的一个与美相关的问题是:"美对你是否重要?为什么?"除了 70 后男性中 80%的人认为"美很重要",其他所有年龄的男女样本 90%以上的人都认为"美很重要"。然而在"为什么重要"方面,男性与女性的差异是显著的。男性认为"美重要",是因为"美会影响社交及职场发展机会"。比如,美的穿着,代表着"人靠谱""值得信任",因此会带来更多合作机会;代表着"可以引人注意""被尊重""不被人异样看待";或者代表着"留给他人好的第一印象""向他人证明自己是个认真的人""证明自己是(群体)的同类人""是合群的人"等等。这些都说明男性穿着更多是为了社交需要!

相对于男性的美是为了社交功能,女性爱美更多是出于自我表达!她们相信美能提升自信,自信会自然提升自己的精神气儿,人自然也就更好看了。

上述的调研分享,我希望可以给设计师、买手以及企业主新的启发。

重点总结

一、买手如何才能关注到消费者习性的变化?

1. 通过国家统计局官网了解宏观人口结构变化及相关经济数据。

2. 查询可靠的、有行业声誉度的智库、资讯机构发布的行业报告。

二、消费者定位方式的变化:从"人口"定位到"价值"定位

1. 产品设计风格定位与消费者定位正在从"单一"走向"多变"与"多元"。

2. 消费者定位不仅仅关注主流人群,也要关注到边缘化人群及主题爱好人群。

3. 当下的消费者定位正在向"价值观"导向转变。

三、消费者给我们"意外"的反馈

1. 大众消费群体定义的"好"的品牌要素依次是:质量、设计、服务、声誉与营销。其中,"好"的质量主要指穿着令人感到舒适。"好"的设计指总体简洁,但在细节上又有设计点。

2. 大众群体对"美"的定义主要指穿着能修饰身材。另外,男性穿着对美的诉求主要是为了社交功能;而女性穿着对美的要求主要为了彰显自信。

第二章
中国时尚消费者习性正在发生什么变化?

案例:由冷芸主导的正态智库于2018年8～11月所做的大众消费群体调研

本次案例来自12位样本的陈述。他们均为95后。其中9位学生,其他3位分别是客服、会计与文员。样本分别来自北京、广州、西安、常州、上海、杭州、济南、重庆、威海。

问:指调研员的提问。样本回答分别由编号代表。编号不连号说明编号因为没有按时上线或者其他违规问题被退。括号中的文字是作者的补充说明。

问:您购买服饰鞋时,"品牌"对您来说是否有意义? 您认为"品牌"代表着什么?

1号:品牌(对我来说)有很大意义!一般来说同龄人都追求的品牌对我来说更有吸引力,因为(这让我显得)很合群。

2号:品牌(对我来说)有比较重要的意义。(它)代表(品牌)质量还有自家风格款式。

3号:有意义。好的品牌代表着一种服饰文化,而且有品牌的衣服和鞋子看起来更有质感。我认为买服饰是要在自己力所能及的经济能力下追求更有质感的服装,而不是只追求样式。尤其是鞋子,好的品牌会更舒适。

4号:我认为品牌一定程度上是我衡量商品质量的标尺,且价格的高低与品牌的好坏息息相关。

5号:还是有意义的。以后我有能力,还是会选择一些品牌类(的产品)。(它们让我)感觉比较有设计感,质量有所保障,场合上也会体面。

6号:有一定的意义。买衣服时会考虑品牌,但不是全部(只考虑品牌)。有很喜欢的(产品),不管什么牌子也会努力买。我认为品牌的意义是一种保障。好的牌子能让消费者比较放心。

7号:有一定的意义。但是(我并)不刻意追求品牌。如果衣服很好看的话,(我)不在乎品牌,并不是有牌子的衣服就(质量)一定好。普遍情况下,大牌衣服确实耐看、做工细致、穿着(让人)很舒服,而且性价比比较高,不会过时。

8号:品牌对我来说其实并没有太大的意义。坦白说,我并不是一个太追求品牌的人。可能对我而言更看重的是哪套服饰或者是哪双鞋合不合我的眼缘。(我)个人认为品牌代表的是,或者说是提供了一种受大众认可的,且普及度较高的选择方式。一个品牌必然代表了这个公司的文化,或者说是人群中一种身份认同感。品牌在发展自身的同时,也会为社会事务发声,并做出实际举措。

9号:品牌象征着质量的保障以及售后的完善。在经济条件允许的情况下,我会尽量选择品牌。有实力的设计师的审美是符合大众的。售前服务应该做到广告普及以及购买时有贴心服务。售后服务应该做到退货及时。

10号:在我这个阶段没有收入来源时,(品牌)意义不大。我是大学生,没有足够的经济条件。我认为衣服(穿着)舒适,款式大方就好。我认为品牌代表有质量保证、特定风格、价格昂贵。

11号:我觉得对我来说没有意义。不过我认为品牌是一种符号和象征。单单看到品牌就知道这个名字能带给你一定的设计感和质量保障。某种意义上(它)联系着消费者对设计师和工厂的信任。

12号:有意义。品牌对我来说就是一种标签印象吧。品牌自身会有一种定位,再(将它)传递给受众,就会形成大众对他的评价与口碑,(并)影响我们的购买力。

问:您认为什么是"好的"品牌? 对您而言,"好的"品牌应该包含哪些关键要素?

1号:需要拥有或满足以下条件:舒适度、质感、配色、标签图案、媒体评价及良好的广告宣传。

2号:"好的"品牌应该是质量有保障的。"好的"品牌应该有自己的独立设计,紧追当下流行趋势,且有质量不错的制作。

3号:"好的"品牌,不仅要有国际或国内影响力,最重要的是适合自己的穿衣风格,(让人穿得)舒适等。

4号:("好的"品牌应该是)创办时间较长,有一定历史渊源的。比如纪梵希等是我认为好的品牌。好的品牌应该包含"简约、时尚、美观、质量较好"(等因素)。

5号:"好的"品牌(包括):(好的)质量、售后保障、设计感。

6号:"好的"品牌有自己的风格和文化。应该包含的要素有:设计、质量、售后保障和一定的口碑。

7号:("好的"品牌指设计)不雷同,做工细致,款式新颖,面料舒服,价格适当,以及良好的售后服务和退换货等。

8号:一个"好的"品牌,应该有着明确的市场定位,同时也愿意不断尝试新风格,并且能为受众群体提供一定的质量保证和较多的产品选择。再往深说一点,好的品牌应当是一个具有社会责任感的企业。

9号:("好的品牌"指)款式及时更新,(拥有)有一定实力的设计师,有完善的售前售后服务,是为消费者考虑的。

10号:"好的"品牌应该有质量保障,售后服务完善,风格独特。品牌(要素)包括质量好、成本高、宣传力度大、贴近市场流行。

11号:获得消费者好评众多的,产品优点有目共睹的就是"好的"品牌。对我来说好的品牌(要素)包括:质量好、剪裁好、舒适、服务跟进好、有个性和设计感。

12号:"好的"品牌我觉得最重要的还是质量,其次是价格、性价比,还有是否适合自己,(是否)有自己独特的风格、口碑。

问:您觉得什么是"美"? 您怎么确定一件衣服是否够"美"?

1号:美对于我来说是一种直观的视觉效果。(比如),颜色方面,暖色更能吸引我,例如:粉色、肉色、暖黄色等;纹路(图案)方面我觉得竖条纹很美。衣服美(是指):有设计感,能够很好地掩盖身材的缺陷和突出身材方面的优点。(身材缺陷是指),比如,腰比较粗或者腿短,身材比例不好,臀部肥大等。

2号:"美"即是健康、活力、舒适、自然大方。一件衣服款式裁剪得体,材质好,上身能遮住缺点、放大优点则为美。比如(可以让)H形身材显腰,(服装)颜色衬肤色。

3号:"美"的具体概念不好定义,因为每个人都有自己独特的审美观。比如我自己,就比较喜欢简约的、黑白灰色系的衣服。我认为这种类型的衣服就很美。

4号:("美"就是指)衣服看着很舒服,色彩搭配很协调,最好不要超过三种颜色。穿上去照一下镜子就能确认是否够美啦。

5号:第一视觉感,颜色上很喜欢,设计上很喜欢,质量上有保障,穿着舒适且合身(就是"美"的)。我比较喜欢冷色系,简约大方。

6号:"美"是能给看的人视觉上带来舒服的感觉。(我)个人认为简洁的风格和配色比较美,其次就是设计一定要适合自己。比如,偏休闲运动风的卫衣、运动短裤、休闲鞋、帆布包就比较适合我自己。

7号:"美"就是第一眼(让人感到)惊艳,往后的视线(就)离不开它了。衣服不光自己觉得好看,周围的人都觉得好看。适合自己穿或者穿出了自己的风格。(比如,我认为)颜色温柔(就)给人视觉上的舒服(感)。

8号:美是个人主观意识对客观存在的评判结果。一件衣服,如果是合我眼缘的,我就会认为它是美的。而我对美的评判标准来自于我长久以来受到的教育、阅读的书、看过的展览。"合眼缘"这种事情很难去下定义。比如说我看到一件衣服,在我看到的那一瞬间,我觉得她非常好看,和我的审美观相符。不论那件衣服是否我穿上会好看,只要它是美的,那我就觉得这件衣服是非常合我眼缘的。

9号:"美"是得体、不失礼。一件美的衣服应该是符合穿着的场合,不是奇装异服,不会影响到别人。

10号:我觉得美是能够经得起时间考验的。款式可以简约大方。浅色调更能吸引我,如白色、粉色、浅绿色。如果一件衣服适合我,能发挥我的身材优势和展现衣服的美感,越来越耐看就算美。

11号:我觉得美对我来说是心灵被触碰那一瞬间的悸动感。我对衣服还是挺信奉"一见钟情"的,第一眼合眼缘的,觉得很心动的,就是美,然后适合自己的也为美。

12号:我觉得美就是看起来会(让人)舒服开心。一件衣服的美与丑我觉得适合自己才是最重要的。再就是看衣服本身的设计、价格这些(要素),然后再加上自己的自信。(比如适合我自己的是)偏休闲类的,并且能遮掩身材的缺陷。比如我觉得自己上半身瘦,下半身胖,我就喜欢穿可以露锁骨的一字领衣服,下身(配)阔腿裤。

问:最近12个月购买了服装鞋后,有没有后悔的经历?请简述下故事的过程?

以及为什么感到后悔?

2号:有。(当时)想更新夏季的衣服,并且想尝试不同风格,(就)购买了一件宽肩背心,但是(穿了以后)完全不合适。在收到快递试穿的时候就后悔了,最后送给了朋友。(不合适的原因是这件背心让)我的肩膀会显得很宽,让我看上去很壮,无法(让我)接受。因为这款背心肩膀处比较宽(肩部设计),不是细带的背心,加上我的肌肉比较明显,穿上就完全放大了(我的)肌肉,很难看。(而我)买的时候以为会像模特上身(效果)一样,(因此)没注意到这个穿着效果!

3号:有。夏天的时候在H&M实体店买了一件带大花朵的黑色短款衬衫。当时买的时候是想改变自己平时的穿衣风格,结果到现在一次没有穿过。(因为)领口太低,太性感了,不适合自己。(如果有允许性感一下的场合),就会尝试(穿上它)的。比如和朋友去酒吧玩,出去旅游拍照,它还是一个不错的选择。

4号:有。春寒没过去之前买过一双冬鞋,鞋子很好看,是我喜欢的风格。但是找不到能搭配的穿法,只好找卖家要模特图,发现模特是没穿袜子的,光腿裸穿。那是一双冬鞋啊,光腿裸穿……

5号:有。在店里买了一件上衣。是无袖的,当时试穿的时候感觉还是挺好的。可能是店里的灯光,以及镜子摆放的角度,(当时觉得没问题)。(可是)买回来后,感觉还是很不合适,显得(我的)手臂粗。

6号:衣服都是我和妈妈一起选的,两个人都觉得很好看(时才会买),所以不后悔,也有经常穿。唯一不满意的是有一件衬衫有些透,穿打底又有些热,但是因为很好看所以不后悔。

7号:有。有一双白色鞋子,是在淘宝买的。当时看着很好看,而且是松糕底(因为我个子不高)。但是买到以后,发现比较沉重。而且穿上以后感觉很厚重,且显得脚大,(我就)不喜欢了。(最后这款鞋子)就(被)闲置了。

8号:没有。

9号:曾购买一双小CK的6厘米高的黑色高跟鞋。起初看图片觉得非常优雅,衬托腿型,何况6厘米也不(算)高,适合在日常生活中穿。然而在网店下单、收到货(后)发现,鞋子的跟很硬,穿起来并不舒适。(最后我就把它)送给朋友了。

10号:有。我买了一套(我)很喜欢的汉服。颜色款式都很满意。但是自己却没有足够的勇气穿出去，就放在衣柜里当作收藏品，自己在家对着镜子试了一下。

11号：有的！（我曾）买了一条西装款连衣裙，（它让我感到后悔）。反思一下原因，第一是（因为）衣服实物剪裁与原图不符（我比模特高很多，但是衣服胸前确实感觉比起图片上显示的短了）；第二，（喜欢）西装款就是因为（它）简洁大方、挺括，结果衣服的领子处实物布料太薄了，反而显得（质量）很寸。

12号：有。当时在优衣库试了一件藏蓝色圆领衬衫，和服式的那种系扣方式，七分袖的（不知道我描述得是否清楚）。当时觉得这种系扣的没买过，还挺职业的，适合上班穿，就买了（它）。然后穿了也就两次吧。那个季节就过去了。今年再看（它），就觉得好老气啊……再也没穿过（它）。没有那个新鲜感了。

第二章
中国时尚消费者习性正在发生什么变化?

练习

1. 请访问下你所在品牌公司的至少 10 个来自不同地区、年龄、职业的客人。并问他们以下几个问题。
   - 第一次购买我们的衣服是何时?当时为什么会购买我们的衣服?
   - 最近一次购买我们的衣服是什么时候?买的是什么产品?当时为什么而买?
   - 最近买了我们的衣服后,回去什么时候穿了?穿后自己的感受是什么?周围人的评价是什么?后来又穿过几次?在穿着过程中是否遭遇了任何问题?

2. 上述问题与你平日对自家品牌的印象一致吗?如果不一样,你认为是什么原因导致了这种认知差异呢?

3. 在乘地铁、公交车,或者逛街时,不妨看看周围的行人穿的都是什么款式、颜色的衣服与鞋子?这些款式与颜色中有多少比例是你在流行趋势网站及 T 台上会看到的?

消费者最关心的关于"品牌"的要素

插画：袁星

第三章 资深买手所需具备的市场调研技能

市场调研是一项很专业的技能。因此我们并不可能通过现在这样一篇章节全面掌握它。本章节主要帮助大家首先了解何为"专业"的市场调研。即使自己无力做调研,也至少可以判断何为具备专业水准的市调。其次,希望大家能够掌握基本的问卷设计原则及问题设计原则,因为这是所有市场调研方法的基本功。最后,本章节可以帮助大家掌握一些基本技能,做一些个人力所能及的市场调研。

第一节 市场调研的流程

1. 首先设定清晰且具体的调研目的

请大家看一下以下的例子:

中国消费者习性调研
中国大都市消费者习性调研
中国大都市90后消费者习性调研
中国大都市90后服装消费者习性调研
中国大都市90后运动服装消费者习性调研
中国大都市90后女性运动服消费者习性调研

大家可以看到每一句话表达的调研目的都更加具体与细化。这并不是说"中国消费者习性调研"不可行,而是这个调研目的太笼统及庞大。对于个体企业来说,一般最好能聚焦调研对象。比如,第一个写的是"中国消费者习性调研","中国消费者"是一个庞大的群体。第二个是"中国大都市消费者习性调研",虽然比第一个具体了些,但还是不够具体。消费者有很多类型,有年轻的,有年纪大的,你要做哪一类消费者的调研?所以,第三个,再进一步是"中国大都市90后消费者习性调研"。但是消费者消费的东西可以有很多,所以后面再进一步,"中国大都市90后服装消费者习性调研"。再往下延伸,可以是"中国大都市90后运动服装消费者习性调研"。而更为具体的则是"中国大都市90后女性运动服装消费者习性调研"。这个目的清晰地表达了"地域""年龄""性别"及"产品品类"这些细节。这会让整个调研目的更加具体并有可行性。

设定调研目的就和给文章取标题一样。如果你为自己的文章取了一个太大或者太空泛的题目,很可能反而丢失了自己的主题思想。简单来说,调研的目的最好明确调研"区域",调研对象的"年龄""性别""关于什么产品"等基本条件与要素等等。

2. 确定调研方法

目前主流的市场调研方法有30余种。我会在本章重点介绍一些适合个人使用的调研方法。值得一提的是,没有一项调研方法是完美的,所有的调研方法都会有自己的利弊与产生数据偏差的可能性。也因此,大多数情况下,为了降低调研数据产生偏差的可能性,我们通常对同一个调研项目会至少采取两种调研方法。

但是无论使用什么调研方法,它们都需要使用到一个重要技能,那便是——"问卷设计"。所有的调研本质上都是在问消费者、被采访对象问题。那么如何正确地设计问卷,如何正确地提问,就很重要了。也因此,在下一部分,我就会重点向大家介绍"问卷设计"部分。这是所有调研方法里需要的通用性技能。

3. 确定调研团队

绝大部分的调研很难靠一个人的力量完成。因此,如果确定要做一个调研项目,与其他所有项目一样,组建自己的团队很重要。

4. 设计样本的招募方案及评估选择样本

市场调研的第4步是设计样本的招募方案及评估选择样本。设计样本的招募方案主要包括以下内容:

样本规模应该多大?样本规模的大小决定了调研数据量的大小。样本越大,调研结果可靠度越高。但大规模样本调研需要耗费更长的时间、更多的人力与财力。因此,设定一个合理的样本规模很重要。而规模的合理性主要取决于调研方法与目的。越是深度的调研,通常样本规模越小,但是数据越有深度。比如深度采访个体奢侈品消费者,这种个体采访很耗费时间。因此,一个国家市场能做100个已经很耗时。但如果是一个线上问卷消费者调研,那么10 000份样本也不算大的。

其次要设计样本的人口结构。比如他们应该是什么性别(女性、男性还是男女各占一定比例)?什么地域?是大都市、省会城市还是二三线城市或者四五线城市?职业分布如何？什么年龄及行业？他们所隶属的企业或者机构性质应该是什么（国有企业、跨国企业、私营企业、政府机构、事业单位等）？这些因素可能都会影响细分市场的消费习性。对于全国性市场调研，在以上各个维度分布越均匀，数据越公正。切忌用一两个城市的调研样本作为全国调研数据出调研报告！当然，如果你调研对象是一个特定群体，比如某家医院的医生，某所大学的学生，则另当别论。总之，样本的规模与选择范畴完全取决于你的调研目的及范围。

最后，获得样本的方式与渠道也需要说明。有的企业、机构调研，为了图便利，会找一家朋友的企业，请这家企业的员工参与调研；或者一所大学的某个班级进行调研。这样获取样本虽然很方便，但除非你的目的就是调研这家企业或者这个班级，否则，这样出来的调研数据并无法代表当地市场的消费属性。

所以通常获取样本比较可行的方式如下：

（1）朋友推荐的方式滚雪球

如第二章所述，我最近做了一次总计约有400个样本的消费者焦点小组访谈。前后花了3个多月时间。我们的样本是先从朋友开始获取的。而且在选择朋友时，我们特地划分了区域。每个朋友只能推荐2个朋友。同时我们在区域、年龄、职业、性别上又做了区分。我们就是用这种滚雪球方式招募到了分布在一二三线城市、不同职业、不同年龄的样本。这个方法比较慢（所以耗费了3个多月），但是其产生的调研质量就比较靠谱，比较有代表性。

并且因为我们主要是线上调研，而通过熟人介绍的另外一个好处是能够确定对方的实际身份状况，比如年龄、性别、职业。大家都知道，线上人的身份是可以作假的。这个过程帮我们尽量避免了这种作假可能。

（2）企业合作

如果是受企业委托做市场调研，那么企业通常会提供样本资料。但企业能够提供的样本通常是已经在自家消费的用户。如果企业的目的是了解那些没有在自家消费产品的消费者，这些样本还是要另外去招募的。

如果是自己想对特定的消费群体进行调研，同时又希望样本分布均匀，可以与多家企业合作，从多渠道获取样本，以保证样本的分布能尽量减少偏差。因为从一家企业出来的样本可能在消费习性上有一定的共同性。而这个共同性未必是所在市场的共同性。因此还是需要依靠多企业提供样本的方式来让数据更加可靠。

市场上还有购买样本资料的渠道。特别是线上问卷调研，专门有公司提供找样本的服务。因为是线上调研,他们并不会提供样本联络方式(这个也涉及用户数据隐私保护问题)。他们通常会代你发送问卷给样本并代收问卷。但是我个人对这些渠道所获取样本的可靠性比较质疑。互联网上数据造假一直都存在,因此也建议大家谨慎选择提供这种服务的公司。如果要选择这个渠道,一定要了解清楚对方的专业度以及获取样本的渠道,以及如何确保样本的真实性等问题。

5. 设计问卷、问卷测试、调研执行

完成上述工作后,接下来是设计问卷阶段。这是我们在下一节会重点陈述的内容,因此此处不再赘述。

问卷设计完成以后,一定要给大概5到6个人做个测试(pilot test)。这个过程一是测试所有答题者是否都可以理解每个问题的意思,以及做一份问卷大概需要多少时间,这个时间是否足够合理。因为如果填写问卷的时间太久,很多人会拒绝回答的。一般来说总会根据测试反馈后再对问卷进行调整。

在所有资料都准备妥当、样本到位后,接下来就是具体的调研执行过程。比如做线上问卷调研;执行消费者焦点小组访谈;个人采访等等。调研执行也涉及许多细节。因此也需要提前设计好具体方案。本章节中最后的案例即是我自己所执行调研时做的方案,在此分享给大家以供参考。

另外,除了学术调研,一般市场性质的调研都需要支付调研参与者费用。不同调研方法的报酬不同。价格主要取决于参与者所需要花费的时间与精力。这个都有市场行情价的。一般问卷调研报酬最低;小组访谈的价格居中,个人访问报酬最高。这些价格根据不同城市、不同规模、不同调研时间而不同。因此请大家尽量了解当地市场的行情价!与此同时也要提醒调研者,支付给被调研者的报酬并不宜过高!过高会导致被调研者过于在乎这份报酬,担心自己拿不到钱(毕竟大部分参与调研的人并不了解调研者真正的调研目的,很多调研者来参加调研就是为了报酬),从而只拣调研者喜欢听的回答调研者,这种答题方式会影响最后调研的质量。因此不值得鼓励。

6. 数据的收集与整理、统计分析、出调研报告

在所有样本的数据收集上来后,首先要整理数据。整理的意思主要是指整理数据格式,去除无效数据,以及检测数据的有效性与可靠度。

"整理数据格式"的意思是,被调研者在回答时,其采用的格式可能是不统一的。这个主要针对开放式问题。比如说"你认为哪些品牌是'好'品牌?"这样一个问题。有的人可能回答是:"Adidas",有的可能回答是"阿迪达斯",有的回答是"阿迪"。这些回答其实指向都是一个品牌,但是大家回答品牌名的格式不一样,有的写英文,有的写中文全

称,有的写中文简称。这类数据需要经过事先整理才可以进行统计,否则就会出现统计偏差。

"无效数据"指,比如答卷不完整,或者其他被调研者没有按照调研规则执行的样本数据。比如,我在执行消费者焦点小组访谈的调研时,有的人迟到了。那么迟到的人,就会被排除在外。也有的会在线上回答问题时,没有在规定的时间内回答问题,就会被认为没有专心在做调研(毕竟在线上做访谈,有的人可能会三心二意),这样的样本数据都会被去除。

样本数据收集上来后,还要检查数据的真实性、有效性与可靠度。真实性即指数据是否符合客观情况;有效性即数据的完整度、及时性与适用性。这是一个正规的调研对样本数据最基本,也是必须的要求。而决定以上数据是否达到上述标准的依据就是上述流程的每一个环节,从问卷设计到样本选择、到最后的数据统计分析都需要严格按照专业水准进行。任何一个环节出问题,都会导致最后样本数据的偏差。

令人遗憾的是,国内绝大多数的企业与读者只关心调研结论,而并不关心调研方法与调研过程。这也导致很多浑水摸鱼的市场调研报告出现在市场上。而事实上,如果调研方法与调研过程不专业,调研结论只会误导企业对市场的判断。

另外,市场调研的对象基本以人的口头或者书面回答为主。现实中,大多数人会认真对待一份调研,但我们也不排除有的人会胡乱作答。因此,在问卷设计中,有些问题就需要考虑前后问题的逻辑关联。这个与律师问当事人话,法官审判案件都有些类似。法官也正是通过不断重复一些问题,或者设计一些前后有逻辑关系的问题,或者提问更加具体的细节,来确认对方的回答是否真实、可靠。我们在下一节"问卷设计"中会再次举例说明如何对数据的有效性与可靠度进行设计与判断。

最后一步便是数据的统计与分析及出调研报告。对于定量数据的统计,SPSS 是最多被使用的软件。定性数据的统计与分析会复杂得多,而且不同定性数据的类型分析工具不一样。因为这本书并不是专门教授市场调研方法论的,因此不会再在此处提供更多内容。我只是希望给大家留下一个这方面的初步印象。如果大家希望对市场调研有更多的了解,可以去阅读更多相关的专业书籍。

第二节　市场调研常用的调研方法及它们各自适用的场合及利弊

前面介绍了调研的流程。本节则具体呈现几种常用的调研方法及它们各自适用的场合以及利弊(表3-1)。

表3-1

调研方法	调研分类	调研形式	优　势	劣　势
问卷调研	定量为主	以问卷形式向被调研者提问。传统调研以纸上答卷形式进行。现在基本上都直接在网上做问卷调研。	相对比较容易执行,只需要发出问卷。统计方法也相对容易。	一般要求样本规模大过其他方式;只能做简单易统计的问题,可以做广度,很难做深度。
消费者焦点小组访谈	定性为主	一般以6~12人为一个小组,由一位主持人主持、提问。由每个参与者按主持人的提问回答问题。一组时间通常为2小时。	比问卷调研可以做些更加深度的提问。提问通常是开放式的,也因此可以获得深度答案。	对主持人的素质要求比较高。初始问题可以事先准备好,但是因为不知道参与者会怎样回答问题,因此,主持人需要知道如何根据回答者的回答再次挖掘新的问题,直到找到问题的根本回答。因为是十几个人坐在一个房间进行访问,所以不排斥他们的答案会受其他人影响。这也是主持人时刻要观察的。
个人采访	定性为主	一对一采访个人。	因为是一对一的访问,可以做最深度的访问。	非常耗时。因此,一般个人采访调研都用在对调研领域有深度了解的专家或者爱好人士。同样考验采访人的采访技巧。采访人要在采访过程中不断观察被访谈者的情绪,剔除干扰因素。

第三节　不是会说话就会提问：问卷设计与问题设计常见错误及正确方法

一、错误案例示范

我碰到过很多企业与个人，他们似乎觉得问卷设计非常简单：只要你会说话，你就该会提问。我在网上随便找了个案例。这种案例在网上比比皆是。所以我们来看看它们的问题在哪里。

以下是错误案例展示，斜体字部分是错误案例原文中的问题。"点评"便是我个人所作的点评。我这里所举例的"更加专业的提问方式"并非唯一的答案。此处仅是举例说明，提问也是一个很专业的事情。即使你从未学习过专业的调研方法，我相信从前后的提问对比中也可以感受到哪种提问方式更加专业。

1. *Hello，我们最近在做一款手机图片分享软件，我们想花费您5分钟时间，问您几个跟手机使用习惯有关的问题。*

请注意：以下问题的答案没有好坏之分，我们只是想知道您的想法，真实的表达即可：

点评：

这里的"我们"是谁？为什么要问"我"跟手机使用习惯有关的问题？是否涉及我的隐私？我填写的信息将如何被使用？

更加专业的提问方式建议如下：

您好！我们是×××公司。本问卷的目的是×××。本问卷将仅用于×××。本公司承诺此问卷并不涉及您的任何隐私。您所填写的信息也不会被透露给任何第三方。本问卷大概会使用您×分钟的时间。以下答题没有对错，只需选出适合你情况的答案。

（在完成本问卷后，您会收到本公司赠送的×××小礼品一份）。

2. 您的年龄*（必填，单选）

○16岁以下
○16～24岁
○25～30岁
○31～35岁
○36～40岁
○41岁以上

点评：

首先，通常按照市场调研的伦理操守，调研未成年人士，应当获得父母的书面许可。"伦理操守"在国内是非常容易被忽略的细节。可能有人会认为这只是回答一份问卷而已，有什么大不了的呢？而这就是"专业人士"与"非专业人士"之间的区别。其实所有的职业都有伦理操守或者道德底线需要遵守。如果缺少了这一基本要素，一个人再专业，也难以为企业或社会做出正面价值的贡献。

另外，此处年龄分组的逻辑是什么？比如，为什么16～24岁跨度是8年，25～30岁跨度是5年；而31～35岁与36～40岁跨度又是4年？

其次，这个问题没有标记列号，这个对未来的统计会造成一定的困难。虽然网上问卷可以直接显示答案，但建议还是按规范的做。

更加专业的提问方式是（括号内的属于我的补充解释）：

请问您的年龄是（单选、必填）

a) 18～22岁（通常代表大学生组）
b) 23～25岁（通常代表初入职场人士，大多数情况下，他们基本任职在初中级岗位）
c) 25～30岁（代表了开始踏入婚姻的阶段，以及职场拼搏阶段）
d) 31～35岁（此时人开始进入职场高阶阶段、孩子可能读幼小）
e) 36～40岁（人生开始走入稳定阶段，孩子可能在读中学）
f) 41岁以上（步入中年，职场人士进入职场分水岭阶段：要么是做了高管，要么可能面临职场危机）

3. 您的税前收入(可不填)(单选)

○ 无收入
○ 1~3 000 元
○ 3 000~5 000 元
○ 5 001~8 000 元
○ 8 001~12 000 元
○ 12 000 元及以上

点评:

首先需要区分"税前收入"与"税前工资收入"两个词。现在人们获得收入的方式有很多种,除了工资,可能还有租房收入,或者股票收入等等。因此,问题的目的要非常清晰。这里调研者究竟关注的是样本的税前总收入,还是税前工资性收入? 否则样本各自理解不一样,导致最后回答的数据有差异。

其次,如果一个人的收入正好是 3 000 元,那么他/她应该选择 1~3 000 元,还是 3 000~5 000 元?

另外,这个收入区间的依据是什么? 比如,为什么 3 000~5 000 元间是 2 000 元差异? 5 001~8 000 元间是 3 000 元差异? 8 001~12 000 元间是 4 000 元差异?

更加专业的提问方式是,参考当地或者全国不同社会分层的收入水平(通常国家统计局或者社保部都会有前一年的相关职业、地区的平均收入水平)。按这个区分收入会更加合理。

4. 您拍照吗? 以下您属于哪种?*(必填,单选)

○ 每天都拍
○ 1 周 2~3 次
○ 1 个月 2~3 次
○ 半年 2~3 次
○ 从不拍照
○ 不确定,看到喜欢的就拍

点评:

如果我1个月拍1次,该怎么选择呢?以及,如果我拿照相机拍照,是否也算呢?而调研者关心的应该只是用手机拍照。

更加专业的提问是:

请问你是否用手机拍照?如果拍照,一般频率是多久一次?

○否。我从不用手机拍照。
○我平均(　　　)天拍照1次。

5. 您喜欢在哪里购物?线上还是线下?这两种情况的比例是?*(必填)

点评:

这个问题设法将3个问题集中在一个问题里提问。其一,这种方式会导致最后数据统计很困难。因为是开放式回答,而且大家的回答与写法可能会很不一样。比如,同样是在"百货商场"购买,可能有的人会写"商场",有的人会写"百货",有的人会写"百货商场",其实这三个词原本是一个意思,但因为大家写法不一样,最后数据会因为缺乏标准写法而导致统计困难。

其二,三个问题放在一个问题里提问,很容易让样本忽略回答其中的问题。在问卷调研时,大部分人都希望能用最快的速度完成问题。所以问题越简单、越容易理解越好。这些问题最好是不需要他们做什么思考能够立刻反应回答的。

其三,这里面三个小问题,每个问题都缺少细节。比如,我也许去年和今年喜欢购物的地方不一样呢?

其四,"喜欢"是一个模棱两可的词汇。因为一个人可以很喜欢某个场所,或者某件产品,但这不代表他/她一定会去这个场所,或者购买这个产品。比如,我可以很喜欢五星级酒店,可是不代表我一定会去五星级酒店,因为可能我消费不起!"喜欢"属于"态度",

"购买"属于"行为"。调研者究竟关注的是"态度"还是"行为",自己应该明确判断下。

其五,"购物"是一个泛泛的概念。购买食品、衣服、家电通常不会在一类购物场所。所以这里究竟是指购买什么物品呢?

更加专业的提问是:

将上述问题分为3个独立的问题(括号内是我对问题设计的说明):

您在过去12个月中,是更多在线上购买衣物,还是线下购买衣物?(加入时间范畴)

a. 线上
b. 线下

您在上述两种渠道的购买衣物所占金额的比例是:线上(　%);线下(　%)(说明是件数还是金额占比;说明是购买什么物品)。

您在过去12个月中,最经常购买衣物的地方是哪里?(这里取决于调研者目的,选择项可以是笼统的大类,比如"百货商场/购物中心/街边店""超市"等等)。

以上述问卷为例,首先向大家表明下,提问不严谨不专业,会导致读者产生许多误解,以至于最终让收集的数据无效。我们接下来谈谈问卷设计原则与问题设计原则。

二、问卷设计原则

1. 设计清晰具体的调研目的

这个我们已经在本章开端举例说明过。此处不再赘述。

2. 自我介绍及问卷调研目的

比如上述修正的手机案例:

您好!我们是×××公司。本问卷的目的为×××;本问卷将仅用于×××;本公司承诺此问卷不涉及任何隐私,也不会透露给任何第三方。本问卷大概会使用您×分钟的时间。

以下答题没有对错，只需选出适合你情况的答案。

（在完成本问卷后，您会收到本公司赠送的×××小礼品一份）。

3. 被调研者基本信息：年龄、性别、收入、职业、城市等

这部分我们在前面手机案例中也已举例说明，此处不再赘述。

4. 问卷版面设计必须简单易读。这个主要指问卷的排版

5. 问题的设计与次序必须有逻辑顺序

这是非专业问卷设计者经常会忽略的问题。而为了让设计的问卷达标，建议使用思维导图，将自己的调研问题，从目标设定，到一级问题，二级问题，一步步分解到细节问题。

比如：假如我们的调研目的是了解某个群体的购买衣物的习性，我们可以通过下述思维导图方式一步步分解细节。

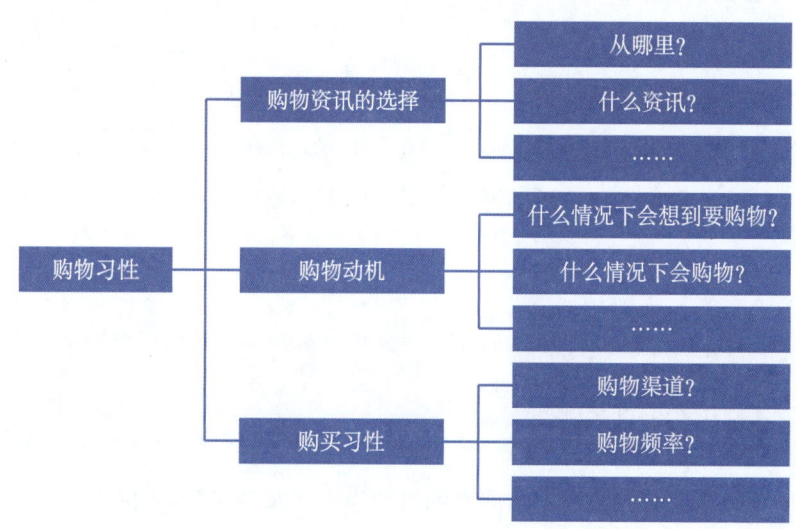

我们将"购物习性"分解为三大问题,"购物资讯的选择""购物动机"及最后的"购买习性"。这三大问题,从逻辑顺序来说,一般是消费者获得了某条资讯(比如"新品上市""优惠打折"等),然后产生了购物动机,比如"买便宜货""换季买新品"等,随后再产生购物行为。按这样的思维导图方式,提问的顺序与逻辑就不容易乱。

而问卷设计者可以按这个方法再去进一步分解自己的问题。

值得一提的是,在我的教学过程中,大多数学员也许是出于"快速出结果"的心态,即使在听了我的课程后,依然习惯于拿起笔就写具体的问题,而非对整个问卷按上述思维导图先有个全面完整的规划,再设计具体的问题。这最后导致的结果就是:问题顺序没有逻辑关系且很容易漏掉一些关键问题。

6. 设计逻辑验证点,验证样本回答问题的逻辑关系

在现实中,总有人以敷衍了事的方式回答问题。这种胡乱作答的问卷对调研者来说是无意义的。那么我们如何判断对方是真实有效地回答了本问卷,还是胡乱作答的呢?一个方法就是在前后问题上设置逻辑关联度。比如下述3个问题,其实它们前后是有逻辑关系的。

在过去12个月中,您大概平均多久购买一次服饰(服装、鞋、配饰)产品?

a. 平均1个月或者少于1个月1次   b. 平均3~4个月1次   c. 其他_____

在过去12个月中,您平均每次购买服饰(服装、鞋、配饰)产品大约多少钱?

a. 0~500元   b. 501~1 000元   c. 1 001~2 000元   d. 2 001~3 000元

在过去12个月中,您共计购买服饰(服装、鞋、配饰)产品大约多少钱?

……

(……代表调研者可以根据自己目标样本的实际情况提供具体选择)

7. 设计问题类型

调研问题的类型总的来说分为三类：开放式问题、封闭式问题与评分式问题。

开放式问题答案比较长，难以有标准统一的问题。比如："如何（做）？""为什么（做）？""事件的过程"等等。

封闭式问题答案很简单，比如"是否""谁""何时"之类可以比较简单回答的问题，或者是选择题。

评分式问题指样本可以以评分的方式来回答的问题。通常用于对某种行为的评估。比如：

对于您最近一次的购买衣物的体验，您认为这次购物所体验到的服务水平是：

a. 很差　b. 差　c. 一般　d. 比较好　e. 很好

未来在统计时，这5个选择项对应的分数分别是：-2、-1、0、1、2。或者也可以是"0、1、2、3、4"等。

8. 选项需具备一个问题能有的所有答案

在设计问卷时，要保证每个问题的选择项（答案）能够包括这个问题需要的所有答案。也因此，考虑到总可能有考虑不周全的问题，所以一般所有的问题最后都会有个选择项叫"其他（请具体说明）"。

9. 最后，问卷设计本身需要用常理去判断是否有必要问，或者提问目的究竟是什么？

比如下面是我一个学员的案例：

您选择衣服注重的是：

A. 防晒
B. 凉快
C. 舒适
D. 容易洗

从常识来看，这 4 个要点几乎是主流大众都会选择的答案。谁不希望衣服天气热的时候衣服能又防晒又凉快呢？谁不希望衣服穿上去舒适呢？谁不希望衣服容易洗呢？所以最后的可能性是每个人都选择了全部的 4 个答案。如果这样，这个提问的目的又是什么呢？

一个更加专业及有效的提问方法是针对上述 4 个要点（此处我们暂且不讨论这 4 个要点设计的合理性，因为可能人们选择衣服还看重别的方面）进行排序。

比如：

就以下穿着所涉及的方面，请按你的关注度依次排序。1 代表"最关注"，2 代表"次关注"，以此类推。

您选择衣服注重的要素依次是：

A. 防晒
B. 凉快
C. 舒适
D. 容易洗

10. 最后，设计问卷时，要考虑到最后数据将如何统计

对于一般问卷性调研，问卷设计应尽量避免需要样本自己填写内容，因为那样大家填写的标准不一样，会导致很多统计困难。这个我们在上部分"数据整理"时已经提到过，此处不再赘述。

三、问题设计原则

1. 问题本身不应该有诱导性

比如：

您是否知道 Tory Burch 品牌的设计总监是 Tory Burch？

这是个明显有诱导性的问题——它将答案本身放在了题目里。现实中，这样的诱

导性问题比比皆是。

更加专业的做法是：

据您所知，以下哪位是 Tory Burch 的设计总监？

（可以选择几位设计师，包括设计总监的正确名字在选项里）

2. 问题要简洁易懂

前面已经说过了，答题者都希望能快速理解并回答一个问题。因此，问题本身要简洁易懂，不宜过长。同一个问题里，不要涉及好几个小问题。它很容易让样本忽略其中的部分内容。特别是网络时代，大家的阅读耐心越来越少。

3. 问题描述要明确

比如前面已经出现过的手机案例：

您拍照吗？以下您属于哪种？*（必填，单选）

○每天都拍
○1周2～3次
○1个月2～3次
○半年2～3次
○从不拍照
○不确定，看到喜欢的就拍

这里，"拍照"是指用"手机"拍照呢，还是用"专业相机"拍照呢？是自拍呢？还是别人给自己拍摄呢？还是两者皆包括？应该表达清晰。

4. 避免专业术语、行话

问题设计一定要用普通大众可以明白的词汇。比如，这里也是一个学员的练习：

不同阶段的审美观对你购买衣服有什么影响?

A 旧衣服扔掉,重新买新衣服
B 旧衣服留着,买一点新衣服
C 除非必要,一般购置新衣服频率不高

首先,作为读者,我们实在看不出 A~C 这些选择与我们平日理解的"审美观"究竟有何关系? 其次,"审美观"到底是什么意思? 可能有的人觉得应该是怎么穿才好看。但是这里的选项又看不出与好看不好看有什么逻辑关系。或者,有的人觉得"消费观"也是"审美观"的一部分。总之,避免专业术语。事实上,很多专业术语在专业圈里大家的认知也并不统一。

5. 避免模棱两可的词

比如下面学员的练习:

你更注重哪种风格的服装?

A 运动休闲风
B 个性前卫风
C 时尚优雅风
D 清新淑女风
E 简洁干练型
F 复古森女风

究竟什么是"运动休闲风"呢? 若要问 100 个人,可能会收获几十个不同的答案。以及,"时尚优雅风""清新淑女风"与"复古森女风"之间究竟有什么区别?

而这类问题又是在时尚相关的调研问卷里经常被问起的一类问题。几乎很多时装品牌公司都喜欢问消费者喜欢什么风格。问题是,"风格"这个词实在太主观。即使是学术界对不同风格的名称与具体内容也没有清晰的描述。比如,在我自己所主导的调研中,曾有消费者回答说,她理解的"欧美风"就是"欧美人穿的衣服"。诸如此类对同一风格完全不同的理解其实在大众群体中非常普遍。因此,这类调研实际上只会引起数据的误差。

从专业角度来说,我们建议尽量用别的方式提问来达到自己的目的。或者,用图片方式来替代风格的词汇描述，至少图片是直观的——无论消费者会怎样定义这个风格名称。

6. 避免假设性的问题

假设性问题对于调研来说并没有真实的意义。因为它不是真实发生的事情。

7. 不要口头问容易混听的词

有的提问是通过口头提问的。因此，除了主持人应该口齿清晰之外，还应该避免用一些容易听岔的词汇，以免引起听者的误解。

8. 选择答案不要有重叠

比如前面出现过的手机拍照案例：

您的税前收入（可不填）（单选）

○ 无收入
○ 1～3 000 元
○ 3 000～5 000 元
○ 5 000～8 000 元
○ 8 000～12 000 元
○ 12 000 元及以上

如果样本收入是 3 000、5 000、8 000 元，答题人究竟应该选择哪项呢？

第四节　依靠个人可以完成的市场调研方法

下面我来具体介绍一下个人层面可以很快掌握的调研方法。

一、资料研究法

资料研究法（archive studies）是相对比较能由个人来完成的调研方法（如果需要调研的资料不是很庞大与过于复杂的话）。

与服饰鞋类相关的资料库有以下几部分：

1. 各大上市企业的财务报告

我个人认为，作为一个资深买手，应当具备阅读上市企业财报的基本能力。对于财报的解读，买手并不需要像专业会计师、审计师、证券行业分析师等专业人士那样深刻。我们只是挑选与买手工作相关的内容去分析。比如：企业的销售收入、毛利率、销售成本（也称"主营业务成本"，Cost of Goods Sold）、运营费用、库存周转状况等数据。

另外，通常每个企业都会分析自己在过去一年遭遇了什么，新的一年会有什么计划来应对挑战等。当我们阅读了行业里前3到前5位企业的财报，我们基本上就可以对很多数据与当下行情有一个初步的了解。

比如，如果你是一家女装企业，你想了解女装行业的大致概况，可以去查上市女装企业里排名前五的企业财报，然后比对自家的业务状况并找出差距。

上市公司财报官方获取渠道主要有两个途径：一是上市企业官网。官网上都会有个菜单"投资者关系"，里面有各个阶段的财报及信息披露。另外一个则是去证券交易所官网下载。

2. 证券交易所行业分析师所撰写或者分享的报告

这些报告都可以去证券交易所官网下载。

3. 专业咨询公司每年也会出相关行业报告

这些报告包括消费者习性报告、零售业报告、时尚产业报告等。比较知名且与时尚、零售业相关的咨询企业报告包括：贝恩（Bain）、波士顿咨询公司（Boston Consulting

Group)、麦肯锡（McKinsey）、欧睿（Euro-monitor）、德勤（Deloitte）等企业。他们的研究报告也会按品类区分，比如分"服装""鞋""配饰"等；或者按照市场区域分（比如中国、欧洲、美国等）。

大部分专业机构的专业报告都会收费。这是因为制作这些报告需要经历一手调研、数据统计、数据分析等过程，这期间所耗费的人力与物力是巨大的。但是这些收费我个人以为还比较合理，适合大多数一般企业，包括中小企业。

4. 知网

"知网"是中国最大的电子图书库。里面包含了全国所有的报纸、期刊和行业统计数据，非常全面。相对于一般的网站而言，这里面的报纸、期刊还是比较专业的。知网不仅是资料搜索库，也可以是学习库。比如平台上有"纺织知识服务创新平台"，里面包含了各个民族服饰设计和理论。如果你自己做设计开发，这些资料库可以给你相关的灵感。知网对外是收费的。但是如果你在大学里，通常大学会付费订阅，因此大学里的师生可以免费使用。另外，一些当地图书馆可能也会订阅。

5. 知乎

从专业角度而言，在当下比较主流的社交媒体里，我个人最推荐"知乎"。虽说几乎所有的社交平台的用户都存在质量高低不一的问题，但相对而言，知乎作为中国最大的知识分享平台，我认为其用户素质超过其他主流平台。如大家所看到的，我个人也是知乎的用户之一。知乎上有各个行业的专业人士。如果你有些关于服装行业或者市场的问题，也可以在平台上问。但需要注意的是，不是每一个答案都是专业的答案，读者依然需要加入自己的判断力，也不是每个问题都会得到专业人士的回答。

6. 微信

接下来我本人推荐的资料平台就是可能每个人都会用的微信。不少人都觉得用微信浪费时间。在这里，我与大家分享下我是如何使用我的微信朋友圈的。为了保证自己每天在朋友圈看到的都是有意义的信息（何为"有意义"，取决于个人喜好与判断），我将我的朋友圈朋友进行了分类。

首先，我屏蔽了那些我认为没有意义的内容。我发现绝大多数的人发朋友圈的内容是很有规律的。喜欢晒娃的总是在晒娃；喜欢旅游的总是在晒旅途美景；在某个领域工作的人发的也大多是与自己工作相关的内容。所以这就可以让你判断哪些人与内容是自己应该屏蔽的。比如我屏蔽了那些每天发重复内容（比如每天都在卖东西，或者只是晒些我认为与自己的生活及工作都没有关系的内容）的人。对于剩下的朋友，我就按职业对他们进行了分类：

设计师。通过我的设计师发的朋友圈，我就知道现在大家都在做什么产品。因为几乎所有做设计的朋友都会把自己最新的作品发到朋友圈。

时尚编辑。时尚编辑朋友们每年都去看"四大"时装周或者其他时装周，他们在看哪场秀，或者他们采访了谁，或者写了什么文章，都会发在朋友圈里。所以即使我不上网去看走秀，我也大致知道一些主流品牌在做什么。

第三类朋友是零售商。他们会发很多关于零售的资讯或者新闻。这些对我而言都是一手资讯。我不用再额外上第三方网站或者APP去了解当下行情。

当然还有很多其他比如做供应链、做投资的朋友等等。

所以，我认为，如果你整理下自己的朋友圈，对他们进行分类、加入标签、屏蔽掉你并不想看到的内容，那么你每天刷朋友圈就不会觉得是在浪费时间。而我也正是靠这个方法高效吸收了很多最新的资讯与有价值的内容。

二、观察法

除了对现有资料进行研究，"观察法"也是一个比较容易让个人学习与掌握的方法。观察法在服饰鞋及零售业主要有几种运用目标：

1. 观察店铺

服饰鞋业观察店铺通常有几个目的。首先是观察店铺的销售状况。比如，你想知道你的竞争品牌店铺的销售状况；或者你自己要开新店，希望估算下新店开业后能达到的销售目标，是否可以达到损益平衡点等。这个主要通过观察店铺的客流量、进店率、提袋率和客单价来推算这家店一个月大概可以达到多少销售额。这个我在下面一章"企业预算体系"中会再有具体介绍。

其次也可以观察店铺中的产品内容。用这个方式，你既可以了解竞争品牌，也可以比对自己的产品内容。或者，也许你第一次开店，还根本不知道一家店铺应该放多少件衣服，应该如何陈列，每个产品品类（上装、裤子、外套等）SKU占比应该是多少，每个品类的价格带是什么，产品的优势（设计、面料、工艺），产品是如何搭配的等。这些都是可以通过观察店铺进行研究与学习。

最后，也可以观察消费者消费习性。比如，观察消费者进入店铺后的购物过程，比如看了哪些产品，摸了哪些衣服，试穿了什么，购买了哪些产品等等。如果可能的话，也可以与顾客沟通，比如为什么他们试穿了衣服但最后没有买？或者为什么他们既没有试穿也没有购买任何衣服等等。

需要指出的是,现代科技已经可以解决上述的观察需求。已经有很多智能设备、机器可以解决上述问题,也因此可以不再用人工观察这些现象。不过,首先不是每家企业都具备购买智能设备的资金实力。其次,我个人认为,这些通过机器收集的数据可以提高数据反馈的时间及数据被使用的效率,但同时,个人通过肉眼观察可以产生更加直观的认知。

2. 街拍

除了观察店铺,街拍我认为也是很重要的方法。因为社交媒体的发达,现在除了专业时尚博主,可能很多人已经自己不太上街做街拍或者观察路人的穿着了——反正网上已经有很多街拍照片。但是以我个人经验来感受,看别人拍的东西,与自己到街上亲自拍摄,所收获的感受与信息是不一样的。大家不妨亲自试试,自己到街头,拿照相机拍摄过往人群的穿着。回来后,再将图片按品类分类:比如将所有的连身裙分类到一起,然后观察这些裙子在廓形、长短、印花(图案)、色彩等方面是否有共性;将所有外套分类到一起,观察这些衣服在上述方面有何共性等等。这些信息其实最靠近我们的销售市场,远比看潮流趋势报告有现实意义。

拍摄过程中,请大家注意以下要点:

拍摄对象应该是以你调研对象为主的。比如,如果你调研的对象是大众人群,那么你应该找大众群体会经常去的地方,比如:地铁、公交站、大众百货商场等;如果你调研的对象是时尚潮流的紧密跟随者,你应该去潮流聚集地。

拍摄时尽量避免拍摄他人面部。建议尽量拍摄背影。如果必须拍摄完整的正面,可以向对方提前打招呼,告诉对方自己正在做调研,调研仅供个人使用(不会被公开)。希望拍摄下对方的衣服,并承诺不会出现脸部(或者征询对方意见是否可以拍摄脸部,是否可以公开等),这些都是基本的调研操守及做人的礼貌。

重点总结

一、市场调研的流程

1. 首先设定清晰且具体的调研目的。

2. 确定调研方法。

3. 确定调研团队。

4. 设计样本的招募方案及评估选择样本。

5. 设计问卷、问卷测试、调研执行。

6. 收集与整理数据、统计分析、出调研报告。

二、市场调研常用的调研方法及它们各自适用的场合及利弊

主要有问卷调研、消费者焦点小组访谈、采访及观察法等。

三、问卷设计原则

1. 设计清晰具体的调研目的。

2. 自我介绍及问卷调研目的。

3. 被调研者基本信息：年龄、性别、收入、职业、城市等。

4. 问卷版面设计必须简单易读。这个主要指问卷的排版。

5. 问题的设计与次序必须有逻辑顺序。

6. 设计逻辑验证点，验证样本回答问题的逻辑关系。

7. 确定好问题的类型。

8. 选项需具备一个问题能有的所有答案。

9. 问卷设计本身需要用常理去判断是否有必要问,或者提问目的究竟是什么?

10. 设计问卷时,要考虑到最后数据将如何统计?

四、问题设计原则

1. 问题本身不应该有诱导性。

2. 问题要简洁易懂。

3. 问题描述要明确。

4. 避免专业术语、行话。

5. 避免模棱两可的词。

6. 避免假设性的问题。

7. 不要口头问容易混听的词。

8. 选择答案不要有重叠。

五、依靠个人可以完成的市场调研方法

1. 可以查阅的资料包括:各大上市企业的财务报告、证券交易所行业分析师所撰写或者分享的报告、专业咨询公司每年也会出相关行业报告。另外,知网、知乎、微信朋友圈也是可利用的资讯平台。

2. 可以通过观察店铺,人群街拍来了解零售市场及消费群体。

案例：中国消费者服饰鞋消费习性调研焦点小组访谈调研设计[1]

此案例是我本人在2018年带队执行的消费者市场调研。现将调研方案设计及问题清单一起分享给大家。

一、调研目的

本调研的目的是了解国内一二三线城市消费者在服饰鞋类产品领域的消费习惯。本次焦点小组访谈旨在重点了解以下三方面内容：

1. 消费者对"品牌"的认知

2. 消费者的审美认知

3. 购物后的使用情况

二、访谈形式

1. 线下访谈

上海的样本组采用线下的传统焦点小组面对面形式访谈，访谈时间拟定在2018年9月中旬到10月间，以周末为主；访谈地点待定；每组访谈时长约2小时。

2. 互联网访谈

其他城市的样本组采用微信群聊形式。访谈时间及时长同线下，考虑到数据分析

---

[1] 本次调研设计及主要执行成员还包括闫珊珊、何晓蓝与王麒麟。

的效率,要求参与人员均采用文字沟通。

三、样本选择

1. 样本要求

1）受访者必须为非时尚行业从业者。

2）年龄可为95/90/80/70后,性别不限。

3）需为一/二/三线城市居民。

4）受访者必须有负责、守时、认真的品质。

2. 招募方式

考虑到互联网访谈"难以确定对方属性是否属实"的争议,本访谈主要采用熟人推荐样本的方式募集受访者;同时考虑到样本属性分布的合理性,每人推荐人数不超过2人。

同步的,调研组也通过微信、微博、知乎、豆瓣、贴吧、高校BBS、兼职信息网站等互联网平台广泛发布招募信息。

调研员接收并初步甄选报名者信息后,经总负责人审核后邀请其加入样本组群。在样本的核实上,要求报名者提交一组不涉及隐私的个人简介信息,以及推荐的渠道与沟通的截图证明。例如在朋友圈看到招募信息的截图,或被介绍参与访谈的聊天记录截图等。后期调研组会抽取受访者再进行核实。

3. 分组方式

每一个焦点小组人数为12人,以性别与年龄分组,同时兼顾性别和城市分布的平衡性。尽量满足:一线/新一线/二线/三线城市的人数接近。

四、调研流程及问题设计

1. 现场安排

1) 人员安排：每组访谈安排两位调研员参与。

主持人：主持访谈、提问、控场。

主持助理：

- 观察：观察样本的肢体语言。

- 记录：记录上述观察到的细节，访谈文字整理。

- 控制时间：超时友善礼貌提醒，统计是否有人没有回答问题并提醒。

- 总结：写好总结要点，交给主持人做总结。请样本确认总结是否覆盖了自己的发言内容，是否有遗漏，是否有补充。

2) 场地设置

上海线下访谈：

地址：

提前预定好房间、圆桌、投影仪、电脑（准备图片问题）、录音笔两支（必须同时录音，保证记录的备份）、编号牌（1~12 号）、焦点小组访谈样本信息登记表（附件一，12 份）、A4 白纸和笔（12 套）、访谈记录表（附件二，2 份）。所有附件此处省略。

线上访谈：准备好完整的问题和话术文本，方便复制粘贴。

2. 流程及问题

调研流程	议程内容及问题	时长（分）
0. 等待人员到齐阶段	主持人、助理请先到达会场的受访者填写《焦点小组访谈样本信息登记表》并提交，发放 A4 白纸和笔。	

续表

调研流程	议程内容及问题	时长(分)
1. 调研背景介绍	大家好,非常感谢大家抽空参加我们的焦点小组访谈。我们是正态时尚智库。我是这次调研的主持人冷芸。这次调研的目的是了解我们国内消费者在服装鞋类产品领域的消费习惯,特别是品牌认知、审美品位和产品使用习性三个方面。 为了便于后期调研分析,本访谈会做录音和文字记录。我们所讨论的个人信息只是用于数据统计与分析,并不会透露给任何第三方。且所有人为匿名访谈。 我们已经发送给大家一个"发言规则",请大家按上述发言规则发言。 大家发言时,请拿话筒说。每次都请说,我是×号。 ➢ 请大家按编号顺序回答问题。如果你需要更多的时间考虑,可以说(写):"稍等!",我们就先让下一位样本回答。 ➢ 我们鼓励大家畅所欲言,而且鼓励大家相互交流和观点碰撞。答题没有对错,只需说出适合您真实情况的答案即可。 ➢ 因为时间原因,我们每一个问题的时间是有限制的。在每个提问前,我们都会说明每个人平均的时间大约多久。我们主持人也会适时将讨论推进到下一话题,请您不要把这当成对个人的冒犯。	1分钟
2. 开场	请每人先简单做个自我介绍。比如我是(昵称,请不要使用真实姓名),从事×××行业,为什么会来参加这个调研等。大家有30秒准备。我会依次叫号。	2分钟
3. 暖场性问题	我们这次调研是关于服饰鞋的消费习惯,所以第一个问题,请大家分别回顾最近一次购买服装或鞋或配饰的经历,你买了什么?什么品牌?在哪里买的?花了多少钱?为什么而买?大家有1分钟思考与准备时间。	4分钟 每人20秒
4. 主要问题	谢谢大家的回答。下面进入我们的主题问答环节。	共114分钟左右
4.1　品牌认知	第一个主题,我们想了解大家对"品牌"的认知。 1. 您购买服饰鞋时,"品牌"对您来说是否有意义?您认为"品牌"代表着什么?我们先给大家1分钟准备。然后等我叫号。 2. 您认为什么是"好的"品牌?对您而言,"好的"品牌应该包含哪些关键要素?我们先给大家1分钟准备。然后等我叫号。 3. 在服饰鞋类中,您为自己购买过哪些自认为"好"的品牌?请举例,并说明为什么认为这个品牌是个"好"的品牌?我们给大家1分钟准备。然后等我叫号。 4. 请聊一聊您第一次购买有品牌的服饰和鞋的动机与经历(时间,品牌,价格,地点,什么产品,为什么买等。您可以自己定义什么是"品牌"服饰)。 第一个主题到此结束了。我们总结下大家的发言。大家可以发送"确认",来确认小结是否正确。如果不正确,需要修改补充,就具体补充说明。	1.8分钟　40秒/人 2.8分钟　40秒/人 3.10分钟　50秒/人 4.8分钟　40秒/人
4.2　审美品位	第二个主题,我们想了解大家对"审美"的认知。 1. 您觉得什么是"美"?您怎么确定一件衣服是否够"美"?大家有1分钟思考时间并准备文字。我会提醒大家何时开始。 2. 您觉得什么是一件能让自己变美的衣服?"美"的衣服对您	

续表

调研流程	议程内容及问题	时长(分)
	是否重要?为什么?大家有1分钟思考时间并准备文字。我会提醒大家何时开始。 大家回答时请注意务必具体、明确、客观。比如,"适合自己的衣服就是好看的",这样的表述还不够具体。请具体告之,那么究竟什么样的衣服是适合自己的呢?是什么样的色彩?款式?面料等等。或者某一类品牌特别适合自己? 3. 最近12个月,您最常从哪些渠道获取关于"美"的资讯?(具体到杂志报纸名、微博微信等公众号名称、电视节目名称)?以及具体是什么方面的资讯?您有1分钟思考的时间,我会提醒大家开始。 4. 我们有请大家提前准备5张您认为服饰/或鞋子很美的图片(可以是任何一种形式的图片:只有产品的图片;有模特儿的图片;有背景的图片等,只要是打动你内心,让你觉得"美"的带有鞋服配饰类的图片都可以)。 请每个人将自己认为很美的5张图片发上来。并陈述: a)这些图片来源是哪里? b)阐述为什么你觉得它们很"美"。 陈述方式如下: 1♯图片,来源：　　觉得它美因为 2♯图片,来源：　　觉得它美因为 以此类推 您有3分钟时间思考与准备这个问题。我会提醒开始时间。 5. 如果不考虑品牌与价格因素,您是否愿意穿上这些好看的衣服?为什么?您有30秒思考与准备时间。我会提醒开始时间。 6. 如果考虑品牌与价格因素,您是否愿意穿上这些好看的衣服?为什么? 如果你不知道它们的品牌与价格,则说"不知道品牌与价格"。 如果你只是会选择其中一部分穿着,可以说"只会穿×号图"。 您有30秒思考与准备时间。我会提醒开始时间。 第二个主题到此结束了。我们总结下大家的发言。大家可以发送"确认",来确认小结是否正确。如果不正确,需要修改补充,就具体补充说明。	1.8分钟　40秒/人 2.8分钟　40秒/人 3.6分钟　30秒/人 4.12分钟　1分/人 5.8分钟　40秒/人 6.6分钟　30秒/人
4.3　使用习性	第三个主题,我们想了解大家购买后的使用习惯。 1. 来到了最后一部分的问题。最近12个月购买服装鞋后,大家有没有后悔的经历?请简述下故事的过程?以及为什么感到后悔?你有1分钟的时间考虑。我会说开始。 2. 最近3年内,是否有反复购买(超过5次)的服装鞋品牌?是什么品牌?为什么?大家有1分钟准备该问题。 第三个主题到此结束了。我们总结下大家的发言。大家可以发送"确认",来确认小结是否正确。如果不正确,需要修改补充,就具体补充说明。	1.12分钟　1分/人 2.8分钟　40秒/人 3.12分钟　1分/人
5. 小结	今天的提问到此结束。再次感谢大家的参与。我们的调研助理会在×时间内联系您安排发送样本费给大家。请您保留在本微信群。如果您就调研有任何疑问,请联络当时负责你的调研员。大家晚安!	

3. 现场跟进

常见问题	应对方案
1.对于不具体不明确的回答	跟进、深挖问题。保证主观研究的专业、客观、中立，避免"正确的废话"。 话术： 你说的"……"，那么在你看来，什么是"……"？ "好的服务"：态度热情？提问都能回答？…… "好的质量"：面料？做工？色彩？……
2.对于前后可能不一致的回答	进一步问清楚。 话术： 你前面说……，现在又说……，我感觉这个前后似乎有些不连贯，可能我理解有误。您能再解释一下吗？
3.对于回答超时	对于话太多的人，要礼貌地提醒不要让被访者跑题。 话术： 因为时间限制，能否请您归纳一下您的核心观点是什么？ 感谢您的回答。让我们把接下来的时间留给其他人，听听他们的精彩见解。
4.对于非口语行为	时刻观察被访者的表情、肢体语言。 例如，谁在什么时间点，发言犹豫不决，作思考状态；谁打断了谁，说话语调，肢体动作等；注意观察表情，如果有人感到被冒犯而不高兴时，及时调节现场气氛。
5.对于需要引导大家深入思考的问题	鼓励被访者之间进行对话，让大家能谈透彻一个问题。研究助理需做详细观察与记录，特别记录那些改变说法的人。
6.对于互联网访谈争议的规避	针对"互联网访谈观察受访者的表情"，通过主持人追加问题，确定其要表达的意思。 针对"互联网访谈难以确定受访者是否专注于访谈"，看其发言逻辑是否前后一致，是否有连贯性，回复是否及时。

五、数据分析

1. 分析流程

1）数据分析始于问卷设计。

2）要求调研设计人员设计分析方法与策略。

3）要求主持人和主持助理边主持，边记录关键点；结束后当天内，立刻记录下关键点；隔天阅读、分析、解读；分别出报告。

2. 注意事项

1）必须有系统的分析。

2) 数据可由第三方去验证。

3) 必须有启发意义(哪些是事先知道的?哪些与自己预想的不一样?为什么?)。

4) 一段话,也许可以有不同的解释,需要分析其可能的几种解释。

3. 具体分析

1) 始终围绕目标进行分析(将发言记录全部打印出来,排除非相关问题和干扰性记录)。

2) 按人、主题、问题分类。

3) 标注出所有关键词、关键语句。

4) 根据所在语境解读关键词(这一步容易主观,所以要两人分别解读再对比两者解读异同)。

5) 特别注意重复出现的词语、出现频率,关键词划重点线。

6) 有多少人说过类似的关键词/话语。

7) 检验发言者的前后逻辑性、连贯性。

8) 按类别/组别比较"关键词/语句"。

4. 报告要点

每次焦点小组访谈结束后的24小时内,由该场访谈的主持人和主持助理两人分别制作一份《访谈报告》,通过交换阅读、比对两人的报告,避免主观性分析。

《访谈报告》要点包含:

一、本次调研主要的主题与发现

1. 他们与所预想的有何不同?

2. 与别的组别有何不同?

3. 上述观点的论据是什么（相关引用）？

二、按主题分类

1. 主题

2. 主要发现及论据

3. 对调研者的启发

4. 下期调研注意事项

三、总结、结论

六、报告制作

所有的焦点小组访谈结束后，由调研组全体成员共同参与，制作一份《汇总分析报告》，要点包含：

一、调研背景与目的

二、调研方法的说明

1. 样本选择

2. 调研过程

3. 数据使用、验证

4. 如何在分析过程中保持中立

5. 数据分析方法

6. 是否有编辑发言者发言

7. 如何解读非口语行为

8. 报告是叙述性的/分析式的

三、调研报告

四、调研局限性

市场调研是一门学问

插画:袁星

第四章　企业预算体系：销售预测—采购预算(OTB)—现金流预测

对于服装企业来说，预算体系主要包括：销售预测（新一年的销售目标）——货品采购预算（根据销售预测及库存情况来制定货品采购预算）——财务预算（根据销售预测及货品采购预算，以及各职能/业务部门所报的开支预算，来制定损益表及现金流的预算）。

我所认识的大多数本土服装鞋类企业都缺乏预算体系。这其中可能是因为他们并不了解做预算的方法及意义何在；也有的企业觉得在国内市场做事情，"计划赶不上变化"，所以干脆就不做计划了。

但事实是可靠的预算体系可以帮助企业合理规划业绩目标及现金流计划，让企业能够根据现有资源（主要是现金流）制定一个有激励但又不激进的销售目标。在鞋服业，常常有企业制定激进的销售目标，却忽略为了达到这种销售目标需要付出的资源代价，比如企业的人力资源能力是否足以支撑这样的业绩目标？现金流是否足以支持这样的业务扩张速度？结果往往发生的是，虽然业绩目标最终"冲"到了，但是为此付出了惨重的代价：比如高库存、低毛利，以及团队能力的成长无法与业绩成长匹配等问题。

那么，正确的预算体系制定流程是怎样的呢？

首先，制定预测时，需要有理有据，而非拍脑袋决定。我们会在接下来的部分介绍制定预测的方法。

预测/预算制定好之后，一定要去验证数据的合理性。我们同样会在接下来的部分介绍如何验证数据的合理性。

最后，预测/预算体系不是一层不变的。事实上，我们现在制定的预测都是滚动预测,且根据实际情况的不断变化而变化。下面我们就分别详细介绍三大块预测的制定方法。

第一节 销售预测

一、时尚产业销售预测所需要考虑的因素

销售预测有很多种方法,不过原理大同小异。首先是从环境分析哪些因素会影响销售业绩。

1. 外部环境

对于任何商业领域而言,外部环境的好坏大多数时候都会影响企业的业绩表现。因此,对外部环境的基本判断至少让我们对来年的境况有一个"乐观""平均"或者"保守"的预估。

外部环境的判断工具通常是用"P(politics,政治)E(economy,经济)S(society,社会)T(technology,技术)",即PEST法。

我们以2019年为例,来考量PEST对时尚产业的影响。

P:"一带一路"政策可能会为更多的鞋服企业拓展一带一路相关国家市场带来更多便利性(拓展新市场的可能性)。

E:GDP的增长率调整到6.6%。就总体而言,整体经济增速放缓。

S:中性风与环保主题正在流行。

T:智能制造可能会提升供应链的供货效率。

2. 行业趋势

在第三章我们已经介绍了,几乎每年,各大证券公司、行业投资人、咨询公司、智库以及阿里巴巴、腾讯、京东等拥有大数据的公司都会发布一些相关行业的趋势报告。另外,鞋服业的上市公司财报也是一个非常好的趋势分析参考资料。

第四章

企业预算体系：销售预测—采购预算(OTB)—现金流预测

我们在第二章"通过国家统计局官网了解宏观人口结构变化及相关经济数据市场调研"中已经讲过如何关注社会消费零售总额的增长百分比，服饰鞋品类的社会消费零售总额的增长百分比。这是个全国性的平均数据。对于大多数有追求的企业，可以先将服饰鞋品类的社会消费总额增长百分比设为自己企业销售增长百分比的下限。除非是已经非常成熟或者开始有走下坡路趋势的企业，一般的销售增长应该超越这个全国平均值。

然后根据上述 1、2 的信息，可以对整体环境做一个"定性"评估：乐观、平均、保守。接下来我们再来定义如何做定量数据。

3. 品牌因素

品牌自身发展状况当然也是一个重要考量。

在这方面，企业的生命周期是一个首先值得关注的要素。不同生命周期的企业在不同的阶段，其销售增长比是不一样的。通常来说，初创期以及上升期是一个高速发展的阶段，这个阶段鞋服企业的增速可以在 30%~100% 甚至更高比率（在国内，企业的生命周期相对比较短。对于能够生存下来的企业，这个阶段通常指 0~10 年）。而进入一个成熟期的企业（以国内企业为例，通常是 10~20 年），一般增速维持在 20%~30% 就会被认为"良好"。而 20~30 年则是国内企业的一个"关键期"，许多企业在这个阶段会遇到瓶颈，比如美特斯·邦威、李宁、拉夏贝尔、都市丽人、百丽都曾在这个阶段碰到了成长瓶颈。经历过高速发展周期后，如何进入一个"稳健"的成长期是许多企业在这个阶段会碰到的困难。这个时候，能保证 10%~20% 的增长率就已经很不错，有的甚至只能维持在个位数增长比[1]。

中国改革开放 40 周年，从 20 世纪 80 年代创业运营到现在的鞋服企业屈指可数，比如鄂尔多斯、雅戈尔、杉杉等。也因此，如何维持更长生命周期是中国鞋服企业需要不断探索的问题。值得关注的是，我们终于有企业东山再起的案例。比如鄂尔多斯通过二代子女接棒成功转型；而李宁在经过近 10 年的低迷（2008 年~2018 年）后，再次通过国潮风而捕获年轻 90 后的市场，这些都说明国内鞋服企业的抗市场风险能力在提高。这些都将有利于企业生命周期的延长。

其次要考量的因素是渠道与店铺数量。通常来说，渠道的扩张都会带来销售的增长（以及成本的增长，也因此第三步的现金流预算很重要）。因此，预测渠道会如何增

---

[1] 以上增长数据只是作者根据行业观察及上市鞋服业财报报告所做的经验性总结，并未经过科学的统计学认证。

加,增加多少,增加什么渠道也是考量因素之一。

无论是线上还是线下,推广力度及店铺位置通常决定了产品可获得的流量大小。因此,企业能够投入多少推广成本也是一个考量因素。这个可以从两个角度去考量:如果公司的数据比较完整,那么可以去考量每获得一个流量的成本是多少(流量成本),或者每获得一个顾客的成本是多少(获客成本)? 如果是线上的业务,获客成本可以直接用后台数据计算出来,用当月(季、年)的"推广费用/成交人数"即可。

另外一个计算角度则是企业财务部"营销推广/销售收入"的占比。一般管理比较完善的企业都会有一个合理的各项成本分配占比,以及它与销售收入之间的占比。比如百分之多少的钱用于人力资源,百分之多少的销售收入用于营销推广等。

4. 天气

鞋服业真是个靠天吃饭的行业。有经济能力的企业可以考虑联系气象局,购买他们的天气预测报告。

5. 促销

通常来说,某个行业、某家企业或者某个渠道都会有特定的大促活动。比如:双11、618、品牌周年庆,还有圣诞节等等,这些都会影响销量。

促销对于商家来说既是主动的也是被动的,大多数时候商家的促销策略可能是被动的。竞品打折了,你是否要打呢? 如果是,要打几折呢? 是与对方一样,还是更多折扣? 平台要求每家企业都参加大促,你是参加还是不参加呢? 所以如何做好促销管理,尽量让自己避免进入无止境的"价格战",在本章后面的"OTB 预测——促销规划——库存规划"中,我们会再有具体案例说明。

二、销售预测的流程

1. 了解自己的下限

在对环境性因素有了分析后,再计算下本企业销售预测增长比的下限及上限是多少? 如果企业自己并没有明确的主张,可以考虑把国家统计局所提供的"服饰鞋社会消费零售总额"的增长率设为最低线。

其次,企业不会允许成本的增长百分比超过业务的增长百分比。而无论市场形势的好坏如何,每年企业都会有些固定成本的增长。比如,大部分企业会参照同行标准,或者通货膨胀率,或者 GDP 增长百分比给员工加薪。另外,办公室、店铺、工厂的租金可能也会上涨。这些都是企业考虑销售预测增长率时的下限水平。

换句话说,过于保守的销售增长率对于企业来说其实是一种业务的倒退。如果社会消费零售总额增长率是 7%,每年固定成本增长是 10%,而销售收入只增长 5%,那么意味着企业的净利会下降,这其实是一种倒退,因此销售预测不能过于保守。

2. 知道自己的上限

现实中,更多的企业——主要是老板对销售目标表现出非常激进的一面,以至于忽略了市场发展的客观规律,以及业绩增长所要付出的代价。他们只知道一味地追求业绩增长,结果,也许业绩目标达到了,但是给企业留下了许多后患。比如:人力资源的能力远远跟不上业绩拓展的速度,而人力资源的问题也远不是单靠增加人手就可以立刻解决的;或者,业务拓展了一半突然发现现金流出现问题;又或者,最后发现为了冲业绩,仓库里已经堆放了过量的存货等等。

也因此,我们要知道企业销售预测增长率的上限在哪里。这个上限,主要取决于企业的现金流上限以及人力资源能力的上限。现金流的问题可以通过现金流预测来解决(财务部通常都会制定现金流预测)。而人力资源能力的评估需要依靠专业的人力资源部门结合财务预算,对自己团队质量、人才结构、领导力能力等一系列要素进行综合评估。

此处值得一提的是,上市公司企业的销售增长率还必须考虑到利益相关方,主要是股东、股民们的期望值。从资本、股民的角度而言,大家都只能接受你不断高速增长的结果,而无法接受增速放缓的事实。这也是为什么上市公司大多时候业绩都比较激进。但从长远来看,这对企业的发展并不一定健康。

3. 自上而下,自下而上一起预测

自上而下,指领导层根据宏观环境以及企业自身发展阶段及目标制定一个销售增长率。自下而上则是由员工(通常是销售部)根据自己所管辖的各个渠道,分别报告自己的销售预测数据。随后汇总,再与领导层的数据进行比对。因为利益诉求不同(员工希望少背业绩;领导需要更激进),通常这两个数据都是有差异的。

如果两者相差很大,可以由财务部根据两个数据来分别制定损益表与现金流预算,最后比较究竟哪个增长率能够让企业既充分增长,同时又不至于过于激进。财务主要是看以下几个关键指标:销售增长率及净利增长率。如果收入增长很快,但是同步成本增长更高,以至于净利下降,那么就要谨慎考虑是否需要以牺牲净利率为代价来提高业绩。

不过,这个并非绝对的标准。如果企业的短期目标是"跑马圈地",以占领市场份额为己任,而且现金流也充裕,那么暂时牺牲净利甚至负净利也是可行的。互联网创业大多是这个模式。先以投入巨额资金为代价,不惜以成本价甚至亏本价销售订单,在吸引了巨大的流量(用户)后,再逐步提升价格,并开始考虑盈利。原则上,这就是一种靠烧钱赚钱的模式。

4. 销售收入的核心公式

销售收入的核心公式是"客流量×转换率×客单价"。如果要提高销售收入,也无非就是从这几个关键指标入手:

(1) 提高客流量

意味着需要改善商家位置(指线下)或者寻找引流途径(线上),以及提高市场推广费用。在考虑提高流量的时候,就应该考量为了提高这个流量,企业需要付出什么的代价(成本)?

(2) 提高转换率

以我个人经验,提高转换率不是一件非常容易的事。或者说,是一个需要企业系统操练内功的事情。相对于客流量的改善可能可以靠烧钱获得效果,转换率是一个靠烧钱也不一定能改善的活儿。转换率受诸多因素影响,因此其改进也可以通过多种途径,比如,提升店铺形象(店铺设计、视觉陈列、产品拍摄等)、提升产品设计能力、提高店员/客服的销售能力及售后服务能力,以及提供其他可以满足消费者痛点需求的内容。

在大多数情况下,转换率是一个相对比较稳定的数据。线下流量如果没有特别的外部活动也是比较稳定的。而线上流量主要根据推广成本的投入及各平台的推荐规则而改变。相对而言,这两个数据的可预测性比较强。

(3) 客单价

为了更加精准地预测销售,客单价可以每个月进行计算。如果需要一个可靠的年度预测,可以按月做销售预测表。为了提高预测的精准度,有的企业甚至开始制定52周的周预测表。

这个原理看似很简单,但如何用它来指导自己的销售预测是我们下面会讲解的重点。不仅如此,我还希望在这里,请大家切记——"天下没有免费的午餐",如果你需要提升业绩目标,那么你一定需要有所投入(金钱、人力等)。大多数情况下,很难有不做任何投入,就有业绩的增长。而这也是我碰到的许多企业所存在的问题——企业只有销售目标,却没有达到目标的具体策略。

5. 产品

产品会直接影响业绩的好坏。不过在做销售预测时,新一季的产品可能还未开发好或者面世。因此,只能在订货会前先依据历史经验来估算一个销量,订货会时再进行具体调整。可见销售预测并非一成不变的,而是要不断根据实际情况进行调整。当然,绝大多数情况下,很少有企业会允许下调预测。

接下来,我以我的学员案例来体现销售预测具体运用的方法。以下案例来自冷芸时尚买手课学员李思思淘宝店铺案例(小字体部分由学员提供)。

淘宝店铺简介

主营业务:公司主要从事线上品牌女装经营。主要品类是夏季短袖T恤。也因此,销售的季节特征非常明显。本店铺至今营业约3年左右。

服装行业分析[1]

国内服装行业正处于经济转型和消费升级的大背景下,行业总体处于弱复苏进程中。根据国家统计局的数据,2017年1~10月份,限额以上(一定标准内的)企业商品零售额中,纺织服装类零售额同比增长7.3%,增速较去年同期上升0.1个百分点。

而根据中华全国商业信息中心的统计数据,2017年前三季度,全国百家重点

---

[1] 上述时尚产业发展现状与趋势参考了以下资料:
(1)《衣着价格趋升反应消费趋势,太平鸟推股权激励显增长信心》,研究者张芳(中国人民大学管理学硕士,十年以上行业研究经验),发布于:2017年7月10日。
(2)《有感618购物节,亚马逊收购全食品,阿里收购银泰,再来聊聊新零售》,研究者陈萌(陈萌:毕业于复旦大学,理学、金融复合背景),发布于:2017年6月19日。
(3)《中国网红经济发展洞察报告》,艾瑞与微博联合发布,于2017年。
(4)《重新定义消费者,创造下一个网红》,国金证券股份有限公司,发布于:2017年10月11日。
(5)《富有中国特色的快时尚供应链的七大法则》,冯氏集团利丰研究中心,发布于:2017年6月。
(6)《快时尚的有着不凡的指尖生活》,Talkingdata移动数据研究中心,发布于:2017年3月。
(7)《2017年1~10月份服装鞋帽、针纺织品类零售额达11 883亿元》,国家统计局官网,资料查于:2017年11月15日。
(8)《2017年前三季度全国百家重点大型零售企业零售额累计增长2.8%》,中华全国商业信息中心网,资料查于:2017年11月2日。

本淘宝店铺经营情况讨论与分析

表4-1 某T恤淘宝店铺2017年实际业绩报告[1]

业务报表[2]	2016/12/1	2017/1/1	2017/2/1	2017/3/1	2017/4/1	2017/5/1	2017/6/1	2017/7/1	2017/8/1	2017/9/1	2017/10/1	2017/11/1	合计
1. 月销售额	600 168.28	84 229.10	441 438.54	589 743.52	301 504.28	276 360.40	161 287.06	121 416.84	120 487.68	184 949.69	151 296.81	138 490.15	3 171 372.35
2. 退款金额	63 172.00	11 550.00	40 871.00	55 185.00	57 158.00	46 741.00	30 841.00	20 132.00	18 482.00	43 620.00	19 421.00	26 030.00	433 203.00
3. 实际销售收入（=1-2）	536 996.28	72 679.10	400 567.54	534 558.52	244 346.28	229 619.40	130 446.06	101 284.84	102 005.68	141 329.69	131 875.81	112 460.15	2 738 169.35
4. 平均客单价	130.00	130.00	130.00	190.00	190.00	190.00	130.00	130.00	130.00	130.00	130.00	130.00	127
5. 平均成交客人数量（=1/4）	4 617	648	3 396	3 104	1 587	1 455	1 241	934	927	1 423	1 164	1 065	21 559
6. 转换率	2%	2%	2%	2%	2%	2%	1%	1%	1%	1%	1%	1%	2%
7. 流量（=5/6）	230 834	32 396	169 784	155 196	79 343	72 726	124 067	93 398	92 683	142 269	116 382	106 531	1 415 609
8. 流量成本（=9/7）	0.11	0.25	0.39	0.34	0.49	0.47	0.12	0.16	0.23	0.18	0.05	0.02	0.22
9. 费用小计（11-14项总和）	25 822.57	8 013.63	67 036.87	53 158.39	38 663.96	34 511.16	14 602.10	15 243.25	21 033.61	26 315.96	5 522.93	2 146.58	312 071.01
10. 费用占实际销售收入占比（=9/3）	4.81%	11.03%	16.74%	9.94%	15.82%	15.03%	11.19%	15.05%	20.62%	18.60%	4.19%	1.91%	11.40%

1 因为原数据不完整，部分数据由作者推导。

2 本表数据基于Excel计算。因为小数点四舍五入关系，某些数据统计结果与本表数据计算可能有些许出入。比如表4-3中，行4最后总计为0.72，实际是0.716，四舍五入后为0.72。100万×0.72=72万，100万×0.716=71.6万，两者会有0.4万元的差异。如果用100万×0.72，即4 000元的差异。类似差异也会出现在其他表格中。

续表

业务报表	2016/12/1	2017/1/1	2017/2/1	2017/3/1	2017/4/1	2017/5/1	2017/6/1	2017/7/1	2017/8/1	2017/9/1	2017/10/1	2017/11/1	合计
11. 聚划算实时划扣技术服务费	12 789.90	745.75	—	—	—	—	—	—	—	—	—	—	13 535.65
12. 淘宝/天猫直通车消耗发生额	6 004.13	4 617.74	62 457.97	40 826.65	31 508.26	29 687.74	12 110.93	11 803.57	18 776.39	22 523.25	2 406.72	—	242 723.35
13. 支付宝交易手续费发生额	902.87	15.02	810.41	2 381.97	1 127.36	1 112.06	664.77	550.40	366.39	637.23	687.36	536.65	9 792.49
14. 淘宝客消耗发生额	6 125.67	2 635.12	3 768.49	9 949.77	6 028.34	3 711.36	1 826.40	2 889.28	1 890.83	3 155.48	2 428.85	1 609.93	46 019.52

大型零售企业中：服装类零售额累计增长3.6%，增速高于上年同期5.4个百分点。而据国家统计局数据显示，2017年1～10月份穿着类商品网上零售额增长19.2%，增速高于上年同期1.1个百分点。从中可以看出网上销售的增速在减慢，而线下销售的增速在加快，线下和线上已经开始融合进入"新零售"阶段。

另一方面，多样性和个性化的需求也在不断提升，大众同质化消费品日显疲态。

未来，服装行业的机遇与挑战并存，在"设计研发""科技创新""满足个性化需求"等方面有着广阔的发展空间。消费升级所带来的新零售趋势，增加的是新体验。传统零售的三要素"人、货、场"将被重构。未来是以人为本，以消费者为中心，用"数据智能化"驱动销售，向顾客提供"跨渠道、无缝化"的体验。

表4-1说明

(1) 2016年12月因为参加了淘宝聚划算团购活动，所以达到60万元左右的月销售额；2017年1月因为是春节放假期间，因此销售额偏低。抛开这两个特殊情况再来看我们的月销售额数据会发现，临近夏季的2、3、4、5月销售额明显高于其他月份，而秋冬的销售额偏低，主要原因是我们品类单一，主要集中在夏季T恤，导致秋冬没有足够品类销售。而在这四个月中3月销售额最高，说明我们夏季产品的旺季集中在3月份。

(2) 根据淘宝后台数据可以看出，我们T恤件单价是行业大盘的两倍左右。我们T恤件单价在65元左右，行业平均T恤件单价在30元左右。这说明购买我们T恤的客户更注重品质，消费能力也更强。

(3) 另外2、3月份人均购买我们T恤数量在3件，4、5月份人均2件，说明2、3月份的连带率更高。我们做的是单一品类，没有配套搭配品类，售前客服也并没有在2、3月份有特别突出的表现，这说明销售额的增长完全是由于2、3月份更多的访客数导致的连带率提高。

针对以上问题，为了提升明年的业绩，可能的提升方案有：

(1) 在以T恤为拳头产品的同时，适当增加秋冬销售的品类，比如羊毛类针织T恤。

(2) 必须在2018年1月底之前就完成大部分新款T恤的上架(包括设计、做样衣、模特拍照、修图、页面装修、部分大货生产等工作)。

第四章 企业预算体系:销售预测—采购预算(OTB)—现金流预测

表 4-2 某 T 恤淘宝店铺 2018 年 3 个水平的销售预测

保守预估(20%)	12月	1月	2月	3月	4月	5月	6月	7月	8月	9月	10月	11月	小计
1. 2017 年销售额	600 168.28	84 229.10	441 438.54	589 743.52	301 504.28	276 360.40	161 287.06	121 416.84	120 487.68	184 949.69	151 296.81	138 490.15	3 171 372.35
2. 2018 年销售预测	720 201.94	101 074.92	529 726.25	707 692.22	361 805.14	331 632.48	193 544.47	145 700.21	144 585.22	221 939.63	181 556.17	166 188.18	3 805 646.82
3. 获客数(2/2017 年月客单价)	5 540	777	4 075	3 725	1 904	1 745	1 489	1 121	1 112	1 707	1 397	1 278	25 870.65
4. 转化率(沿用 2017 年数据)	2%	2%	2%	2%	2%	2%	1%	1%	1%	1%	1%	1%	1.52%
5. 流量推算(=3/4)	277 001	38 875	203 741	186 235	95 212	87 272	148 880	112 077	111 219	170 723	139 659	127 837	1 698 730.25
6. 流量成本(推广费用、单价在 2017 年的基础上上涨 15%)	35 635.15	11 058.81	92 510.88	73 358.58	53 336.26	47 625.40	20 150.90	21 035.69	29 026.38	36 316.02	7 621.64	2 962.28	430 657.99
7. 流量成本占销售额%(=6/2)	4.95%	10.94%	17.46%	10.37%	14.75%	14.36%	10.41%	14.44%	20.08%	16.36%	4.20%	1.78%	11.32%

平均预估(30%)	12月	1月	2月	3月	4月	5月	6月	7月	8月	9月	10月	11月	小计
1. 2017 年销售额	600 168.28	84 229.10	441 438.54	589 743.52	301 504.28	276 360.40	161 287.06	121 416.84	120 487.68	184 949.69	151 296.81	138 490.15	3 171 372.35
2. 2018 年销售预测	780 218.76	109 497.83	573 870.10	766 666.58	391 955.56	359 268.52	209 673.18	157 841.89	156 633.98	240 434.60	196 685.85	180 037.20	4 122 784.06
3. 获客数(2/2017 年月客单价)	6 002	842	4 414	4 035	2 063	1 891	1 613	1 214	1 205	1 849	1 513	1 385	28 027
4. 转化率(沿用 2017 年数据)	2%	2%	2%	2%	2%	2%	1%	1%	1%	1%	1%	1%	1.52%

续表

	12月	1月	2月	3月	4月	5月	6月	7月	8月	9月	10月	11月	小计
平均预估(30%)													
5. 流量推算(=3/4)	300 084.14	42 114.55	220 719.27	201 754.36	103 146.20	94 544.35	161 287.06	121 416.84	120 487.68	184 949.69	151 296.81	138 490.15	1 840 291.10
6. 流量成本(推广费用、单价在2017年的基础上上涨15%)	38 604.74	11 980.38	100 220.12	79 471.79	57 802.62	51 594.18	21 830.14	22 788.66	31 445.25	39 342.36	8 256.78	3 209.14	466 546.16
7. 流量成本占销售额%(=6/2)	4.95%	10.94%	17.46%	10.37%	14.75%	14.36%	10.41%	14.44%	20.08%	16.36%	4.20%	1.78%	11.32%
乐观预估(50%)													
1. 2017年销售额	600 168.28	84 229.10	441 438.54	589 743.52	301 504.28	276 360.40	161 287.06	121 416.84	120 487.68	184 949.69	151 296.81	138 490.15	3 171 372.35
2. 2018年销售预测	900 252.42	126 343.65	662 157.81	884 615.28	452 256.42	414 540.60	241 930.59	182 125.26	180 731.52	277 424.54	226 945.22	207 735.23	4 757 058.53
3. 获客数(2/2017年月客单价)	6 925.02	971.87	5 093.52	4 655.87	2 380.30	2 181.79	1 861.00	1 400.96	1 390.24	2 134.03	1 745.73	1 597.96	32 338.32
4. 转化率(沿用2017年数据)	2%	2%	2%	2%	2%	2%	1%	1%	1%	1%	1%	1%	1.52%
5. 流量推算(=3/4)	346 251	48 594	254 676	232 793	119 015	109 090	186 100	140 096	139 024	213 403	174 573	159 796	2 123 412.81
6. 流量成本(推广费用、单价在2017年的基础上上涨15%)	44 543.93	13 823.51	115 638.60	91 698.22	66 695.33	59 531.75	25 188.62	26 294.61	36 282.98	45 395.03	9 527.05	3 702.85	538 322.49
7. 流量成本占销售额%(=6/1)	4.95%	10.94%	17.46%	10.37%	14.75%	14.36%	10.41%	14.44%	20.08%	16.36%	4.20%	1.78%	11.32%

第四章

企业预算体系:销售预测—采购预算(OTB)—现金流预测

基于上述因素,对于该淘宝店铺规划了3种水平的2018年销售预测:保守估计增长20%;平均正常水平可增长30%;乐观增长可高达50%。并假设2018年无论店铺、淘宝政策或者是外部环境都没有其他意外发生。对店铺的销售预测增长主要来自于流量增加,同时保留了2017年的客单价与转换率水平。

另外,在实际预测中,我们还需要注意转化率与季节及促销之间的关系;以及流量成本与季节及促销之间的关系。因为原始数据不充分,这里的预测我们只能用一个相对固定的成本估算转化率。

在估算了3类水平的销售预测后,一定要再做一份现金流预算表:按这样的销售预测及流量成本,外加其他成本(比如为了提升业绩,是否需要增加人力成本?是否需要扩充办公空间?因为销量增加,那么货品的采购成本肯定也会增加等),自己的现金流是否足以支持这样的业绩增长。只有通过合理验证的销售预测才是可靠的预测!

第二节　OTB预算-库存规划-促销规划

一、采购预算的基本逻辑

采购（限额）预算（open-to-buy）最重要的目的是通过合理采购，既保证库存的健康性，也保证货足够卖。但是这其实只是个理论目标。在现实中，从没有人能保证采购预算有多么准确，特别是采购预算基于销售预测制定时。如果实际销售业绩与预测差异很大，这个时候按照采购预算采购的货就会面临要么不够卖，要么买多了的尴尬境地。因此，尽量制定个靠谱的销售预测是所有预算体系的基础。

采购预算的基本原理比较容易理解，就是在销售预测的基础上，扣除历史可销售库存（指适合当下季节的销售状态），加上合理的期末库存（为了保证不断货）。简单来说，就是：

OTB＝销售预测－可销售库存（期初库存）＋目标期末库存

我们首先用件数来看个案例。为了便于大家理解，这里的数字都是简化的数字，主要为了帮助大家理解公式背后的逻辑。

假设2019年销售目标是1 500件（平均每个月卖125件），可售库存（期初库存）300件，存销比是2个月（也就是说最后的期末库存足够支撑至少接下来2个月的销售，这是公司根据供货周期考量的最低库存线），请计算应该采购件数多少件？

预计销售1 500件－可销售库存300件＋期末库存125×2＝1 450件

以上的简单案例只是帮助大家理解数字背后的逻辑。应该说它并不难理解。

而现实中，我们的采购并非按件数计算的，而是按照金额计算的。因此，现实情况会更加复杂。按金额计算，逻辑其实与前面的件数计算方式一样，只是需要统一好所有分子分母的金额。这是现实中经常有人混淆或者被难倒的问题。

我们依然用简单化的数字来做案例，便于大家对复杂问题的理解。

假设2019年销售目标是120万元（平均每个月卖10万元），可售库存（按采购成本价）是15万元。公司平均销售折扣一般是6折。标价倍数是5。存销比是2个月（含义同上），请计算应该采购多少金额（此处金额全部为含增税价）？

因为采购金额是按照采购成本计算的,而销售目标是按销售额计算的,因此我们首先要考虑将所有金额统一为采购成本价。

可以按以下步骤从销售价推算出以采购成本计价的销售额:

第1步:我们需要先由销售目标推算出吊牌价:

按销售价计算的销售目标120万元/平均销售折扣0.6＝200万元

第2步:从吊牌价推算出采购成本价:

200万元/标价倍数5＝40万元/年

平均每个月的售出成本是＝40万元/12月＝3.33万元

第3步:推算出应采购金额:

按采购成本计算销售目标(销售货品成本)40万元－可销售库存15万元＋备货库存(存销比2)月销售货品成本3.33万元×2月＝31.66万元。

二、常见的错误OTB计算公式

1. 卖多少买多少

这是一种"销售预测卖1 000件,则采购1 000件"的逻辑。看似没有什么问题,仔细分析就可以发现问题,其一没有考虑旧库存问题;其次没有考虑期末库存问题。

即使按照销售金额计算,很多人也没有考虑到销售价格与采购成本之间的计价不统一的问题。前者是按照销售收入计算的;后者是按照采购成本(进价)计算。同一批衣服,这两个价格不统一,就会出现计算错误。

2. 以售罄率方式来计算OTB

行业内还有一种流行的以"售罄率"方式推算OTB。

我们还是用一组简单的数字来看案例。虽然实际上行业里用的售罄率是用金额计算的,但这里为了便于大家理解,我还是用件数来阐述这种算法的逻辑(金额的计算逻辑同前）。

计划卖 1 500 件衣服（销售目标），历史平均每个月卖 125 件，历史售罄率是 65%，可售存货目前有 300 件。此时应该采购多少件新衣服？

按目前行业内流行的"售罄率"推算 OTB 的算法：

$$销售目标\ 1\ 500 / 售罄率\ 0.65 = 2\ 308（件）$$

$$扣除期初库存后\ 2\ 308 - 300 = 2\ 008（件）$$

因此应该采购 2 008 件。

这种算法的最大问题在于它没有考虑采购新品销售后究竟会存留多少存货？这个存货是否是合理的？是否有存货过多的风险？又或者，是否会出现货不够卖的情况？

这里如果我们再多做一步，就会发现：按 2 008 件采购，1 年后，最终会为企业留下多少期末库存？

$$2\ 008 - 1\ 500 = 508（件）$$

按照历史每月卖 125 件计算，存销比即为：508/125＝4 个月。那么企业就需要判断，这个存销比对自己的业务是否健康？而这个数值，在上述的以售罄率方式计算公式里是未有体现的。换句话说，你并没有办法单凭这个公式判断最后的库存是否合理。你需要再多一步计算这个存销比，并且判断存销比是否合理。如果不合理，那么你还需要调整售罄率。这就降低了工作效率。

在现实中使用售罄率所造成的另外一个问题就是，大部分企业的实际售罄率与理想售罄率之间差距是很大的。比如很多企业希望自己的售罄率是 90% 甚至 100%（其实这种售罄率也不一定健康，因为它意味着销售可能会断货），而实际的售罄率是 50%。那么此时，究竟用哪个售罄率呢？是使用实际售罄率，还是目标售罄率？

总之，使用售罄率计算 OTB 的主要问题，一是未考虑到期末库存的合理性；其次售罄率的数据在理想与现实中差距太大，不是一个稳定的数据。因此，如果使用这样的公式，会导致库存要么过多，要么过少，而采购者在采购中又无法预判这个问题。

当然，从理论上来说，企业也可以计算出一个理想的售罄率，来保证最后的库存总是合理的。不过，我相信，下面第三部分的计算方式能够更加全面地帮助企业的发展。

三、OTB预算-库存规划-促销规划

表 4–3　OTB预算-库存规划-促销规划表

以下所有金额均统一为含税价	1	2	3	4	5	6	7	8	9	10	11	12	总计
1. 月初库存（按采购成本计价）	100 000	288 210	301 881	379 994	369 912	403 570	373 596	442 600	851 787	940 382	950 062	493 547	
2. 销售收入预测	404 899	190 171	207 759	250 543	220 931	213 064	227 858	296 661	316 071	383 117	676 295	286 339	3 673 708
3. 平均加价倍率	2.5	2.5	2.5	2.5	2.5	2.5	2.5	2.5	2.5	2.5	2.5	2.5	2.5
4. 促销折扣预测	0.90	0.90	0.90	0.90	0.90	0.50	0.90	0.90	0.90	0.90	0.50	0.50	0.72
5. 销售收入（按吊牌价计价）	449 888	211 301	230 844	278 381	245 478	426 127	253 176	329 623	351 190	425 686	1 352 590	572 678	5 126 962
6. 销售收入（按成本计价）	179 955	84 521	92 338	111 352	98 191	170 451	101 270	131 849	140 476	170 274	541 036	229 071	2 050 785
7. 月末库存（按采购成本计价）	288 210	301 881	379 994	369 912	403 570	373 596	442 600	851 787	940 382	950 062	493 547	356 813	356 813
8. 采购金额（按成本计价）	368 165	98 191	170 451	101 270	131 849	140 476	170 274	541 036	229 071	179 955	84 521	92 338	2 307 598
9. 实际到货比例	0.9	0.9	0.9	0.9	0.9	0.9	0.9	0.9	0.9	0.9	0.9	0.9	0.9
10. 存销比	3	3	3	3	3	3	3	3	3	3	3	3	3
11. 实际所需采购金额（按成本计价）	409 073	109 101	189 390	112 522	146 499	156 085	189 194	601 151	254 523	199 950	93 912	102 597	2 563 998

上述表格是一个大家可以直接运用的表格,也是一个西方买手体系常用的工具表。只需要替换相关原始数据即可。下面我就这个表格的每一项内容做出解释。

1. 月初库存

1月份的月初库存是已知数据。可以通过企业现有库存结果得知。而其后每个月的期初库存,即上个月的期末库存。即2月的期初库存,为1月的期末库存。

2. 销售收入预测

是根据销售预测得来的。通常由管理层或者销售部制定、提供。

3. 平均加价倍率

所有企业都有个加价倍率。按照自己的加价倍率计算即可。此处采用一般鞋服电商加价倍数。

4. 促销折扣预测

此处,需要买手根据历史数据,以及新的一年大促计划制定促销策略。这也是本表格比单纯使用售罄率计算OTB的公式我认为更为完善的地方。因为你也可以利用这个表格来规划自己一年的促销策略以及折扣计划。

制定这个促销折扣计划时应当考虑以下因素:

> 历史数据。
> 本企业新一年的毛利目标(直接影响促销计划)。
> 竞品竞争以及销售平台大促要求。
> 有促销计划并不意味着促销折扣就一成不变。如果碰到某个时刻竞品打折,或者平台要求参加大促活动,可以选择部分商品参加更低折扣的活动。但可以同时提高其他商品的折扣,以保证总毛利不变。在后面的"商品企划"章节里,我们将更加详细地解释,如何通过为不同的SKU布局不同的商品策略,让商品在市场上既有竞争力,又能保证自己的毛利尽可能达标。

此处,所假设的品牌因为其标价倍数低于行业水平,品牌价格本已有竞争力,因此在促销上不再做更低折扣,而仅仅在618、双11以及年底做低折扣促销。

5. 销售收入(按吊牌价计算)

此处是为了推算出销售成本(按货品成本价计算销售)。计算公式是用行2除以行4。

6. 销售收入（按成本价计算）

即货品销售成本，计算公式是用行5除以行3。

7. 月末库存（按采购成本计价）

本数据是基于行10的存销比来计算的。存销比的意思是"期末库存还足够支撑销售几个月"。此处"3"的意思即是每个月的期末库存足够支撑后面3个月的销售。即1月期末库存，可以够卖2、3、4月3个月；2月期末库存，可以卖3、4、5月3个月。以此类推。

存销比是多少比较合理？通常建议这个周期按从下单到收货的周期来定。比如，传统服装一般从下单到交货周期在3个月，那么存销比可以设定为3。线上周期短，2~4周，那么也可以以这个周期作为存销比。这是一个不那么精准但比较容易理解的方式。

我这里的案例"3"便是依据行业经验数据，也是一个服装业相对健康的存销比数据。

8. 采购金额（按成本价计价）

这里就用到了我们前面已经讲述过的OTB计算方式。即是"销售成本＋期末库存－期初库存"，即：行6＋行7－行1。

9. 实际到货比例

在现实中，大部分时候我们采购的货品，很少会100%到货。因为原材料采购，或者裁剪等一些难以预料的因素，最后工厂实际交货数量可能会少于订量。比如订货1 000件，可能最后实际交货是981件。通常交货件数是允许有误差的，大家可以根据供应商实际交货状况来判断。此处假设每次平均实际到货比例为90%，也就是说订货1 000件，只会到900件。因此，如果我们需要到货1 000件，应该按照1 000/0.9＝1 111件订货，这样才能保证最后实际收到1 000件。

因此，行11，就是用行8/行9。而最终的采购预算即行11的总计，为2 563 998元。

10. 其他

10月的期末库存，应该是11月＋12月＋次年1月的销售成本之和；11月的期末库存，应该是12月＋次年1月＋次年2月的销售成本之和；12月的期末库存则是次年1~3月的销售成本之和。这里我们用了同年的1~3月的销售收入作为参照。

11. 促销折扣预测的总计

是行 2 的销售收入除以行 5 的吊牌价销售收入。

12. 月末库存总计

月末库存总计栏就是 12 月的期末库存。

综上所述，相比于售罄率计算 OTB 方式，该表格不仅帮助我们了解我们应该采购多少金额的货品，而且可以帮我们规划每个月的促销计划，以及预测库存状况。是个非常有用且全面的"销售预测——促销计划——库存规划——采购预算"的规划表。

使用该表中常见错误

在我的教学过程中，不少学员因为不甚熟悉数据与数据之间的逻辑关系，因此在制作上表时，会有些常发生的错误。在这里，我也一并举例说明，以解答读者心中可能会出现的疑问。

1. 未理清"存销比"与"期末库存"的关系

在 OTB 预算中，我们是根据常规存销比来推算期末库存的。但是很多学员开始没有搞清楚两者的关系（对于初次接触这个工具表的人来说，这种反应是非常正常的）。他们在计算"期末库存"时，套用了公式"期末库存＝期初库存＋采购（进货）－销售"。而这里因为我们的目的是推算出采购额，所以，根据这个公式，有 2 个未知数："期末库存"与"采购进货额"，那么按照这个公式实际上是没有办法推算采购金额的。有的学员会卡壳在这里。

这其中反映了部分学员是通过死记硬背公式而没有理解"存销比"与"期末库存"之间的关系。我们知道：

"存销比"顾名思义就是，到了期末时，仓库里的存货，按照历史平均月销售，还能销售几个月？

存销比＝期末库存／月均销售成本（分子分母价格必须统一为"采购成本价"或者"吊牌价"）

也有的企业会使用"平均库存"概念，来除以历史月均销售。

$$存销比 = \frac{(期初库存 + 期末库存)/2}{月平均销售成本}$$

第四章

企业预算体系：销售预测—采购预算(OTB)—现金流预测

这两个公式都可以，而且两者数据差异并不大。

在这个 OTB 表格中，我们是根据"存销比"来推算期末库存的。而非通过期末库存来推算存销比。因此，大家千万不要死记硬背公式，而是要理解数据之间的关系。有的时候，我们是知道库存，再去计算存销比。有时，我们是知道存销比，再去推算库存。所以要学会根据已知条件去推理未知答案。

2. 混淆"计划存销比"与"实际存销比"

在学员练习的过程中，也有的学员会出现以下的疑惑。他们将表中的"存销比"理解为"计划存销比"。随后，他们又增加了一行数据，叫"实际存销比"。他们用当期，比如 1 月的期末库存，除以 1 月的销售，发现得出来的"实际存销比"与"计划存销比"又不一样了。

其实这个是因为这些学员没有了解到统计学一些基本原则，就是"数据统计口径一致"。我们的"计划存销比"是基于下 3 个月的销售预测计算出来的，到了"实际存销比"又基于当月销售，两个分母不一样，结果当然不一样啦！如果需要同样的结果，数据统计口径就要一致。

大家如果使用了这个表格，应该会发现它比用售罄率推导 OTB 的方式相对更加全面。当然，如果这个表格中的存销比改为"健康售罄率"数值，也许与用存销比计算的方式可以做到殊途同归。不过，首先我们要计算出企业比较健康的"售罄率"值。我个人认为，"存销比"的数值是个比"售罄率"更加稳定的数据。原因是"售罄率"取决于"销量"与"进量"的关系；而存销比取自"供货周期"与"销售周期"的概念。两者相对而言，我以为后者是个相对稳定的数据。

四、OTB——促销规划——库存规划的实际应用

那么现实中我们该如何运用这套表呢？一句话来概括，就是"滚动预测、滚动调整、不断总结"。

假设在我们制定了表 4-3 的 OTB 预算后，现在到了 5 月。我们已经拥有了前 4 个月的实际数据就可以填入表格，做新的计划调整（见表 4-4）。

1）首先将 1~4 月的实际发生数据（销售收入、促销折扣、实际到货比例）填入相应的表格里（见红色部分）。

表 4-4 OTB 的实际运用

以下所有金额均统计—为含税价	1	2	3	4	5	6	7	8	9	10	11	12	更新总计	原预算总计	更新总计－原预算总计	差异
1. 月初库存（按采购成本计价）	100 000	273 213	281 404	366 071	369 912	403 570	373 596	442 600	851 787	940 382	950 062	493 547				
2. 销售收入预测	350 000	180 000	150 123	170 500	220 931	213 064	227 858	296 661	316 071	383 117	676 295	286 339	3 470 959	3 673 708	(202 749)	-5.52%
3. 平均加价倍率	2.5	2.5	2.5	2.5	2.5	2.5	2.5	2.5	2.5	2.5	2.5	2.5	2.5	2.5	—	0.00%
4. 促销折扣预测	0.85	0.80	0.70	0.70	0.90	0.50	0.90	0.90	0.90	0.90	0.50	0.50	0.69	0.72	(0.03)	-4%
5. 销售收入（按吊牌价计价）	411 765	225 000	214 461	243 571	245 478	426 127	253 176	329 623	351 190	425 686	1 352 590	572 678	5 051 346	5 126 962	(75 616)	-1.47%
6. 销售收入（按成本价计价）	164 706	90 000	85 785	97 429	98 191	170 451	101 270	131 849	140 476	170 274	541 036	229 071	2 020 538	2 050 785	(30 246)	-1.47%
7. 月末库存（按采购成本计价）	273 213	281 404	366 071	369 912	403 570	373 596	442 600	851 787	940 382	950 062	493 547	356 813	356 813	356 813	—	0.00%
8. 采购金额（按成本价计价）	337 919	98 191	170 451	101 270	131 849	140 476	170 274	541 036	229 071	179 955	84 521	92 337	2 277 351	2 307 598	(30 247)	-1.31%
9. 实际到货比例	0.95	0.95	0.97	0.99	0.9	0.9	0.9	0.9	0.9	0.9	0.9	0.9	0.9	0.9	—	0.00%
10. 存销比	3	3	3	3	3	3	3	3	3	3	3	3	3	3	—	0.00%
11. 实际所需采购金额（按成本计价）	355 704	103 359	175 723	102 293	146 499	156 085	189 194	601 151	254 523	199 950	93 912	102 597	2 530 391	2 563 998	(33 607)	-1.31%
12. 实际采购金额（按成本价，按原计划）	409 073	109 101	189 390	112 522	146 499	156 085	189 194	601 151	254 523	199 950	93 912	102 597	2 563 998			

第四章
企业预算体系:销售预测—采购预算(OTB)—现金流预测

表4-5 OTB的实际运用:调整后

以下所有金额均统一为含税价	1	2	3	4	5	6	7	8	9	10	11	12	更新总计	原预算总计	更新总计-原预算总计	差异
1. 月初库存(按采购成本计价)	100 000	323 913	337 560	435 483	449 452	475 255	448 379	509 282	866 810	940 002	950 062	493 547				
2. 销售收入预测	350 000	180 000	150 123	170 500	238 605	230 109	246 087	320 394	341 357	413 767	730 399	309 246	3 680 586	3 673 708	6 878	0.19%
3. 平均加价倍率	2.5	2.5	2.5	2.5	2.5	2.5	2.5	2.5	2.5	2.5	2.5	2.5	2.5	2.5	—	0.00%
4. 促销折扣预测	0.85	0.80	0.70	0.70	0.90	0.55	0.90	0.90	0.90	0.90	0.55	0.55	0.72	0.72	(0)	0.00%
5. 销售收入(按吊牌价计价)	411 765	225 000	214 461	243 571	265 117	418 379	273 430	355 993	379 286	459 741	1 327 998	562 265	5 137 006	5 126 962	10 044	0.20%
6. 销售收入(按成本价计价)	164 706	90 000	85 785	97 429	106 047	167 352	109 372	142 397	151 714	183 896	531 199	224 906	2 054 802	2 050 785	4 017	0.20%
7. 月末库存(按采购成本计价)	323 913	337 560	435 483	449 452	475 255	448 379	509 282	866 810	940 002	950 062	493 547	356 813	356 813	356 813	(0)	0.00%
8. 采购金额(按成本价计价)	388 619	103 646	183 708	111 397	131 849	140 476	170 274	499 925	224 906	193 957	74 684	88 172	2 311 615	2 307 598	4 017	0.17%
9. 实际到货比例	0.95	0.95	0.97	0.99	0.9	0.9	0.9	0.9	0.9	0.9	0.9	0.9	0.9	0.90	—	0.00%
10. 存销比	4	4	4	4	3	4	4	3	3	3	3	3	3	3	—	0.00%
11. 实际所需采购金额(按成本价计划)	409 073	109 101	189 390	112 522	146 499	156 085	189 194	555 473	249 896	215 508	82 982	97 969	2 513 691	2 563 998	(50 306)	−1.96%
12. 实际采购金额(按成本价,按原计划)	409 073	109 101	189 390	112 522	146 499	156 085	189 194	601 151	254 523	199 950	93 912	102 597	2 563 998	2 563 998		

2) 大家会发现相应的,其他计算结果也都发生了变化。

3) 与此同时,我们发现第 11 行数据也发生了变化。但因为 1～4 月的采购已经发生了,所以这里我们增加了第 12 行数据,这个来自上表中第 11 行数据。是我们按当时预算来做的采购。这样有助于大家对比 OTB 数据的前后变化。

4) 我们同时增加了一栏"总计"作为"原计划总计"。这个是一家企业的全年目标。通常来说,企业的全年目标设定后,不太会改变,比如"销售目标""毛利目标""存货目标"等。因此,如果前几个月的实际发生额已经低于计划,则需要在后期追赶上来。

5) 此处,我们会发现,更新后的销售业绩总计已经落后原销售计划目标 202 749 元(表 4-4),比原计划落后了 5.52%,需要在后 8 个月补上。因此,我们再次调整后期的销售预测。经过多种方案测试,我们发现只有在原来后 8 个月销售预测的基础上每个月提升 8%,才可以与原来的销售目标持平(见绿色更新销售数据,表 4-5)。

可能有的人会有疑问,12 个月的总体业绩少了 5.5%,为什么我们只有增加 8% 才能把全年业绩与计划拉平? 原因是 5.5% 是全年 12 个月的差异数据。我们需要在后 8 个月里弥补这个亏欠,因此平均每个月需要增长的占比肯定是超过这个平均数的。

6) 调整销售后,我们需要看下我们的毛利目标。如果我们的毛利目标依然想保持在原水平,即 7.2 折,那么我们需要在 5～12 月的折扣上做细微调整。考虑到根据现有数据,其他月份可上升调整空间很少,我们主要在 5 折的月份进行调整。另外考虑到实际需求(折扣幅度太大又不现实),所以都是略微调整(表 4-5)。

7) 考虑到实际订货都是提前 3 个月订货的,因此,在拿到 1～4 月的实际销售数据时,通常可能 5～7 月的订单也已采购。我们只能调整 8～12 月的采购额。也就是说,第 12 行的蓝色部分已是实际采购发生额。因此 1～7 月的实际采购额(表 4-5 的 8 行与 11 行)等于原计划采购额。1～7 月的月末库存不再是按存销比 3 推算的,而是按"月初库存成本(第 1 行)+采购金额(第 8 行)-销售收入(第 6 行)"计算而得。

8) 此时我们会发现,在对折扣进行略微调整后,我们可以用更低的采购成本达到原来的销售目标。这当然是更好的选择。

通过这个案例运用,我们可以体会到这张表的好处在于我们可以根据实际发生的情况,不断找到应对策略,对关键数据目标进行可行性调整。希望通过这样的应变能力来最终达到企业原计划目标。而这也正是本章节预算体系的意义所在。

第四章

企业预算体系:销售预测—采购预算(OTB)—现金流预测

想象一下,如果没有这样的预算体系,企业偏离了原销售目标时(主要是实际销售低于目标),很可能想到的手段只是不断打折。而打折的同时,不仅损害了毛利,同时为了冲到原目标,又要加大采购量(原本采购100元卖300元;现在只卖了250元,剩下的50元就要靠新货品填补)。这种解决策略其实是个恶性循环:销售业绩越差,越要靠打折;越打折,原来的采购成本缺口越大,就越要采购更多的货品。一方面业绩收入降低,一方面采购成本增加,多么不划算的买卖,而实际上大多数企业现在都是这样做的。但有了这个预算表,我们通过后期折扣调控,销售目标分配即可缓解问题。

这也是为什么,如果大家关注下国内几大鞋服企业的财报,一定会发现,不少企业的库存存销比已经在6~8个月(180~240天)甚至更长时间。而对于鞋服业,相对健康的存销比是3~4个月,也有的可以做到2个月(供应链超强,销售周转超快)。

在确定好总OTB预算后,再将预算分配给各个品牌(如果是多品牌店)以及品类(服装、鞋子、配饰)。

这个分配原理相对简单。主要看历史品类、品牌业绩占比以及是否有战略性的调整(比如某品类、品牌虽然业绩不好,但出于战略考虑,也会加大预算投入等)。

值得注意的是,对于多品牌店铺的OTB预算分配,在现实中,除了受销售业绩影响之外,还受到与品牌方之间的关系影响。如果对方品牌很强势,甚至会用一些威胁的手段(比如如果给它的采购预算低于多少,会取消什么政策支持之类的),因此,对于多品牌而言,除了业绩,还有品牌方与经销商两者之间博弈关系的考量。

第三节　损益表与现金流预测

在我看来,不能转化为现金流预测的销售预测及采购预算都是缺乏可靠度的。对于任何一家企业,现金流都是"命脉"。企业的倒闭,几乎都是因为资不抵债,现金流出现了断裂。因此,现金流预测是非常重要的。如果企业发展的激进程度,超过了现金流能够承受的极限,那么倒闭是迟早的事情。

此处,我以我的学员某工厂贸易业务的数据为案例。本案例为真实案例。只是为了不透露企业的商业数据,此处具体数据进行了调整。但原企业的实际业务状况(比如旺季与淡季,现金流状况等)在本报表中得到了体现。

另外,阅读本章节的读者需要具备基础的财报阅读能力。如果不会阅读财报,请先学习财报相关知识。在实际情况中,一般由财务人员制定这套预算,而非买手。但是作为资深买手以及管理人员,需要具备阅读财报的能力。

企业背景:这是一家三线城市的中小型加工及贸易企业。公司主要有两块业务:工厂加工业务,以及销售/贸易业务。

这里所呈现的"损益表"(表4-6)与"现金流"(表4-7)是一个比较简易的报表,主要便于非财务人员理解业务,掌握预算报表制作的逻辑。如果大家需要了解企业实际应用的"损益表"与"现金流",应该由专业的财务人员制作专业的财报。

考虑到税务的复杂性,此处未考虑缴税所需要支付的现金。

1) 主营业务收入,即年销售收入预测。

2) 主营业务成本,对于加工工厂来说,主要是生产制造相关的成本,包括"直接材料费用""直接人工成本(一线工人)"以及"制造费用(生产设备摊销费、工厂水电煤)"等所有与生产直接相关的费用。该案例中,工厂加工贸易业务毛利接近33%。

3) 毛利润=行1-行2。

4) 毛利润率=行3/行1。

5) 销售费用是所有与销售/市场推广相关的费用,此处为6~10项的小计。

表 4-6 工厂+贸易业务的案例损益表

	1月	2月	3月	4月	5月	6月	7月	8月	9月	10月	11月	12月	第一年合计
1. 主营业务收入	240 000	1 500 000	4 000 000	5 000 000	400 000	10 000 000	1 000 000	5 000 000	5 000 000	2 000 000	12 000 000	5 000 000	51 140 000
主营业务收入	240 000	1 500 000	4 000 000	5 000 000	400 000	10 000 000	1 000 000	5 000 000	5 000 000	2 000 000	12 000 000	5 000 000	51 140 000
2. 主营业务成本	160 000	1 000 000	2 666 667	3 333 333	266 667	6 666 667	666 667	3 333 333	3 333 333	1 333 333	8 000 000	3 333 333	34 093 333
3. 毛利润	80 000	500 000	1 333 333	1 666 667	133 333	3 333 333	333 333	1 666 667	1 666 667	666 667	4 000 000	1 666 667	17 046 667
4. 毛利润%	33%	33%	33%	33%	33%	33%	33%	33%	33%	33%	33%	33%	33%
5. 销售费用	69 200	149 000	307 333	470 667	79 333	1 187 333	117 333	370 667	370 667	280 667	814 000	370 667	4 586 867
6. 市场推广费用	8 000	50 000	133 333	166 667	13 333	333 333	33 333	166 667	166 667	66 667	400 000	166 667	1 704 667
7. 参加展会费用	—	—	—	100 000	—	—	—	—	—	100 000	—	—	200 000
8. 销售渠道平台收取的费用	—	—	—	—	—	500 000	—	—	—	—	—	—	500 000
9. 销售人员工资+提成	58 800	84 000	134 000	154 000	62 000	254 000	74 000	154 000	154 000	94 000	294 000	154 000	1 670 800
10. 物流费用	2 400	15 000	40 000	50 000	4 000	100 000	10 000	50 000	50 000	20 000	120 000	50 000	511 400
11. 管理费用合计	347 160	358 500	381 000	390 000	348 600	435 000	354 000	390 000	390 000	363 000	453 000	390 000	4 600 260
12. 管理人员工资	300 000	300 000	300 000	300 000	300 000	300 000	300 000	300 000	300 000	300 000	300 000	300 000	3 600 000

续表

	1月	2月	3月	4月	5月	6月	7月	8月	9月	10月	11月	12月	第一年合计
13. 厂房和办公室租金	35 000	35 000	35 000	35 000	35 000	35 000	35 000	35 000	35 000	35 000	35 000	35 000	420 000
14. 固定资产折旧	10 000	10 000	10 000	10 000	10 000	10 000	10 000	10 000	10 000	10 000	10 000	10 000	120 000
15. 办公费	240	1 500	4 000	5 000	400	10 000	1 000	5 000	10 000	2 000	12 000	5 000	51 140
16. 差旅费/租车/油费/招待费	720	4 500	12 000	15 000	1 200	30 000	3 000	15 000	15 000	6 000	36 000	15 000	153 420
17. 其他费用	1 200	7 500	20 000	25 000	2 000	50 000	5 000	25 000	25 000	10 000	60 000	25 000	255 700
18. 财务费用合计	720	4 500	12 000	15 000	1 200	30 000	3 000	15 000	15 000	6 000	36 000	15 000	153 420
19. 费用总计	417 080	512 000	700 333	875 667	429 133	1 652 333	474 333	775 667	775 667	649 667	1 303 000	775 667	9 340 547
20. 税前利润	(337 080)	(12 000)	633 000	791 000	(295 800)	1 681 000	(141 000)	891 000	891 000	17 000	2 697 000	891 000	7 706 120
21. 税前净利率	−140%	−1%	16%	16%	−74%	17%	−14%	18%	18%	1%	22%	18%	15%

带括号的表示负数。

6）市场推广费用，指广告之类的费用。

7）一般工厂都会通过参加展会收取订单。

8）指企业寻求销售代理公司或者平台所支付的费用。

9）销售人员工资与提成。

10）物流费用。严格意义上来说，如果是与货品相关的"物流费用"，一般会计入"主营业务成本"，此处学员将其填入"销售费用"。不过它并不影响最后净利的计算与现金流。

11）管理费用。指非生产、非销售相关的行政管理类费用。此处为行12～行17费用的总计。

12）管理人员工资指非生产、非销售相关的管理人员工资（比如办公室的HR，财务，办公室人员工资）。

13）对于生产型企业来说，厂房租金可以分摊到"生产成本"中，这里学员将它计入了"管理费用"，因为他们的厂房同时也用于管理及贸易业务，这并不影响最后的净利与现金流。

14）固定资产折旧，指非生产相关的固定资产（"生产设备"折旧当计入"生产成本"）。比如计算机、复印机、汽车等。这里的固定资产是按3年期进行折旧的。

15）办公费指与办公室行政相关的费用，比如：通信费、快递费、办公用品（非固定资产）、水电费（公用事业费，也可以单独列）等。

16）差旅费/车费/油费/招待费，也是商业上的常见费用。

17）其他费用，可能应该考虑而未考虑入内的其他杂费预算。

18）财务费用，主要指与银行相关的费用，比如银行会收取的管理费、产生的利息等。

19）费用总计，行5＋行11＋行18。

20）税前利润＝行3－行19。

21）税前净利润率＝行20/行1。

表 4-7 根据损益表 4-6 制定的现金流预测

	1月	2月	3月	4月	5月	6月	7月	8月	9月	10月	11月	12月	第一年合计
1. 期初货币资金	1 000 000	—											
2. 收入（回款额）	5 000 000	2 000 000	12 000 000	5 000 000	240 000	1 500 000	4 000 000	5 000 000	400 000	10 000 000	1 000 000	5 000 000	51 140 000
现金流入总计	6 000 000	2 000 000	12 000 000	5 000 000	240 000	1 500 000	4 000 000	5 000 000	400 000	10 000 000	1 000 000	5 000 000	51 140 000
3. 生产相关支出	1 333 333	8 000 000	3 333 333	160 000	1 000 000	2 666 667	3 333 333	266 667	6 666 667	666 667	3 333 333	3 333 333	34 093 333
4. 市场推广费用	8 000	50 000	133 333	166 667	13 333	333 333	33 333	166 667	166 667	66 667	400 000	166 667	1 704 667
5. 参加展会费用	—	—	—	100 000	—	—	—	—	—	100 000	—	—	200 000
6. 销售渠道平台收取的费用	—	—	—	—	—	500 000	—	—	—	—	—	—	500 000
7. 销售人员工资+提成	58 800	84 000	134 000	154 000	62 000	254 000	74 000	154 000	154 000	94 000	294 000	154 000	1 670 800
8. 物流费用	2 400	15 000	40 000	50 000	4 000	100 000	10 000	50 000	50 000	20 000	120 000	50 000	511 400
9. 管理人员工资	300 000	300 000	300 000	300 000	300 000	300 000	300 000	300 000	300 000	300 000	300 000	300 000	3 600 000
10. 厂房和办公室租金/押金	140 000	35 000	35 000	35 000	35 000	35 000	35 000	35 000	35 000	35 000	35 000	35 000	525 000
11. 固定资产采购	360 000	—	—	—	—	—	—	—	—	—	—	—	360 000
12. 办公费	240	1 500	4 000	5 000	400	10 000	1 000	5 000	5 000	2 000	12 000	5 000	51 140

第四章

企业预算体系：销售预测—采购预算(OTB)—现金流预测

续表

	1月	2月	3月	4月	5月	6月	7月	8月	9月	10月	11月	12月	第一年合计
13. 差旅费/租车/油费/招待费	720	4 500	12 000	15 000	1 200	30 000	3 000	15 000	15 000	6 000	36 000	15 000	153 420
14. 其他费用	1 200	7 500	20 000	25 000	2 000	50 000	5 000	25 000	25 000	10 000	60 000	25 000	255 700
15. 财务费用	720	4 500	12 000	15 000	1 200	30 000	3 000	15 000	15 000	6 000	36 000	15 000	153 420
16. 现金支出合计	2 205 413	8 502 000	4 023 667	1 025 667	1 419 133	4 309 000	3 797 667	1 032 333	7 432 333	1 306 333	4 626 333	4 099 000	43 778 880
17. 期初余额（承前期）		3 794 587	−2 707 413	5 268 920	9 243 253	8 064 120	5 255 120	5 457 453	9 425 120	2 392 787	11 086 453	7 460 120	
18. 期末余额	3 794 587	−2 707 413	5 268 920	9 243 253	8 064 120	5 255 120	5 457 453	9 425 120	2 392 787	11 086 453	7 460 120	8 361 120	

本现金流表中,数据都摘自"损益表"。因此,损益表中已经说明的费用,此处不再赘述。这里只提示与"损益表"不一样的方面。

1) 期初货币资金,主要指在1月1日时,企业账户存款。

2) 收入回款额,指企业销售收入回款,属于"现金流入"。本案例中,企业收到回款基本是出货后3~4个月。因此,本年1月的回款,其实是去年9月的销售收入;2月的回款,则是去年10月的销售收入;今年1月的销售收入则是在5月开始回款的。

3) 生产相关支出,此处参考了"损益表"中的"主营业务成本"。这部分在现金流里属于"现金支出"。严格意义来说,在现金流里并不叫"生产相关支出",而是"购买原材料、商品、接受劳务支付后现金"等。其支出时间取决于一般企业采购原材料,支付工人工资等与生产相关的费用的时间。此案例中,企业是在费用实际发生后的3个月支付的。比如,原材料可能是1月采购的,其实是4月才付款的等等。现实中,企业支付生产成本的时间可能是不一致的。比如,原材料可能是采购后3月内付款;而工人工资,理论上是应该即时支付的。实际处理时应该将这些支付费用的时间分别列行。不过此处为了简化计算过程,假设了所有"生产成本"相关费用都是滞后3个月支付的。比如,1月支付的是去年10月的生产相关支出。此处假设去年10月的支出同今年。

4) 行10中的"厂房与办公室租金",考虑了"押3付1"中的3个月押金模式。3个月押金是后期会退回的,不过在这里,现金需要先支出。

5) 固定资产采购,在损益表中,我们每个月分摊了1万元的固定资产折旧费用。但在现金流表中,固定资产的采购款是一次性支付的。3年摊销期,每个月摊销1万元,意味着固定资产价值为36万元。如果事实中,固定资产采购是分期付款,可以按照实际现金支付时间计入现金流。

6) 其他费用都是直接从"损益表"中复制入内的。

7) 本月"期初余额",即是上月的"期末余额"。这里,1月的期初余额是100万元。而期末余额,即是"行17+行2-行16"。

8) 读者可以从本表中发现,2月份现金流会出现负数(春节左右恰恰是大家都要收款、资金紧张的时候)。事实上,做"现金流"预测的好处正是在这里,它可以提前让你发现,自己可能什么时候会缺钱。提前预知,就有时间做应急方案,比如提前借款;或者提前安排一些款项的延期支付;或者,减少新项目的开支等等。而现实中,很多中小企业的老板往往是等到缺钱了才发现没钱。本案例中的公司,事实上也是经历了入不敷出的过程后,通过这张现金流预测发现,原来自己碰到的现金流问题是提前可以通过预测知晓的。

重点总结

一、对于服装企业来说，预算体系主要包括：销售预测（新一年的销售目标）——货品采购预算（根据销售预测及库存情况来制定货品采购预算）——财务预算（根据销售预测及货品采购预算，以及各职能/业务部门所报的开支预算，来制定损益表及现金流的预算）。

二、销售预测

1. 时尚产业销售预测所需要考虑的因素包括外部因素（主要是PEST因素）、行业趋势、品牌自身发展战略目标，还有气候变化及促销因素等。

2. 销售预测的流程通常建议自上而下、自下而上一起做。最后通过合理的验证方法找到一个能让企业健康成长的目标。

三、OTB预算-库存规划-促销规划

采购预算的基本逻辑就是销售预测－可销售库存（期初库存）＋期末库存。计算时一定要注意保证各个数据单位的统一。通常采购预算建议全部用采购成本计算。在规划OTB的同时，也可以同步计划促销折扣以及库存计划。本书中提供的OTB预算-库存规划-促销规划表能帮企业同时解决上述问题。它远比一个公式解决的问题要完整与周全得多。

第四章

企业预算体系:销售预测—采购预算(OTB)—现金流预测

案例:转型后的买手店销售预测

本案例由冷芸买手课第 6 期学员季婷与夏冰冰提供并撰写。为了保护企业商业数据不外泄,此处数据为模拟数据,但同样真实地体现了数据与数据之间的逻辑关系,以及符合现实场景的业绩表现。

买手店背景介绍

该店铺位于国内新一线城市,但商铺所处的地点属于新兴商业街铺。店铺原本销售公司单品牌产品,在苦熬了 4 年后,公司决定在 2018 年年底转型做买手店。转型做买手店的原因其一是周围开了几家比较有影响力的买手店,当地市场似乎正在形成买手店氛围;其二是根据市场反馈,买手店正在慢慢形成热潮,其三,开设买手店可以缓解公司自有产品开发的压力,并可以借此引进更多设计师的品牌。

店铺面积约 300 平方米,拥有 5 名店员(含店长)。

店铺实际成交毛利率为 65%。

外部环境分析

1)市场个性化消费需求增加,三四线城市消费习惯逐步向一二线靠拢,进入全民消费行为升级转变时代。

2)人均可支配收入增加,消费能力应有所提升。

3)国家各项政策在刺激消费,比如"五一"假期调整等。

品牌发展策略

1)精准款式投放量,提升产品质量。大部分货品将基本维持原价格带,另引入其他设计师品牌货品,希望呈现出一系列明显有不同价格区间的产品线。

2)加大品牌推广费用的投入。包括:门店形象升级,预算投入 30 万元。

3）对节假日的活动策略调整。

4）加大对VIP客户的服务和管理，提高优质顾客群体的品牌忠实程度。针对此项目标，预算投入员工培训费10万元。

第四章

企业预算体系：销售预测—采购预算(OTB)—现金流预测

表 4-8 买手店销售预测

2019年改善指标	预计改善指标	措施	冷静调整后指标
平均单件成交价	+5%	通过对商品管理人员的管理，做好促销规划，提升单件成交价。	+15%
提袋率	保持不变	目前提袋率在同条件水平算中高。调整空间有限。	+5%
客单价	+10%	投入培训费10万元，加强对店铺员工的培训。通过培训改善员工的销售及客服能力。	+15%
进店人数	+5%	预算30万元重新装修店铺。并且加大线上引流措施。期望以新的形象及线上引流来提高进店率。	+8%
客流量	保持不变	街铺环境难以暂时改变。外部客流量难以短时间改变。因此不做调整。	

节日/大促	中国年期间			五一小长假					十一黄金周		圣诞节	年度累计
	1	2	3	4	5	6	7	8	9	10	11	12	
2018年实际发生													
1. 销售额	200 000	190 000	180 000	190 000	120 000	145 000	160 000	160 000	160 000	260 000	250 000	190 000	2 205 000
2. 销售件数	500	475	667	633	480	659	800	842	696	867	735	633	7 987
3. 平均单件成交价	400	400	270	300	250	220	200	190	230	300	340	300	276
4. 成交人次	278	339	444	396	343	439	533	526	366	377	490	317	4 849
5. 提袋率	10%	11%	12%	10%	10%	10%	11%	11%	10%	10%	14%	20%	11%
6. 客单价	720	560	405	480	350	330	300	304	437	690	510	600	455
7. 连带率	1.80	1.40	1.50	1.60	1.40	1.50	1.50	1.60	1.90	2.30	1.50	2.00	1.65
8. 进店人数	2 778	3 084	3 704	3 958	3 429	4 394	4 848	4 785	3 661	3 768	3 501	1 583	43 494
9. 销售环比		-5%	-5%	6%	-37%	21%	10%	0%	0%	63%	-4%	-24%	
2019年预算													
1. 销售额	231 000	219 450	207 900	219 450	138 600	167 475	184 800	184 800	184 800	300 300	288 750	219 450	2 546 775
2. 销售件数	550	523	733	697	528	725	880	926	765	953	809	697	8 786
3. 平均单件成交价	420	420	284	315	263	231	210	200	242	315	357	315	290
4. 成交人数	292	356	467	416	360	461	560	553	384	396	515	333	5 092

续表

2019年预算	1	2	3	4	5	6	7	8	9	10	11	12	年度累计
5. 提袋率	10%	11%	12%	10%	10%	10%	11%	11%	10%	10%	14%	20%	11%
6. 客单价	792	616	446	528	385	363	330	334	481	759	561	660	500
7. 连带率	1.89	1.47	1.57	1.68	1.47	1.57	1.57	1.68	1.99	2.41	1.57	2.10	1.73
8. 进店人数	2 917	3 239	3 889	4 156	3 600	4 614	5 091	5 024	3 844	3 957	3 676	1 663	45 669
9. 销售环比		−5%	−5%	6%	−37%	21%	10%	0%	0%	63%	−4%	−24%	
10. Y2Y同比	15.50%	15.50%	15.50%	15.50%	15.50%	15.50%	15.50%	15.50%	15.50%	15.50%	15.50%	15.50%	15.50%

表格说明：

2018年数据

1) 销售额，即实际含税销售收入。
2) 销售件数，即实际销售件数。
3) 平均单件成交价＝行1/行2。
4) 成交人次，实际购买的人次数。同一个人分2次购买，为2人次。
5) 提袋率，即每100个人进店，有多少人购买了商品。
6) 客单价，即每个人客次订单价值。
7) 连带率，即行6/行3。
8) 进店人数，即实际进店的人数。
9) 销售环比，(本月销售收入−上月销售收入)/上月销售收入。

2019年数据

1) 本案例中，学员们根据前述公司发展策略，计划通过改革3项关键指标来提升销售业绩；他们计划将"平均单件成交价""客单价"以及"进店人数"分别提升5%、10%以及5%。
2) 基于以上计划，首先基于2018年数据，计算出行3、行5、行6、行8的数据。
3) 按照上述2018年数据公式，推算出其余数据。
4) 我们会发现，最终2019年销售预测会比2018年增长15.5%。

136

第四章

企业预算体系:销售预测—采购预算(OTB)—现金流预测

冷芸点评:

1) 本案例两位学员良好地运用了课堂所学知识,提供了一个有现实参考意义的线下零售店铺销售预测模板。他们的预测方式是通过改善分解指标(平均单件成交价、客单价、进店人数)提升总体业绩。而且为了改善这些具体指标,公司将会做什么投入也有明确的说明。这相对于许多企业只有销售目标,却缺少达到目标的具体手段与预算投入,无疑增加了销售预测的可行性。

2) 本案例中,在完成销售预测后,我们可以进一步来验证销售预测的合理性。我在前面章曾经讲解过,我们需要知道企业销售增长的下限与上限在哪里。企业的下限,首先,至少要保证企业的收入,能够抵消企业为了增长业绩所要增加的成本(否则属于亏本计划了);其次,对于一般在10年内的企业/店铺,其业绩增长率不应该低于国家统计局发布的相关服饰鞋品社会零售消费品总额的增长百分比。否则可能就意味着企业对于销售增长过于保守。

3) 企业的上限,则首先是不能超过企业现金流能力。同时,可以参考同行及同类店铺的业绩增长百分比。前者企业财务可以计算;后者则需要通过市场调研才能了解。

4) 在这里,我们可以验证下15.5%的增长是否至少高于其运营成本的增长率。计算方法如下。

前面已经介绍,为了达到这些销售目标,企业将会在2019年增加以下投入:

➢ 店铺翻新费　30万元
➢ 员工培训费　10万元
年度预计提升的总运营费用为40万元

因此,每月开支会增加40万元/12＝33 333元。该公司实际成交毛利水平是65%。因此,只有平均每月增加33 333/0.65＝51 281元的销售,才能抵过公司所增加的成本。

2018年实际销售收入为2 205 000元,每月增加51 281元,也就意味着新的一年销售必须至少达到2 205 000＋51 281×12＝2 820 372元。这意味着只有销售额增长比达到28%才可以与所增加的成本持平。

表 4-9 买手店指标调整后预算表

2019 年预算（调整）	1	2	3	4	5	6	7	8	9	10	11	12	年度累计
1. 销售额	260 820	247 779	234 738	247 779	156 492	189 095	208 656	208 656	208 656	339 066	326 025	247 779	2 875 541
2. 销售件数	567	539	756	718	544	747	907	955	789	983	834	718	9 057
3. 平均单件成交价	460	460	311	345	288	253	230	219	265	345	391	345	317
4. 成交人数	315	385	504	449	389	498	605	597	415	427	556	359	5 499
5. 提袋率	11%	12%	13%	11%	11%	11%	12%	12%	11%	11%	15%	21%	12%
6. 客单价	828	644	466	552	403	380	345	350	503	794	587	690	523
7. 连带率	1.80	1.40	1.50	1.60	1.40	1.50	1.50	1.60	1.90	2.30	1.50	2.00	1.65
8. 进店人数	3 000	3 331	4 000	4 275	3 703	4 745	5 236	5 167	3 954	4 070	3 782	1 710	46 974
9. 销售环比		−5%	−5%	6%	−37%	21%	10%	0%	0%	63%	−4%	−24%	
10. Y2Y 同比	30.41%	30.41%	30.41%	30.41%	30.41%	30.41%	30.41%	30.41%	30.41%	30.41%	30.41%	30.41%	30.41%

第四章

企业预算体系:销售预测—采购预算(OTB)—现金流预测

也因此,提升15.5%的预测从这个角度来说,是不合理的。那么我们再来看看,企业将销售预测增长定为30%是否合理。

由于这家企业是2018年底才做的转型,正常情况下,如果没有特别的外部因素,业绩在最近5年应该都持续上升。而且新店因为销售基数比较低,因此,通常在30%~50%的增长率都不算激进。但又因为2019年整体鞋服零售业环境并不算好,因此我们也不能太乐观。同时,可以再基于30%的预测增长做套销售预测方案。通过调整相关指标再看看是否可能,或者具体如何才能达到30%的增长率。

通过对几个关键指标的调整,最后我们将以下指标分别做了以下增长调整(表4-8)。

将平均单件成交价提升15%,提袋率提升5%,客单价提升15%,进店人数增加8%,我们发现才能将总业绩提升到30%。当然,这些指标数据读者可以另外再自行调整。主要是对自己最有把握的指标进行调整。

我们会明显地发现,如果要达到这些指标,企业的管理及运营压力都将增加。但从绝对数值来看,这些提升并非不可完成的任务。比如,单件成交价从276提升到317,这个要求店铺能良好地控制好促销折扣,也许折扣不能像从前那么频繁,或者需要重新调整货品价格带结构,保证企业毛利有所提升。

其次提袋率从11%提升到12%,如果企业培训到位,这也不算难以完成的目标;连带率有所下降,因为客单价与件单价提升,有可能导致顾客购买多件数的意愿下降,所以也是合理的估算。总之,30%的增长从各个方面来看,是一个有压力的增长指标,但同时又是有可行性的。

综上所述,这种分解指标的方式,也可以具体帮助企业决策自己需要改善的措施,以帮助自己有可行性地达到自己的目标。

"怎么突然间账上的钱就不够了?"

插画:袁星

第五章　如何将时尚流行趋势落地为适合本品牌的流行元素表？

在培训的过程中，我曾碰到几家企业邀请我讲新一年的时尚流行趋势。每当此时，我都告诉他们，市面上其实已经有很多流行趋势预测报告，从这些专业机构获取专业的趋势报告会比我这个并未参与过一手调研的人讲的趋势报告更加可靠。我一直认为，无论是设计师还是买手需要做的，并非去"预测"任何流行趋势（这个工作也不可能靠个人完成），而是从已有的海量的流行趋势资讯里，"选择"出适合本品牌的流行元素，而"选择"正是本章节的关键词。

第一节　时尚流行趋势基础知识

"时尚流行"的定义

要了解时尚流行趋势，我们需要先了解究竟何为"时尚流行"。虽然无论在学界还是业界对很多专有名词定义大多数时候很难统一，不过对于"时尚流行"大家还是比较认同它需要具备以下 3 个特征：

- 符合当下的时代特征。
- 具有一定规模的受众群。
- 流行具备共性特征。

所有的事物都有生命周期，都会经历"开始""上升""成熟""衰退"等阶段。图 5-1 是时尚业内常用的"潮流生命周期"图，代表了时尚潮流的生命周期的长短。根据流行周期的长短，时尚潮流有三类周期：

FAD：短期流行产品/元素，国内也称之为"潮流款"。这类流行元素流行的周期非常短暂，可能只有几个月或一个季节。一般都是比较先锋式的元素，难以普及性流行。

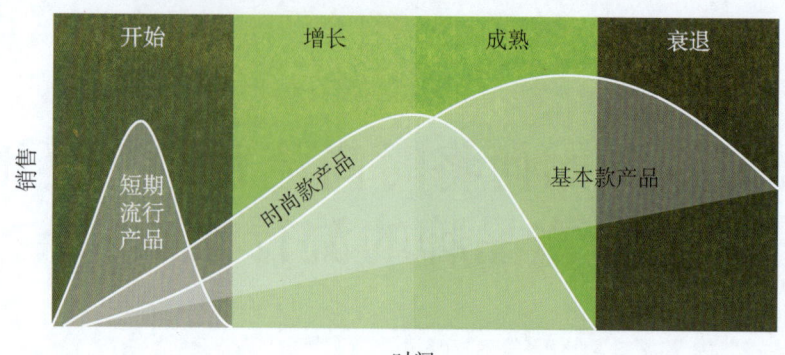

图 5-1　潮流的生命周期

基本款：有些款式/元素十几年甚至几十年都流行，都能销售。比如：基本款 T 恤、牛仔裤、西服、一些经典款式等，这类款的生命周期很长。

介于"FAD"与"基本款"之间的，就是"时尚款"。时尚款是当下比较主流的潮流元素，普及面比较广泛，流行周期比较长，可以在 1 到 10 年。

图 5-2 表示，作为设计师与买手，需要判断现在的潮流元素/款式具体在哪个生命阶段。不同定位的品牌，需要抓住不同时间阶段的流行元素/款式。

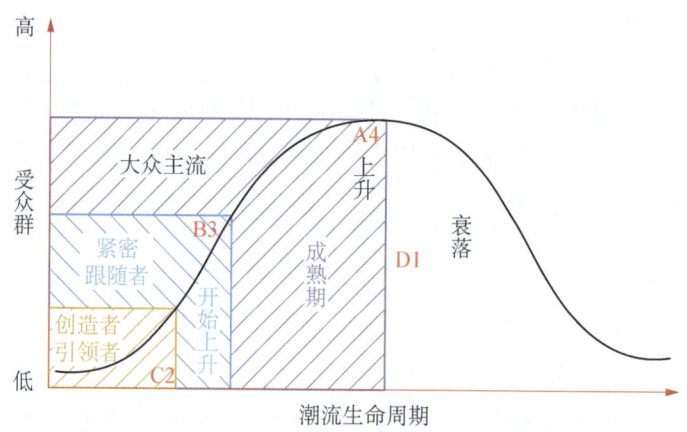

图 5-2　潮流生命周期及对应的目标群体

当潮流元素/款式在"开始/萌芽"阶段时，它更适合潮流的"创造者"或者"领先者"。这类品牌通常走在潮流的前沿，属于"先锋式"品牌。他们所对应的目标消费群体，也是潮流的创造者与引领者。这类品牌消费群体不会太大，属于极小众品牌。

第五章
如何将时尚流行趋势落地为适合本品牌的流行元素表?

当潮流元素/款式在"上升"阶段时,它则更适合潮流的"领先者"。这类品牌大多是设计师品牌,或者奢侈品牌。他们所对应的消费者多为潮流的先知先觉者。

当潮流元素/款式在"上升"到"成熟"阶段时,它就到了为大众所接受的阶段,属于大众品牌应该抓取的潮流元素。他们所对应的消费者多为潮流的"跟随者"。这也正是大众群体的消费特征。

认识到潮流元素在什么阶段非常重要。在现实中,我曾遇到过大众品牌的设计师过早地将一些新出来的潮流元素放入设计中,结果成为滞销品的状况(包括我本人也曾犯过类似错误)。另外,设计师/买手也需要意识到,流行趋势报告推荐的主流潮流元素并不一定是当地市场会接受的主流,或者说,可能当地市场的流行时间就是要比其他市场慢1~2个季节或者更长的时间。因此,无论是设计师还是买手,都不要急于什么元素流行就抓什么!是否适合你所服务的品牌更为重要。后面我们都会以实际案例来解释具体操作方法。

最后,如果某流行元素/款式进入衰退期了,那么从企划的角度而言,就要减少相应款式的开发,减少订量,甚至不再开发/订购相关的产品。

请大家熟记这个概念,因为在后面第六章,我们将再次使用这个概念,并且解释这个潮流周期会怎样影响我们的商品企划。

第二节　时尚流行趋势预测原理、方法及内容

一、影响潮流发展的因素

1. 外部因素

了解影响潮流发展的因素非常重要。当这些因素出现新的情况，或者发生改变，我们就可以预测未来的时尚流行趋势会发生怎样的变化。

首先是 PEST 因素。这是我们在第四章企业预测体系已经介绍过的。这是做外部环境因素分析时最常用的工具框架。对于任何行业来说，关注大环境的变化都是非常重要的。在近 5 年里，比如中美贸易摩擦，英国脱欧，以及诸多社会不安定因素，都有可能影响时尚产业以及时尚流行趋势的发展。这些影响可能是负面的，也可能是正面的。

除了政治，社会因素也会影响时尚潮流趋势，特别是社会文化思潮。比如，前几年流行的"极简风"，即可被视为"极简主义"的影响。而这几年盛行的"中性风"及"女权主义"，都与社会发展息息相关。

事实上，时尚流行趋势的变化原点，往往与社会文化的变迁相关。

举例来说，大家可以回顾下从 20 世纪 90 年代发展到现在中国人的穿着习性的变迁。90 年代，国内的职场（主要指大企业，特别是外企）还是非常讲究"周一到周五穿正装"的习惯。那时的服装市场，男士西服、皮鞋、女士正装、套装、高跟鞋都比较流行。

进入 21 世纪，人们的着装开始偏向休闲。对这个年代有关注的人，会发现很多休闲产品恰恰是在这个时候逐步进入上升期的，比如：美特斯·邦威。差不多在同一时期，"商务休闲"的服装也开始流行，这是一种比正装西服更加休闲的风格，但又不至于像运动装、休闲装那样随意。

到了 2010 年，穿着逐步开始有了"时尚运动化、运动时尚化"的趋势。首先是人们户外运动、休闲的时间多了，这个大大带动了运动产品的增长。而设计上乏味的运动装逐步被淘汰，取而代之的是平时也能穿得很潮流的运动装。在这股运动风的影响下，连原本一向强调"经典""优雅"的高端品牌也开始做运动风格服装。"时尚"与"运动"原本两个风格的服装品类就这样相遇了。

第五章
如何将时尚流行趋势落地为适合本品牌的流行元素表?

而2017年的音乐选秀节目"中国有嘻哈"可以说将"潮牌"这个概念推向了高潮。潮牌恰恰结合了"时尚运动化、运动时尚化"的特点。大家也看到了,2018到2019年间,在中国,潮牌不仅达到一个高潮,而且还带动了中国品牌的发展(中国潮牌)。比如,李宁终于在2018~2019年,借着"潮牌风",成功从"体育品牌"转向"潮牌",并在低迷近10年后开始盈利。

这一从"正装——休闲装——时尚休闲装/时尚运动装"的发展路径,恰恰是整个社会人们生活方式的改变路径,就是从"正式——休闲——运动/休闲/娱乐"的生活方式转变。

所以,关注人们生活习性的改变很重要。比如19世纪末20世纪初欧洲最有名的设计师之一 Paul Poiret(保罗·波烈),在当时扬名的原因之一,就是因为他发现随着百货商场的诞生以及交通工具的发明(火车、汽车、自行车等),外出步行的女性开始增多。而在此之前,她们极少出行,即使出行,也只是坐马车。而外出与步行的增多,就意味着原来庞大的裙撑已经无法再适应这种生活方式了。所以他最先帮助女性脱去了胸衣与裙撑[1]。

中性风让两性区分变小。大家可能注意到了,男生化妆,且穿原来只有女生才会尝试的色彩,都说明男性对自我性别的理解在发生变化。90后男性明显比他们的前辈更愿意在美容、化妆、着装上花时间和精力。

最近10年里,我认为对时尚产业影响最深刻的是科技。虽然科技的发展一直在影响着各行各业,但我以为科技正在颠覆着今天的时尚产业。这个我们在第一章就已经介绍过。这里,我想再说说它将如何影响流行趋势的发展。我这里举以下两个例子。

一个是3D打印技术。3D打印技术现在在鞋业的应用要多过服装,这主要是由服装的产品属性决定的。受服装材料是柔性材料的限制,现在3D打印出来的服装面料手感并不让人感觉满意。

我们可以想象一下,如果有一天3D打印成为普及,那么鞋服产品的供应将非常快速。基本可以做到当下流行什么,就做什么。这也就无所谓是否要预测了。时尚业之所以需要"流行预测",其中原因之一就是鞋服业的产品开发周期(从开始开发产品到产品上市)需要6~18个月,所以提前预知6~18个月后的流行趋势就很重要。

---

[1] 不过也有同时代其他设计师号称首先做到了这点。

其次，我相信未来的流行趋势会更多地依赖 AI 来做。不过这个时间还会挺漫长，也许在 10～20 年以后。当机器对历史数据及历史预测方法有了更多的深度学习，掌握了趋势变化的规律，便能预测流行趋势了。

2. 时代人物

时代人物也会是影响潮流趋势的因素之一，比如历史上曾经出现过的美国前总统肯尼迪夫人杰奎琳女士、戴安娜王妃及麦当娜。今天，影响潮流的人物没有像过去那么聚焦了。确切地说，影响潮流趋势的人物更加多元化了。除了政治人物，比如米歇尔·奥巴马、凯特王妃；也有明星，比如 Lady Gaga；还有大量的网红。他们各自用自己的风格与方式影响着自己粉丝领域的潮流趋势。他们都不是潮流的创造者，但确实实实在在地影响着大众及他们的消费。

3. 艺术、人文

艺术、人文也是买手应当关注的领域，流行趋势预测专家在预测潮流趋势时，其中所做的部分调研来自艺术与文化圈。他们会找一批独立先锋式的艺术家、设计师、文化人（比如画家、作家、独立设计师、独立电影人等），向他们调研了解现在这些小众文化圈子流行些什么。很多我们后期看到的主流流行元素，早期都是在小圈子、小众领域流行的。他们的原点通常是小圈子文化。

4. 产业上游供应链的动向

相对于上述更加宏观的场景，对于买手而言，更加切实地了解流行趋势的方式是关注产业上游供应链在生产与制造什么。服装在产业链的末端，在其之前，纤维、纱线、面料都已经比服装更早地投入市场。因此，买手可以通过参观上述领域的贸易展览，或者工厂来了解服装将会流行什么元素。现实中的问题是，大多数买手都更愿意去看零售终端以及秀场，而非去工厂。虽然这是个可以让人理解的现象（比如，工厂的环境当然没有秀场、店铺高大上），但是这并不有利于买手的工作。

5. 消费者习性

消费者习性也是影响潮流发展的重要因素。当然，消费者习性反过来也会受潮流发展的影响。而买手在企业内部，也就代表着"市场需求"。你是代表"消费者市场"为公司选择合适目标消费者的产品，并且设法把它们卖出去。所以关注消费者动向也很重要。

二、流行趋势预测报告所包含的要素

流行趋势预测报告通常包括以下内容：

第五章
如何将时尚流行趋势落地为适合本品牌的流行元素表？

总体：
　　　　某一流行趋势开始的源头（趋势来自哪里）；
　　　　流行趋势所包含的基本元素；
　　　　流行趋势的发展方向；
　　　　流行趋势流行的速度；
　　　　整体视觉概念。例如：历史感、民族感、时代感、运动感、前卫感。

情绪表达定位：例如浪漫主义。

色彩预测。

纺织面料预测：比如加珠、刺绣、洗水效果、保暖、防湿功能等。

款式及设计细节预测：例如极简主义与加法主义、女性风格或者中性风格、性感风格、奢华风格等。

结构设计比例：例如衣长长度是及至胸部、腰部、胯部还是臀部或者更长？裤长或裙长是到大腿根部、大腿处、膝盖、膝下、小腿肚，还是脚踝或者及地？服装重要比例线还包括腰线位置的变化，如低腰、高腰或者中腰线设计。

款式廓形：款式总体流行的廓形是什么形状？

版型：紧身型、苗条型、合体型、宽松型？

细节设计点：领部、口袋、腰部、袖口、肩部等细节处理。

特别工艺处理：绣珠、绣花、贴布绣、蕾丝镶边、印花等。

就总体而言，流行趋势的预测是一个非常系统的工作，它不是一项可以由个体单独完成的工作。专业的流行趋势需要收集并拥有大量的历史数据（历史数据时间越长，越能为未来的预测提供更多的可依据的数据）。这些数据并非只是数字，还有很多文本与图片。专家会从这些数据中分析并总结影响潮流发展的因素，并预测影响未来潮流变化的主要因素。同时比较历史潮流预测与实际潮流的共同性与差异性，分析导致差异的原因；比较历史消费者穿着预测与实际消费者穿着情况的共同性与差异性，分析导致差异的原因；分析潮流生命周期并按周期图分析潮流目前所处阶段及尚余生命周期；利用专业的预测技术与工具进行流行趋势预测；对流行趋势进行不间断跟踪，对于实际情况与预测数据相差较大的部分要找出原因，并随时更新预测报告。

而买手的工作,绝不是"预测"未来的流行趋势(否则那些专业的"流行趋势预测专家"存在的价值何在呢?),而是"选择"适合自家品牌的"流行趋势"元素。

第五章
如何将时尚流行趋势落地为适合本品牌的流行元素表?

第三节 品牌定位、用户需求及潮流元素之间的关系

一、合适自家品牌的潮流元素＝品牌DNA＋流行趋势＋消费者需求

作为买手,当我们要"选择"适合自家品牌的潮流元素时,究竟什么是"合适"自己品牌的潮流元素呢?

请大家看图5-3。三个圆圈,分别代表着三大要素:"品牌DNA""流行趋势"与"消费者需求"。接下来我们看看它们三个要素分别具体代表什么。

"品牌DNA",也就是自家品牌的基因特征,究竟什么是"品牌基因"?我们举例说明,我们拿前几年比较流行的阔腿裤来做个案例。

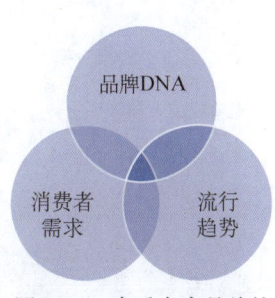

图5-3 合适自家品牌的潮流元素公式

请大家看下图。在阔腿裤流行的时候,几乎每家品牌都在推出阔腿裤。我们来看看各个有自己特点的品牌是怎样做的。即使大家都在做阔腿

ADAM LIPPES

共性:
➢ 裁剪利索、简洁
➢ 中纯度、中等明度的色相
➢ 总体着装风格偏休闲
➢ 目标群体为有权力的女性

图5-4 Adam Lippes的阔腿裤

裤,但是每个品牌做出来的阔腿裤的具体呈现还是不一样的[1]。

从这家品牌的产品图中我们会发现,他们的产品设计上有个比较显著的共性,就是他们的裁剪显得都比较利索,这种裁剪出来的风格比较干练;所采用的色彩为中明度的高纯度色彩(比如这里的土黄色、中红色等)。而整体风格比较偏休闲。

所以它的阔腿裤就是"中纯度、中明度色彩＋超长阔腿裤"。

ALTUZARRA

共性:
- 干练的线条
- 民族风点缀
- 鲜少用艳丽色彩
- 职场高管女性的职场装为主

图 5-5　Altuzarra 的阔腿裤

这款 Altuzarra 的产品,大家可以看得出,同样是给颇有独立意识的职场女性设计的产品。他们的阔腿裤,在廓形上与上款非常相似,裁剪也非常利索,也是超长的。但这款没有色彩,只是黑色细条纹,其整套 Look(上装＋下装)组合在一起,显示了其设计特点。比如,它的上装口袋设计,使用了一块印花面料。在其其他产品上,我们也可以看到类似的设计点。这种设计点加入一些民族风的点缀,也因此,裤子看上去颇有自己的特色。就总体品牌风格而言,其风格比上一组产品更偏职业装。

所以我们可以把 Altuzarra 品牌的阔腿裤描述为一款"有民族风点缀的设计＋超长阔腿裤"。

图 5-6 品牌,大家可以一眼看出来,同样是给职场高知女性设计,同样是裁剪比较

---

[1] 所有产品图片均来自品牌官网。此处图片仅用于对品牌产品特点的分析,并不涉及任何商业目的。对于一些不为大家熟知的品牌,大家可以自行在网络上搜索,根据他们的官网了解更多品牌特性。

ANTONIO BERARDI

共性：
- 利索的线条
- 结构设计
- 高纯度色调
- 职场高知女性

图 5-6 Antonio Berardi 的阔腿裤

利索的风格。但是它依然做出了自己的产品特点，其具体产品特点就是：更高饱和度的色彩。相比于 Adam Lippes 的产品，大家可以看出来，这家品牌的色彩饱和度更高，显得更加华丽。

而其阔腿裤也很有自己的特色。与前几个品牌不同，它主要采取了结构上的变化与设计。大家可以看到其腰部中间有个类似活褶的设计，这个褶一直延长到了裤缝。

所以这家品牌的阔腿裤我们可以描述为"结构设计＋超长阔腿裤"。

CREATURES OF COMFORT

共性：
- 休闲舒适感
- 半宽松版型居多
- 高纯度色调
- 容易穿着

图 5-7 Creatures of Comfort 的阔腿裤

Creatures of Comfort，如其名字，是强调休闲与舒适感的。其产品线也反映了类似的风格。大家可以看到，这家品牌的色彩体系也是高饱和度为主。其阔腿裤，首先长度没有那么长，而是九分长度，这也符合其休闲、方便的特点。因为休闲的服装就是要人穿着舒适与便利，而这种长度就是比较让人舒适与便利的。其次，牛仔布设计、裤口毛须设计都可以体现其休闲风格定位。

所以这个品牌的阔腿裤便可以描述为"九分长度＋毛须＋阔腿裤"。

DIANE VON FURSTENBERG

共性：
- 印花特色
- 兼顾女性的强势与性感

图 5-8　Diane Von Furstenberg 的阔腿裤

Diane Von Furstenberg 是知名品牌。这家品牌的阔腿裤很有品牌特色。如果大家了解这位设计师的发展历史，就知道这个设计师的成名作是一款印花针织面料做的包裹连身裙。也因此，印花针织面料成了其标识性特点。

在这里，我们可以看出，穿 Diane Von Furstenberg 的女性也同样是职业的、独立的，甚至带有一些强势的。其阔腿裤充分体现了这个特点：超长，裤口超宽，外加它的印花特色。

所以它的阔腿裤就是"印花面料＋超长阔腿裤"。

第五章
如何将时尚流行趋势落地为适合本品牌的流行元素表？

通过这个案例，我们可以看出，同样做流行元素，我们依然可以结合各自产品的设计特点进行具体的产品开发。如果用一个公式来描述，就是"品牌基因＋潮流元素（比如阔腿裤）"。

那么，究竟什么是"品牌基因"呢？

对这个概念的定义我想仁者见仁，智者见智。但总的来说，大家可以把"基因"理解为与生俱来的，能区分于其他品牌的特色。

品牌基因可以是以下方面的特色：

产品设计方面的基因特点。比如，擅长印花的品牌可以把某种风格的印花作为自己的品牌基因；擅长裁剪的设计师可以把结构设计作为自己的品牌基因；擅长某种工艺的（比如刺绣）可以将刺绣作为自己的品牌基因。

Karl Lagerfeld（卡尔·拉格菲尔德）作为Chanel（香奈尔）的主创设计师，是一个最值得观察与学习的案例。卡尔作为Chanel的设计师，既保持了Chanel的基因元素，又聪明地将该基因元素与当下潮流结合。这才使得Chanel得以重新焕发生命力。我们以Chanel的粗花呢夹克为例。

最早的粗花呢夹克是这样的（图5-9）：短上装、H廓形（直筒形）、箱形（比例上像箱子方方正正）、粗花呢面料、撞色镶边/包边。

1983年卡尔接手Chanel时，Chanel已经呈"老化"状态。卡尔首先从线条、比例、廓形上对粗花呢夹克进行了改变，这一习惯保持到今天。大家可以仔细研究下其粗花呢夹克系列。比如，它们可能被开发成为一套超长夹克（延长原来的箱形长度），或者也可以被当作连身裙穿着，依然保持了Chanel经典夹克的H廓形以及粗花呢面料，但是具体的廓形比例及搭配方法做了些变化。或者，它们在廓形上会采用当下的流行元素：阔肩、超宽松版型的西服版，同时，增加了翻领设计，但在廓形上依然是直线型，面料上依然是粗花呢。

图5-9 Chanel早期粗花呢夹克

在我看来，卡尔·拉格菲尔德是在保留品牌基因，同时又让这个基因与时俱进方面做得最优秀的设计师。

品牌基因也可以是主题式的。比如 Louis Vuitton(路易·威登),已经有 150 余年历史。无论潮流如何变化,其"旅游"的基因从未改变。

对于许多国内品牌来说,最大的问题是,只知道流行什么,却没有自己的品牌基因。也因此,只有跟风,却没有自己的身份标志。

至于如何挖掘及树立自己的品牌基因,这个并不属于本书需要具体深入探讨的范畴。毕竟买手的工作主要与商品关联,而非做品牌(branding)。品牌基因是创始人与品牌部门更应该思考的问题。但简略来说,我建议品牌创始人能够从个人喜好(比如自己非常喜欢科技,也许可以考虑在服装里融入科技元素;或者自己非常喜欢军事,可以将军事元素作为自己的品牌基因);或者从某种风格(比如"哥特风格");或者从自己的设计特点(比如裁剪、面料设计、色彩)出发发展出自己的品牌基因。

在了解了"品牌基因"与"潮流元素"后,我们还要加入"消费者需求"这个要素。只有同时具备了这三个要素后,生产出来的产品才可能成为畅销款。也就是图 5-3 中最深色部分的地方:这三要素的交集点。

而事实上的现状是,大部分的公司都只是在追什么好卖就做什么(也就是只有"潮流"),大家都去跟风,最后的结果就是靠拼价格取胜。这种模式,虽然也许会产生销售规模,会带来流量,但是毛利空间很小,而且品牌完全没有可持续性的生命力。我们以大众市场定位的优衣库来做案例,因为大众品位非常趋同,其实要做出自己的品牌基因非常不容易,但优衣库在这方面做得非常出彩,所以这个品牌非常值得关注。

虽然从视觉上看优衣库卖的都是基本款,几乎不追求时尚流行元素,其实优衣库有自己非常清晰的的基因,那就是其彩虹般的色彩以及舒适的面料。进过优衣库店铺的人一定会感受到他们丰富的色彩,这些色彩也是跟随流行元素不断变化的。在面料方面,优衣库也会与面料公司共同研发适合自己品牌的面料。与一般公司的面料基本上以市场供应的为主,优衣库会从研发纤维开始,力争将面料舒适度做到极致。这也说明优衣库非常了解大众消费者的需求。其实大家如果环顾下四周,大多数人在款式廓形上对服装的要求都是简洁舒适,因此不太会接受过于复杂的设计。在这个条件下,优衣库就将面料与色彩做到目标受众群需要的最极致的好。

与大众市场普遍跟风形成鲜明对比的则是设计师品牌。这些品牌的基因特点往往非常明显,但是很容易忽略了目标消费市场需求,以至于这些产品只能在极小的圈子里售卖,难以形成规模效应。

也因此,成功的品牌都会在图5-3的三个圈子努力寻找交集点。

二、如何制定出符合三个要素交集点的流行趋势元素表

那么如何才能做出一套同时符合这三要素交集的流行趋势元素表呢。以下是我个人在工作与培训过程中逐步梳理出来的方法,这里分享给大家。

我们以一个案例的形式做出解答。以下案例来自我本人的线上课学员。

学员案例:
这个学员所在的品牌是一家韩国少淑女品牌,时尚休闲风格。主要目标群体是20到30岁之间的学生及青年时尚白领。

首先,我们以列表形式列出时尚产品各个属性的流行要素(此处为了让案例不至于过于繁琐,只列表了部分流行元素,最主要是帮助大家了解方法)。

表5-1 时尚流行要素(部分举例)

款式流行要素	面料流行要素	色彩流行要素	流行的主题
阔肩西服外套	金属光泽感面料	粘土红	运动风
吊带裙	丝绒面料	芥黄色	女性化与休闲风格的混搭
超宽松卫衣	复古格纹	橄榄绿	自然灵感与科技元素结合
飞行夹克	蕾丝	烟雾蓝色	无性别主义
细微设计感的中长半裙	……	粉蜡色	……
有拉链的高领衫		……	
毛边牛仔裤			
精致半高领衫			
……			

其次,用我们将在第七章学习的"产品评分表"方式,来总结前几季产品畅销与滞销的原因。这个就代表了消费者的选择。

我前后教过买手课的学员已近500人,这是我目前碰到的在这个功课中做得最优秀的学员案例。请大家仔细阅读表5-2,并请注意,她所使用的语言都是非常具象的。比如:版型是怎样的;色彩是怎样的……而在现实中,很多买手非常喜欢用"感性"的词

汇来总结为什么某款畅销,或者滞销。

比如,第一章沟通表达力中所谈到的,他们会说,"这款产品会好卖,因为显年轻",或者"裙子看上去很秀气",或者看上去很"高雅"。问题是,具体什么是"显年轻"?什么叫"秀气""高雅"?每个人对这些感性词汇的定义是不一样的。也许你觉得"显年轻",别人觉得"显老气"呢?也许你觉得这是"高雅",别人觉得是"性感"呢?所以最好的方

表5-2 产品的畅销与滞销原因

	畅销款共性	滞销款共性
风格	多为时尚休闲风格。	可爱、优雅、性感等偏女人味风格的款式不好卖,与目标消费群体不符合。
款式	今年大热的吊带衫与吊带裙单品卖得很好。	学院风格的双排扣大衣卖得不好。这款前几年卖得很好。但今年销量很低。可判断该流行元素已经进入衰退期。
	春夏的牛仔前排扣A字裙大热,秋冬更改为麂皮绒面料后,依然卖得很好。	浴袍式大衣销售一般。其款式偏成熟,与本品牌目标群体不符。
	大衣中,简约的双面绒大衣销售更好。	
	以上这些款式,都不挑身材,大众比较好驾驭,流行元素接近成熟高峰期。	
色彩	藏蓝、黑色、军绿等明度低的色彩好卖。	因秋冬季,白色不耐脏,所以卖得不好。而竞品对白色面料的衣服进行免污处理的后处理服务。而本品牌没有。
		中明度色彩卖得不好。在人群太扎眼。
面料	手感舒适,且容易打理的面料好卖。	容易掉毛的兔毛毛衣不好卖。而且会影响其他与其一起陈列的产品。
		拼接羊毛的羽绒服不好卖。一是因为不好洗涤;二是容易起球。
		弹性不好的牛仔裤不好卖。
		光泽感面料的衣服不好卖。太挑肤色。
		雪纺面料衬衫有微透视感,使得款式显得偏女人味。与本品牌目标群体不符合。
版型	大衣版型宽松但上身又能修身的款型好卖。	H版型卖得一般,多因为肩部太紧不便于身体活动。且本品牌为韩国时装品牌,本品牌大部分消费者更喜欢超宽松或者微宽松的版型。
		领口过紧的针织衫不好卖。
设计细节	设计细节少的简约款式比较好卖。	细节画蛇添足的款式卖得不好。例如,牛仔裤品类中,大量运用夸张的拼接、贴图等,很不好卖。
		亮片的细节设计不好卖。亮片容易使得周围面料起球。
		带有流苏的流行元素不好卖。
		彩色条纹的超长袖子服装不好卖。判断为该流行元素还未进入大众消费阶段。

式，是落到产品具体的属性。我们依然以表5-2为案例，这样的表述就具体得多，而且有说服力得多：

"藏蓝色、黑色、军绿等明度低的颜色"。
"有光泽感的面料卖得不好。因为挑肤色"。
"画蛇添足的细节不好卖"。
"雪纺面料微透视感，使得款式偏女人味与性感，不好卖"。

这些对产品属性的具体描述，无论对于设计师还是买手，要比"显年轻""好看"之类自我感受的词清晰得多。

这也正是我一直强调的，买手"沟通表达力"非常重要。

根据上表对畅销款与滞销款的总结，我们可以总结出，这个品牌中什么样的产品好卖：

> 设计要简洁，通常一个设计点即可。
> 不要太多装饰性，不要有荷叶边、流苏之类啰嗦的设计。
> 要少女休闲感，不要过于女人味的设计（比如透明的、光泽感的面料等）。
> 版型不挑身材，容易穿着。
> 低明度色彩，过于艳丽的色彩不好卖。
> 冬季白色要少卖，因为容易脏。

第三步，我们再根据"品牌基因"以及"畅销款""滞销款"共性，删除掉不符合"品牌定位"以及"消费者的选择"的元素。

表5-3 删除不需要的流行元素（蓝色部分代表删除）

款式流行要素	面料流行要素	色彩流行要素	流行的主题
阔肩西服外套	金属光泽感面料	粘土红	运动风
吊带裙	丝绒面料	芥黄色	女性化与休闲风格的混搭
超宽松卫衣	复古格纹	橄榄绿	自然灵感与科技元素结合
飞行夹克	蕾丝	烟雾蓝色	无性别主义
细微设计感的中长半裙	……	粉蜡色	……
有拉链的高领衫		……	
毛边牛仔裤			
精致半高领衫			
……			

蓝色部分就是我们要删除的元素——虽然它们也都是流行元素。
半裙更适合中青年女性,而非学生与初级白领,因此删除。
丝绒面料、蕾丝都是非常女性化的面料,不符合本品牌消费者需求,因此删除。
粘土红与芥黄色色彩饱和度过高,不适合本人群。
保留主题风格中的"运动风"与"无性别风"。

由此可以看出,不是什么流行,就要做什么。剩下的元素,则可以再根据企业的商品企划,具体再选择相关要素。通常情况下,产品线越宽,需要涉及的流行元素可能越多。

以下表5-4是给大家参考筛选适合自家品牌流行要素的工具表。

表5-4 选择适合自家品牌的流行元素工具表

		主题	款式	面料	色彩	工艺	细节
流行要素							
			畅销因素				
本品牌消费者习性							

第五章

如何将时尚流行趋势落地为适合本品牌的流行元素表？

续表

		主题	款式	面料	色彩	工艺	细节
本品牌消费者习性							
		滞销因素					
选择结果							

重点总结

一、在本书中,"时尚流行"被定义为拥有以下三点共性的现象:潮流符合当下的时代特征;具有一定规模的受众群;且具备共性特征。

二、影响潮流发展的因素主要包括 PEST 外部因素,时代人物、艺术人文潮流的影响,产业供应链以及消费者习性。

三、流行趋势预测报告主要包括的要素。

- 总体方向:
    - √ 某一流行趋势开始的源头(趋势来自哪里)。
    - √ 流行趋势所包含的基本元素。
    - √ 流行趋势的发展方向。
    - √ 流行趋势流行的速度。
    - √ 整体视觉概念。例如:历史感、民族感、时代感、运动感、前卫感。
- 情绪表达定位:例如,浪漫主义。
- 色彩预测。
- 纺织面料预测:比如加珠、刺绣、洗水效果、保暖、防湿功能等。
- 款式及设计细节预测:例如极简主义与加法主义、女性风格或者中性风格、性感风格、奢华风格等。
- 结构设计比例:例如衣长长度是及至胸部,腰部,胯部还是臀部或者更长?裤长或裙长是到大腿根部,大腿处,膝盖,膝下,小腿肚,还是脚踝或者及地?服装重要比例线还包括腰线位置的变化,如低腰、高腰或者中腰线设计。
- 款式廓形:款式总体流行的廓形是什么形状?
- 版型:紧身型、苗条型、合体型、宽松型?
- 细节设计点:领部、口袋、腰部、袖口、肩部等细节处理。
- 特别工艺处理:绣珠、绣花、贴布绣、蕾丝镶边、印花等。

四、品牌定位、用户需求及潮流元素之间的关系即为:品牌 DNA + 流行趋势 + 消费者需求,也就是三者之间的交集点。

第五章
如何将时尚流行趋势落地为适合本品牌的流行元素表?

案例:名创优品的商业模式探索

案例素材提供者:匿名。本案例文字由冷芸助手陈畅整理。

名创优品(Miniso)是中日联合打造的时尚休闲百货连锁品牌,创立于2013年。截至2019年,名创优品已经在美国、英国、加拿大、韩国等约80个国家和地区设立了超3 000家门店,全球员工超3万人,营业收入近170亿元。其产品以时尚休闲生活百货为主,囊括日用百货、创意家居、健康美容、时尚配饰、文体礼品、季节性产品、精品包饰、数码电器、休闲食品等九大类,共有超过10 000种产品,几乎涵盖生活所需的方方面面。名创优品的产品价格大部分在10元到29元之间,主要客户群为18~35岁女性。它凭借薄利多销、优质低价、全球布局的经营理念在诸多零售品牌中脱颖而出,实现了百亿营业收入的目标。

一、用7P营销理论思维来看名创优品

7P营销理论在传统4P营销理论的基础上加入了三个"服务性的P",即增加了人(People)、过程(Process)和有形展示(Physical Evidence)。的确,服务已经成为营销过程中非常重要的因素。从7P营销理论中的多个思考维度来看名创优品,我们可以看到:

1. 产品

名创优品有着让人印象深刻的自主产品品类:IP产品、电子配件、玩偶、玩具、日用快销、彩妆、饰品、生活用品、零食、矿泉水、餐具等等。这些都是我们日常生活常用产品。

2. 价格

名创优品采取了"渗透定价(Penetration Price)"策略。这是一种在产品进入市场初期时将价格定在较低水平,尽可能吸引最多的消费者的定价策略。价格的高低与产品周期息息相关。它以一个较低的产品价格打入市场,目的是在短期内加速市场成长,以牺牲毛利来获得较高的销售量及市场占有率,进而产生显著的成本经济效益,使成本和价格得以不断降低。"渗透价格"并不意味着绝对的便宜,而是相对于价值来讲比较低。名创优品与超市相比,其价格约为超市的1/3甚至1/5,超低价产品超过30%比例。其能够做到低价策略的原因总体可以总结为:大额买断——海量采购——通过海量规模倒逼上游成本。

3. 渠道

名创优品精选供应商，由供应商直供货品，减少中间渠道。名创优品的极致供应链渠道主要体现在：

1）优选头部工厂，这些工厂都是各品类里一线品牌的供应商。
2）淘汰 C 类供应商，缩减数量。
3）参股核心供应商。
4）优化商品结构，升级产品。

4. 有形展示

名创通过让店面风格统一化、风格化，呈现出系列感、简约风、时尚感。风格高度统一为极度简约、极度标准化、极度系列化。同时做到每家店面相对稳定地达到内部装修好、货架质量好、购物环境好的标准。

5. 服务

名创宣导"不给顾客压力"的购物环境。而是从侧面提供能够给予顾客舒适感的购物体验，同时又通过以下几点积极有效地促进销售成交量：

1）会有店员在门口进行新品推荐。
2）顾客不多时段，播报的音量比高峰时段上调 5～8 分贝，维持店铺红火热闹的感觉。
3）电视广告主推新品，品牌广告。
4）主动递购物篮，鼓励消费者购买更多，提高客单价、提袋率。
5）货品摆放考究。入口通常是销售最好的彩妆，并有固定店员值守提供免费化妆服务，并在收银台设置食品区。

二、名创优品的"SWOT"分析

1. Strength 优势

其幕后老板叶国富，是品牌"哎呀呀"的创始人，有着多年的经营零售业经验，因此拥有丰富货源。零售业的品牌新贵不少，比如 NOME、三福等等，但日系同类型连锁品牌不多，因此其有先入优势。名创优品系融合了日本大创、优衣库和无印良品的特点，优质低价，有一定基础。名创优品有"三高三低"策略：即高品质、高效率、高科技；低成本、低毛利、低价格。因此产品品类齐全、更新快、选址好、市场大、性价比高。产品精选优质供应商，保证了产品的质量，也保证了产品的低成本、低毛利、低价格，这就是名创优品的优势所在。

2. Weakness 劣势

产品品类多是一把双刃剑。虽然覆盖面广,但也造成产品品控难度更大,产品质量不稳定。且产品覆盖面广的同时也很难有设计上的突破。

3. Opportunities 机会

名创优品已经遍布79个国家,开拓了1 100家海外门店。再结合当下信息网络技术发展,名创优品的机会无疑在于广阔的国际市场。

4. Threats 威胁

对于名创优品而言,其威胁主要在于品牌模式的可复制性。其经营模式、产品品类和营销手段都很容易被其他竞争品牌同质化。同时互联网技术的发展既可以促进名创优品建立线上商城,也对名创优品造成了威胁。相比线下店,线上店无疑经营成本更低,换而言之名创优品的低价优势也许将受到动摇。

但机会永远与风险并存,名创优品相比其他品牌,在市场范围上先行了一步,这无疑是其最大的优势和机会。

分析名创优品的产品数据,我们不难发现名创优品之所以能够快速吸引相对稳定的消费群体,离不开以下三点:

a) 产品品类覆盖较全,门店所在位置比较便利。
b) 名创优品所销售的产品都是小型消耗品。
c) 满足日常需要,且用完可以扔掉也不心疼的产品。产品成本低,针对大众旅游、出行等高频率活动提供了便利。

同时,名创优品很会通过借鉴模式并做出"中国特色"。现在只要铺的店够多、够大,就充满机会。他们的商品数据化改革是必须的。在铺货方面,总部管控货品更新与质量的同时,如果各店店长掌握一定权利,能根据数据反馈就自己店铺所在区域任选所需货品,且店铺有KPI标准,相信单店销量也许会更好。

现在在北欧、北美,各类线下概念店开得火热,名创优品作为"国产"的生活方式店虽然一直伴随着争议成长,但其能在短时间内扩张到全球3 000家门店也的确有其独到之处。我们通过分析其成功经验,指导自己工作、找准定位、转变经营理念、迎合时代需求,同时也通过了解其所面对的机会和威胁来不断反思,从而对于打造属于自己的"品牌"产生更好、更全面的思考。

练习

1. 请记录下公司内部的产品评审会各位同事之间讨论的对话。然后评估每个同事在评估产品时,是否尽量遵守了"客观"原则,采用了尽量与产品属性相关的词汇?还是大家都只是在描述自己个人的主观感受?若大家都在表达个人主观感受,那么如何能够引导大家尽量客观地去评估产品线?

2. 请参照表5-4,为本企业的品牌筛选出适合新一季的流行元素表。

买手的职责是从海量的流行元素里选出适合自家品牌与消费者的元素

插画:袁星

第六章 商品企划

第一节 商品企划的定义以及执行过程中的常见问题

谈到"商品企划"的定义,与"买手""商品部"的定义一样,描述是五花八门的。在各家企业岗位定义多少都会有些不同,"商品企划"可能是最容易引起歧义的一类岗位。

首先,我想根据本书的定义,先区分下"商品企划"与"设计企划"岗位。在本书的定义中,这是两个不同的岗位。商品企划更多属于商品的"数字"企划,属于买手或者商品部工作范畴;设计企划则属于产品的"视觉"企划,属于设计部的工作范畴。当然,如果有的企业将"数字"与"视觉"企划合二为一都归为"商品企划",我认为也完全可以。只要企业内部对岗位定义有统一的认知即可。

一、商品企划的定义

本书定义中的"商品企划"包含以下工作内容。

- 企业战略经营指标与商品定位。
- OTB——库存——促销规划。
- 上市波段企划。
- 潮流周期企划。
- 品类企划。
- 价格企划。
- 其他企划(面料企划、色彩企划等)。
- 核心产品/爆款的企划。

因为本书主要针对买手而非设计师,故本章节的"商品企划"将仅针对数字企划部分。

那么，为什么品牌需要建有商品企划？商品企划是个有系统、有计划地推出新品计划的工作。这个系统可以帮助品牌达到以下目标：设立清晰的商品目标、执行策略与方案；更为重要的是——帮助企业达到各项经营指标之间的相对平衡！

认识到上述第二点价值的重要性对企业极为重要。我看到不少国内企业（包括上市公司）都是一味地、过度地追求业绩目标，从而忽略了对毛利及库存的管控，最终导致灾难性的库存问题。有兴趣的读者不妨去看看国内上市鞋服企业的财报。至少到2019年为止，我所看到的大多数国内鞋服企业库存存销比都在 6~9 个月之间。也就是说，即使不再生产新品，这些库存也足以支撑 6~9 个月的销售。而正常情况下，这个数值应该在 3~4 个月之间。在我看来，这正是缺乏良好预算体系及商品企划所导致的问题。换句话说，企业的不健康库存与毛利问题本可以通过有效的计划来缓和的。

做过买手的人应该知道，销售、成本、毛利、库存这四个与商品最相关的经营指标之间的关系是此消彼长的。当企业需要提升销售规模时，必须预备充分的库存做支持。同时为了更快地增长业绩，促销打折成了不二之选。但折扣打得越多，意味着毛利越低，同时又意味着需要更多的存货来冲业绩。比如，原本 100 元采购的货品，假设初始吊牌价是 500 元。那么为了冲业绩，正常情况下，也许打 7 折销售，也就是实际售价是 350 元。但是为了更快地冲业绩，公司决定做 5 折销售，那么实际售价是 250 元。比原计划折扣少了 100 元，这 100 元就需要用更多的存货去补了。所以，很多企业的业绩虽然看似冲得很高，但是为此付出了巨大的代价（低毛利、高库存）。而良好的商品企划，可以帮助我们在这几个指标之间找到一个相对平衡，也就是更健康的关系。

另外，企业在商品企划方面另一个经常遭遇的问题不是没有企划或者不知道如何做企划，而是企划做好了却无法落地执行，以至于最终企划只是纸上谈兵，而企划部的同事则觉得自己的工作毫无价值感。导致这个结果的原因通常有以下几个因素：

1）商品企划在执行时涉及与其他相关部门的协调（比如营销/推广、产品开发/设计、商品部/买手、供应链/生产部等）。因此，在企划阶段就应该与相关部门进行沟通协商，而不是到了需要其他部门支持时再临时告知。

2）在管理上，未做到各部门责、权、利对等的问题。比如，通过与一些企业沟通，我发现经常出现的情况是：A 部门做企划，B 部门做执行（比如设计部、买手/采购等），如果结果不好，A 部门并不需要对结果负责；相反，B 部门则需要对结果负责。这就是典型的责、权、利错位的问题，如果这样，A 部门企划做好与做不好，对于相应的岗位职责又有什么差异呢？反正他们也不必为结果负责；而负责执行的 B 部门，当按照计划做的执行并未产生预计结果时，究竟应该归为计划的问题？还是执行的问题？

正确的方法应该是至少企划部门——即使不做最后的执行,也必须为执行结果负责,至少承担部分责任!

3) 计划之后没有跟进是导致计划无法落地的另一个常见问题。现实中,因为企划部只是做计划,执行都由其他部门担当,因此企划部常常对后期的执行并未有良好的跟进。这个未跟进,一方面可能是因为企划部未被要求跟进,或者未被授予权限进行跟进;另一方面,可能其他部门因为某些原因(比如,办公室政治的原因)也不想被跟进等。但这些因素都会造成计划与执行之间的脱节。

4) 计划执行之后没有评估也会导致计划落地呈现问题。在每个季节或者某一阶段结束后,企划部应该与相关执行部门坐下来回顾上一阶段企划执行的结果,并且了解以下问题:

a. 企划的执行结果是什么样的?与原企划的内容有哪些差异?
b. 是什么造成了这些差异?
c. 如何避免这些差异再次出现?

5) 最后就是企划部人员自身专业问题了。我个人认为企划岗位人员应该从零售运营、产品开发/设计、买手/采购、货控基层人员培养起来。企划对于商品部而言,属于商品的顶层设计人员。如果这个人员自己都不知道产品是怎么设计、生产及销售出去的,他/她又如何做好这个顶层设计呢?

总之,一个计划如果总是不能落地得到良好的执行,那么,这个计划就是浪费时间与成本。

二、商品企划的战略目标定位

商品企划的战略目标主要指与商品经营相关的关键指标,比如:销售业绩目标、采购成本目标、毛利目标、库存相关(存销比、售罄率)的目标等。

不过,我发现几乎每家企业都有销售业绩目标,但是我看到只有少数大型企业同步还会设定毛利及库存目标,许多中小企业并没有这一理念。因此现实中我们经常会发现,虽然最终企业的销售目标达标了,却是以损害毛利及库存健康为代价的。这种恶果往往会在库存积压到临界点时爆发出来。企业一夜间从销售高点落到低谷,很多情况都是因为库存积压过多导致资金链中断!

那么,我们如何才能既让销售业绩成长,同时又尽量保持比较健康的库存与毛利呢？除了我们前面在第四章里谈到的OTB-促销-库存规划表可以帮助企业达到这一目标之外，这里，我再给大家介绍另外一个工具——"商品战略定位图"。

图6-1主要用来规划商品的毛利结构。我所知道的大多数鞋服企业在定标价倍率时，针对同一个品牌，标的几乎都是一个倍率，比如4、5或者更高。但如果你想在市场上既能与竞争对手竞争价格，又能保持自己一定的毛利目标，我相信图6-1的定位方法可以帮到你。这个方法就是针对不同定位的商品（即使是同样的品牌），采用不同的加价倍率。只要保证最终平均加价倍数达到公司的毛利目标即可。

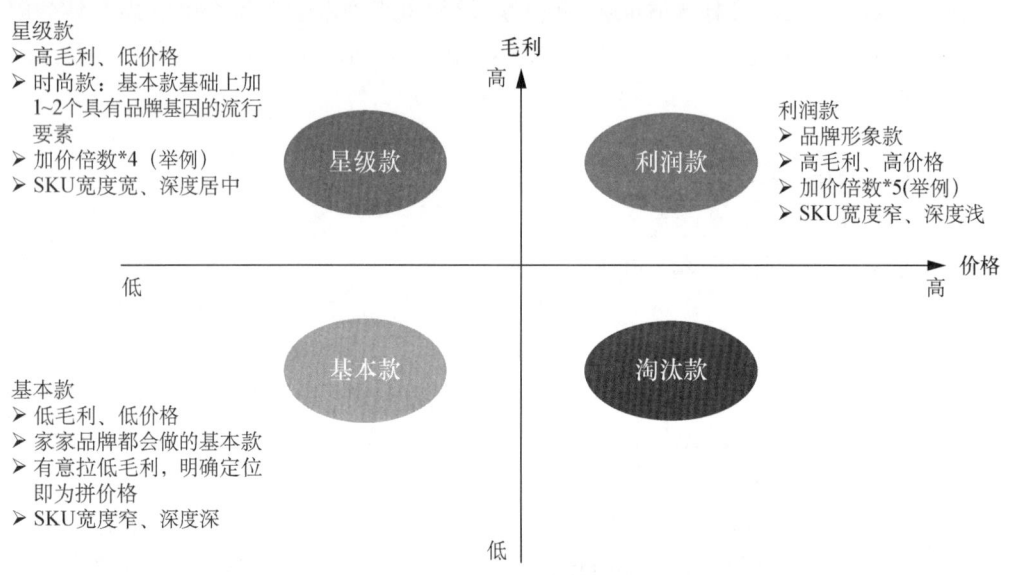

图6-1 商品战略定位图

在图6-1中，横轴代表"价格"。自左至右，越往右，价格越贵。纵轴代表"毛利"。自下而上，越往上，毛利越高。这个十字轴将整个空间划分为四个象限。

左上角，代表着"星级款"，属于"低价格、高毛利"的产品。那么什么样的产品可以归到这个类别呢？以我个人的经验，通常在"基本款"的基础上，加1到2个具有品牌基因的流行要素（比如印花、图案、Logo，或者某种特别的裁剪方式、特别的面料等）即可归为这类产品。假如企业的平均目标加价倍率是5，那么这类商品可以定位在倍率4~4.5。这类产品的特点就是有一定的价格竞争力，有一定的设计特点，但依然符合大众口味，毛利相对于同品牌的其他产品线保持中间水平。这类商品通常属于比较主流的"时尚"，但绝对不是"前沿"的潮流。这类产品线在SKU宽度方面属于最宽，而订货深度介于"基本款"与"利润款"之间。

左下角是"低价格、低毛利"的产品，这类产品通常就是我们说的"基本款"。基本款属于常年销售款。无论流行怎么变,都是每家品牌常年要做的产品,比如基本款T恤、西服、衬衫等等。如果去掉商标,这些商品看上去大同小异。因此,品牌可以将这部分产品定位于与其他竞品拼价格,可以将毛利有意拉低,比如4或者3.5(假如平均加价倍率是5)。这样的话,虽然这部分产品是最容易同质化的,但是可以通过低毛利策略去拼价格,并且以跑量做规模为目的。这种商品,SKU宽度不用太宽(因为都是基本款,款式变化不大),但可以在订量上加大深度。

图6-1的右上角属于"利润款",它通常对应的是我们常说的"形象款"。就是比较代表品牌产品设计特点的款式。这部分商品不需要跑量,主要为了体现品牌DNA的特点,让自己的商品在市场上有一定的辨识度。这组商品可以做高加价倍率,假如平均加价倍率是5,这组可以做到5.5~6倍之间,以保持"高价格、高毛利"的定位。这种商品,通常SKU宽度不用太宽,订量深度也不用太深。

而最需要被淘汰的,则是那些"高价格、低毛利"的产品。这些商品也许看上去很好看,但因为设计复杂、成本过高,价格昂贵导致毛利率偏低。企业的部分滞销款也可能是这样的产品。

虽然上述举例说明的是同一品牌,但这张图同样适用多品牌产品线的规划,比如做多品牌的买手店,就可以用这个定位图来区分不同品牌在买手店的角色定位。

第二节 新零售下的商品上市波段与产品线宽度规划

制定战略目标之后,我们就可以开始商品企划的主要部分规划——即"上市波段与产品线宽度"的规划。

一、SKU总量规划

首先,我们需要知道在某一个特定的季节,我们总共需要规划多少个SKU[1]。针对这个问题有一个比较简单、直接的计算方法。因为我们此时已经有了OTB预算,知道这个季节的采购预算。按照该季节的平均单件采购价,比如,春夏季单件采购价是80元/件,用总OTB采购预算除以当季平均单件采购价,我们就可以获得预计总采购件数。再用总采购件数除以计划平均每SKU采购深度,最后得出总SKU量。

当季平均单件采购价是比较容易计算的。首先对于大多数品牌来说,这是个稳定的数值。其次,因为有毛利及标价倍数目标,这个数值也很容易由吊牌价或者销售额推算出来。

至于"平均SKU采购深度",我们又该如何去计算呢?计算新一季的平均SKU采购深度时,需要考虑以下几个因素:

1) 历史相关季节的平均SKU采购深度与实际平均SKU销售深度之间的差异百分比是多少?导致此差异的原因是什么?有哪些原因是可以避免或者修正的(可能有些不可避免的因素,比如工厂对最低订量的要求)?

2) 按采购件数计算(将OTB采购金额除以平均单件采购价得出件数),新的OTB采购预算环比上季OTB预算增加百分比是多少?

3) 综合考量历史平均SKU采购深度与实际平均SKU销售深度之间的差异,以及新OTB总件数的增长百分比,再推算出新一季的合理的平均SKU采购深度。

4) 除了上述因素外,买手还要考虑到一些客观的条件限制。比如,加工厂有最低订量要求。假如企业的实际平均每款SKU销量只能达到50件,但工厂对于每款最低

---

[1] SKU在本书中的定义相当于SKC,单款单色为一个SKU。

订量的要求是 100 件,此时就只能忽略实际销量,按最低订量考量采购深度。

如果企业希望商品企划规划出更可靠的 SKU 总量,可以按上述方式以品类分别推算。服装按不同品类的采购单价差异比较大,在这种情况下,可以按第四章所述,先将总 OTB 预算分配给各品类,再根据各品类的平均销售成本推算出各品类需要的 SKU,最后汇总出 SKU 总量。

另外,线上企业的 SKU 总量规划方法相比线下还有些特殊性。线上有一条大家墨守的规定,就是卖家必须不断上新款,才可以不断获得平台流量的支持。这种上新规则导致许多线上卖家的商品平均 SKU 销售深度相对比较浅。虽然经常听到线上店铺出爆款,有的款式可以卖到几万甚至十几万件,但大部分爆款本身并不赚钱,而且爆款所占的 SKU 量是很少的。那么,剩下的 SKU 销量又如何呢?据我所了解的数据,除了极少数爆款,很多线上店铺的 SKU 销量只有几十到一两百件而已。但众所周知,无论一款产品会销售多少件,其所涉及的开发成本总是存在的。因此,我建议每家企业都应该计算下自家每款产品的开发成本。其计算方法很简单,即每年(季)总开发成本除以当年(季)总共开发的款(SKU)量。

产品开发成本包括:开发人员(设计师、版师、样衣工人、相关管理者等)的工资、产品材料费,还有相应的办公租赁费(比如设计师、板房所占用空间)、购买资讯费(比如潮流资讯)、设备购置费(比如电脑)等等。

假如一家企业开发一款产品的成本是 3 000 元,这款产品如果未来卖了 1 000 件,那么每款产品平均摊销开发成本为 3 元;如果只卖了 100 件,则每款产品平均摊销的开发成本为 30 元。如果用这个方法来评估每款产品的表现,估计许多鞋服公司的大部分 SKU 都面临"亏钱"的局面。这种做法,无论对企业还是社会来说都会成为巨大的负担。相当一部分库存就是因为纯粹追求"不断上新"而导致的。因此,在资源及预算有限的条件下,需要将资源聚集在更能产生价值的款式上,设置一个合理的上新频率,而非不间断地提高上新节奏,才能让鞋服企业及时尚产业有一个长期有序的、健康的成长环境。

二、商品企划上市时间波段表(总表)

表 6-1 是一个通用的上市时间波段表总表。在规划完总 SKU 量后,我们可以再来按时间波段细分每个上市时间点的日期以及所需要的新 SKU 量。

表 6-1 通用上市时间波段表

	上市时间 1	上市时间 2	上市时间 3	……	总计款/SKU 量
节气	秋季开始			换季	
大促			双 11		
款/SKU 量					
快速反应款					
小计 SKU 量					
占总 SKU 量%					
占平均店铺总 SKU 量%					

表格说明

1. "上市时间"是指新品上市的具体日期。比如,X 月 X 日。
2. "节气"指上市时间点与节气、节日、季节的关系。表格中的内容只是举例说明。
3. "大促"是指本季中的几个大促时间点。
4. "款/SKU 量"指相应的每个上市时间点所需要上新的款量与 SKU 量。
5. "快速反应款"指针对市场需求及时补充的款量。线上品牌因为上新节奏快,一般没有这个概念。线下产品因为传统开发周期较长,所以都会设定"快速反应款"。这类款式从开发到上市周期可以做到 4~8 周。
6. "小计 SKU 量"则是汇总每个上市时间点的 SKU 量。
7. "占总 SKU 量%"指该时间点的上新 SKU 量占总计 SKU 量的百分比。
8. "占平均店铺总 SKU 量%"指该上市时间段所上新的 SKU 量,占平均店铺总 SKU 量的百分比。这会帮我们判断,从店铺整体陈列来看,新品究竟占比是多少?

在进一步解释这张表前,需要澄清一个我个人的观点。在我看来,线上与线下因为两者的开发与上新节奏不一样(线上普遍快于线下),兼具线上与线下业务的企业,如果条件允许,可以规划两套商品企划表,分别针对线上与线下。但我并不认为线上与线下的企划逻辑有任何本质区别。因此,我这里并不会区分线上与线下企划方案,但会在它们的不同之处点出它们各自的特点。

规划表 6-1 时,需要考虑到以下因素:

1. 季节、节气及气候因素

表格中的"节气"一栏就代表着这一因素。在规划前,企划人员可先将一年四季的换季时间、重要节气及气候因素填写在表格里。

"换季"对于零售来说是个非常重要的时间点。对于店铺来说,换季具体的体现就是,何时上新季的第一批货品(标志新季开始),以及何时进行大批换新品(新品占到整个店铺的 50%以上)等。

我认为国内现在的换季时间有些脱离国内现实的节气与气候情况。国内品牌原本春季上市是在春节后上第一批货品，或者最早也只是在春节前上一些与春节主题相关的少量新品；7、8月是夏末打折，差不多到8月中下旬开始上秋季第一批货品。但是近10年来，国内市场的品牌上新周期开始模仿西方市场的做法，元旦过后就上第一批春装，然后7月就开始上秋装。西方采用这个时间表，是因为他们的节气/节日正好符合这样的周期，12月圣诞节加元旦结束一个大促销；元旦过后正好可以上第一批春装；6个月后，则正好换秋装。但在国内，虽然现在大家都深受西方文化的影响，但春节依然是中国最重要的节气/日。而且，1月时，中国很多地方还非常寒冷。并且中国的地广与气候的多元性是欧洲许多国家市场所没有的。元旦过后就换春装会导致两个问题：其一，消费者可能还需要冬装，却发现店铺几乎已经没有厚衣服可买。这对于商家来说，就是浪费了潜在的销售机会；其二，因为春装在尚没有消费需求的时候提前上市了，结果等到春节开春后大家真的需要春装时，1月上市的春装已经属于旧品了，不得已就要进入打折阶段了。这样不仅浪费了销售机会，还伤害了商品毛利。

气候也是鞋服业所关注的。"靠天吃饭"依然是鞋服业一个重要的特征。国内现在天气预报局也会出售未来1年的天气预报报告，不过我个人并没有使用过，并不了解其可靠度。但是我想有一份依据总比瞎猜大概率好。

2. 节日、大促日

除了"元旦""春节""五一""国庆节"几个大节日，各大平台与商场都还有自己特定的大促日。比如，"双11""双12""618"等等，或者平台的"周年庆"活动等，这些都是在规划时要考虑的关键时间点。另外，品牌通常也有诸如"周年庆"这样的自己的节日。

规划这个时间点时，企划人员需要考量的是新品上市时间与节日、大促时间之间的时间关系是什么？新品究竟是应该在节日前X周(天)上？节日中上？还是节日后X周(天)上？

以上的问题并没有标准答案，而是要根据品牌的历史销售数据进行具体分析。对于大促来说，分析方法即截取历史大促时间点(比如"双11")，以这一天为时间中间点，分析在这个时间点前X周(比如2周)的每日销量及销售金额，以及该时间点后X周的每日销量及销售金额，找到其中的销售规律，以及上新品对这3个时间点(大促前，大促中，大促后)销量的影响。如果没有历史数据，那么企业也可以做测试。测试在不同时间点上新将如何影响销量。

一般来说，大促后都是一个销售低谷。因此，品牌应该根据具体情况来判断，大促之后几周内上新品更适合。

对于针对某个节日而开发的新品,那么上市时间点则应该贴近节日时间点。

总之,新品上市时间点对于时尚品来说是非常关键的因素。也许一两天的提早或者延误并不会影响销量(特别针对某一节日的除外),但前后误差若有一两周可能就是耽误了商机。

3. 品牌的潮流定位

品牌的潮流定位也会影响SKU产品线的宽度及上市节奏的快慢。总的来说,以卖潮流为主的品牌(比如"快时尚"品牌)因为翻新快,所以产品线宽度宽,上市周期短,上市节奏快;而运动品、休闲品则产品线宽度相对窄、上市频率比快时尚慢。另外,相对而言,男装一般比女装SKU宽度窄、上市频率慢。

4. 销售区域

对于在全国区域销售的品牌来说,在做商品企划时还需要考虑地区间的消费习性及地理气候差异等因素。大部分企业会按照"华东""华北""东北"这样的地理区域来区分市场。对于自我要求更高的企业,他们有时也会将重点城市,比如北京、上海、深圳、成都等城市单独划分出来做专供产品企划。总之,企划越精细,销售目标则越精准。但是更加精细化的企划也会耗费更多的管理成本,所以企业的商品企划究竟要做多细致,完全取决于投入与回报之比。

5. 产品线定位

品牌是男、女、童装线都卖,还是单卖某一大类产品?产品线越丰富,款量需求越大。

6. 价格定位

一般而言,低价产品需要跑量,因此款量要丰富;高端产品主要靠卖单品出利润,因此款量要求不高,但对单款设计与品质要求相对高。

7. 店铺数量及店铺间的差异性

店铺数量越多,通常产品线宽度越宽。另外,店铺与店铺之间的差异性也是一个重要考量因素。这个差异比例控制在多少合理,企业应该有个具体的财务考量。比如,我碰到一些定位快时尚的企业将店铺与店铺之间的产品线差异定位在70%,我以为这是一个值得商榷的指标。虽然高差异性更好地满足了店铺的个性化需求,但如前所述,开发产品是要付出代价的。如果辛苦开发一款SKU后,最后实际总销量很低,虽然满足了个别店铺的差异化需求,但这会导致平均每SKU产生的效益很低。

8. 硬性指标：店铺面积

店铺面积是商品企划需要考虑的硬性指标。不然，可能会导致一些大店看上去空荡荡的，连出样的货品数量都不够。要让一家店铺看上去货品丰满充实，首先要了解本品牌的平均每平方米销售面积的陈列容量及基本陈列原则，再以此推算出满足本公司最大面积店铺所需要的基本陈列容量及平均每家店铺所需要的基本陈列容量。而企划的 SKU 量要时刻能满足这一最基本的需求。

举例来说。假如一家店铺销售面积是 200 平方米，本品牌的陈列原则是春夏装平均每平方米陈列 15 件，则 200 平方米的店铺至少需要有 3 000 件衣服。假如该品牌每款 SKU 陈列 3 个尺寸，则至少需要 3 000/3＝1 000 SKU。假如陈列 5 个尺寸，则至少需要 3 000/5＝600 SKU。那么，企划需要确保店铺能同时拥有至少这些数量规模的 SKU。

9. 销售平台规则

如前所述，有些销售平台会根据店铺上新速度给予流量权重的倾斜：上新越多、越快权重越高，越可以排名到前。所以许多线上店铺即使很多产品销售不好，也不得不不断上新。虽然我并不完全赞同这种规则，但在当下这种情况下，品牌方也许只能遵照平台规则。

总之，制定上市波段的商品企划要根据许多条件与依据，是一个需要灵活应变的工作。

第三节 商品潮流生命周期企划

对于以"潮流"为生命的时尚而言,在有了基本的时间波段的规划之后,需要再制定一份关于"潮流周期"的规划。在前一章,我们已经介绍了"潮流生命周期"的含义,这里我们则讨论"潮流周期"在商品企划中的运用。

从图6-2中我们知道,按潮流周期来分类产品,我们可以将产品分为三大类:基本款、时尚款与潮流款。我们可以将这三个分类与图6-1定位图对应:"基本款"就是定位图中的"基本款";"时尚款"则对应定位图中的"星级款";而"潮流款"可以对应我们说的代表"利润池"的"形象款"。

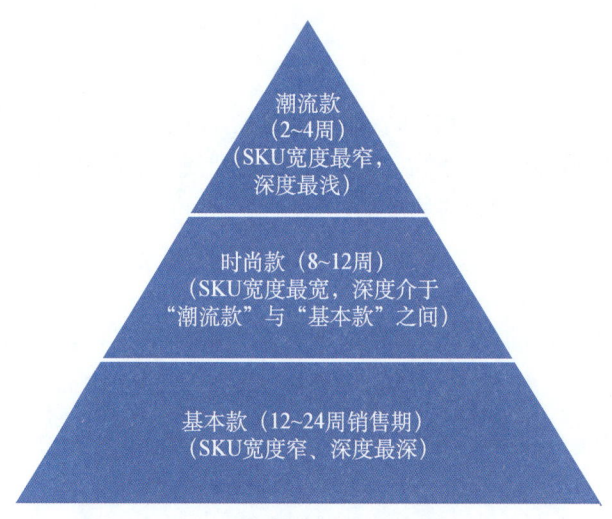

图6-2 按潮流周期来分类产品

从销售周期与SKU宽度及深度(订量)关系来说,基本款因为销售周期比较长,可以高达12~24周,甚至常年销售,因此其深度比较深,订量大。基本款的SKU宽度通常不用多。毕竟这类定位于价格竞争,在产品设计上并无太大竞争力,因此,主要做好订量的规划。不过本身就只销售基本款定位的品牌(比如优衣库)则不一定遵守这类规则。

时尚款带有一些时尚元素,是当下季节大众主流群体比较接受的潮流,不过设计与流行元素不宜太复杂。从SKU宽度来说,在三类产品中,应该是最宽的。在订量方面,可以介于"潮流款"与"基础款"之间。

潮流款属于潮流前沿款,这种更多属于给店铺增添"形象"的。这类款不宜过多,应该是三类产品里 SKU 量最少的。在深度方面,也应该是订量最少的。

以上的分类以及在 SKU 宽度与订量的指标,只是我针对大众品牌给出的通用参考标准。在现实的运用当中,各家品牌公司应该根据自己的定位、业绩规模再进行具体调整。比如,如果品牌定位于潮流前沿,那么,也许我的通用建议就不那么适用了。总之,请大家活学活用。

第四节 商品品类结构性企划

在有了总时间波段的规划后,再将总表6-2按品类与时间波段细化出商品品类结构性企划。

如大家所见,表6-2不仅显示出每个品类所需要开发的款量,还同时细化到每个潮流阶段以及价格,以及不同时间段的SKU分布、OTB预算、平均每SKU采购量及毛利目标。该表的制作依据主要是各品类历史销售占比,企业商品战略规划(比如哪个品类是企业重点品类)等。

表6-2 商品品类结构企划

品类(举例)	潮流周期	吊牌价	上市波段1款/色量	上市波段2款/色量	上市波段3款/色量	上市波段……	总SKU量	采购预算	平均每SKU采购量	平均标价倍数	折让目标	备注
连身裙	基本款											
	时尚款											
	潮流款											
衬衫	基本款											
	时尚款											
	潮流款											
短衫	基本款											
	时尚款											
	潮流款											
开衫	基本款											
	时尚款											
	潮流款											
长裤	基本款											
	时尚款											
	潮流款											
中裤	基本款											
	时尚款											
	潮流款											
短裤	基本款											
	时尚款											
	潮流款											

第六章
商品企划

续表

品类（举例）	潮流周期	吊牌价	上市波段1款/色量	上市波段2款/色量	上市波段3款/色量	上市波段……	总SKU量	采购预算	平均每SKU采购量	平均标价倍数	折让目标	备注
短裙	基本款											
	时尚款											
	潮流款											
汇总	汇总											

表格说明：

1. "品类"，指各个产品品类的名字。
2. "潮流周期"，指各品类按不同潮流周期区分，在每个上市波段应该有几款。这里需要考虑到三个周期各自占比的合理性。
3. "吊牌价"指吊牌定价范围，比如"99～299"。
4. "上市波段款/SKU量"指具体的上市日期，以及在该日期，该品类，该潮流周期款的具体SKU量。
5. "总SKU量"指该品类、该潮流周期款的总计SKU量是多少。这里最后的总量应该与之前规划的品牌总采购SKU量相同。
6. "采购预算"指具体分配给该品类，该潮流周期款的OTB金额是多少？
7. "平均每SKU采购量"，指该品类，该潮流周期款平均每SKU的采购量应是多少？
8. "平均标价倍数"指该品类，该潮流周期款平均标价倍数是多少？
9. "折让目标"指该品类、该潮流周期款平均折让目标是多少？

第五节　其他商品企划

一、面料企划

表6-3　面料企划(按面料细分商品计划)

面料成本	面料成本（元/米）	历史订货款量	历史订货款量占比%	历史销量件数占比%	历史贡献毛利率占比%	新季订货款量	新季订货量预算占比%
棉							
棉混纺							
真丝							
真丝混纺							
麻							
……							

面料企划也是商品企划的一部分。除了关注面料成分，也需同步关注面料的价格。实操中，由于面料开发通常由设计师指示面料采购进行，他们经常为了更好的设计感而忽略了成本控制，从而导致采购在采购面料大货时才发现成本严重超标。最终，要么设计部需要寻找替代面料，或者取消款式。前者往往实际效果并不好，好的面料其工艺性可复制性并不强，后者则耽误了整个流程。两种解决方式都会造成开发人力与成本的浪费。所以，提前在面料企划阶段就开始控制成本，可以避免时间与资源的浪费。

二、色彩企划

设计企划中也会有色彩企划。不过如前所述，商品企划中的色彩企划主要是指根据实际销售占比来规划各个色彩的占比，而非规划运用什么色彩。整个产品系列究竟使用哪些色彩通常由设计部来规划。

这里特别值得注意的细节是，虽然也许实际上黑、白、灰、深蓝色这些基本色彩卖得最好，但是买手不应该仅以销售论英雄（这也是设计师与买手经常争论的焦点问题）。想象一下，进入一家店铺（无论线上还是线下），里面只有黑、白、灰色，那至少从视觉上来看是一间多么令人乏味的店铺啊！所以，恰当占比的有彩色及潮流色依然是必不可少的。

表 6-4 色彩企划（按色彩细分商品计划）

	色彩	历史订货款量	历史订货款量占比%	历史销售件数占比%	历史贡献毛利率占比%	新季订货款量	新季订货量预算占比%
基本色	黑色						
	白色						
	灰色						
	……						
时尚色	……						
潮流色	……						

表格说明

1. 基本色，主要指黑白灰，深蓝色等一年四季都会卖的无彩色或者中性色彩。即使是这些色彩，每年也可能是不一样的黑色（偏红的黑、偏蓝的黑等）、灰色（浅灰、中灰、深灰等）、白色（雪白、乳白等）。因此，在设计师规划好色彩后，最好用潘通色号或者其他色卡来替代这里的文字。
2. 时尚色，主要指当下比较主流的时尚色彩。
3. 潮流色，比较前沿潮流的色彩。

第六节　核心系列的企划

在我自己实操的过程中,我发现"二八原则"在商品企划中一样很受用。所谓的"二八原则"也就是说 80% 的销售主要靠 20% 的 SKU 带来的。虽然商品企划是对整个季节所有商品的全盘计划,但考虑到这个主次原则,我建议企业将最主要的精力与资源放置在最重要的 SKU 上——毕竟,无论是企业还是个人时间及精力都很有限。

我将这 20% 的 SKU 称为"核心系列"。至于"核心"的意思,大家可以自由定义——只要是企业认为重要的产品线即可。它可能是基本款、也可能是星级款,或者当季必须开发的"必备款"。核心款是需要冲业绩的,所以我们需要为他们做单独的企划。如果我们能把带来 80% 销量的 20% 的 SKU 规划并执行落地,那么这个季节的基本业绩就有保障了。另外,我之所以将其称为"系列",是因为服装产品在开发之初都是以"故事系列"的主题开发的,但是在最后上市前因供应链问题,导致同个系列中的产品最终是不同时间到的,以至于在最终的店铺陈列上并没有形成一个完整的故事系列。因此,在规划阶段就以"系列"进行规划与跟进,可以相对减少出现这类问题的几率!

表 6-5　核心款系列规划

产品说明	上市波段 1		上市波段 2	
	(1815, 1630, 1633, 1635)		(1816, 1610, 1806, 1622, 1640)	
SKU 量	3+1		3+2	
SKU 深度(件)	1815	参照历史数据	1610	参照历史数据
	1630	新店铺/用户数据	1806	新店铺/用户数据
	1633	销售周期	1622	销售周期
	1635	分批下单	1640	分批下单

续表

	上市波段1		上市波段2	
销售周期	8~12周		8周	
店铺级别	A-B-C-D		A-B-C-D	
陈列位置	高流量区		高流量区	
供应链	一级跟进		一级跟进	
成本预算	1815	XXX元	1610	XXX元
	1630	XXX元	1806	XXX元
	1633	XXX元	1622	XXX元
	1635	XXX元	1640	XXX元
吊牌价	1815	XXX元	1610	XXX元
	1630	XXX元	1806	XXX元
	1633	XXX元	1622	XXX元
	1635	XXX元	1640	XXX元
	1套总价	XXX元	1套总价	XXX元
平均计划折让%	x%off(折让)		x%off(折让)	
计划折让时间 一套折让%	上市X周售罄率低于x%,开始x%off(折让)		上市X周售罄率低于x%,开始x%off(折让)	
市场推广策略	明星代言?		明星代言?	
	大V合作?		大V合作?	
	搜索付费?		搜索付费?	
市场推广预算	xxx元		xxx元	
ROI(投资回报率)	预计销售收入/(进货成本+市场推广费用)			

表格说明:
1. SKU量:"3+1"是个示范数据,指这个系列包括3款服装产品及1款配饰。
2. SKU深度:数字在这里代表款号。制定SKU深度则依据:
   - 历史同品类类似款的销量。
   - 新增店铺/流量的预计。
   - 销售周期长短(周期越长深度越深)。

➢ 销售模式(比如是否可以预售。可以预售则订货压力小)。
➢ 供应链模式(比如是否可以快速补单。可以快速补单则订量可以灵活掌握)。
3. 销售周期:指预计该系列可以售卖几周?
4. 店铺级别:指这个系列是所有店铺都可以售卖,还是特定级别的店铺才可以售卖?
5. 陈列位置:指这个系列未来会被陈列在店铺什么区域?这个位置拥有什么级别的流量?
6. 供应链:这是不可被忽略的部分!一切产品规划得再好,供应链无法按时供货,会让之前一切的努力都白费!因此,供应链需要重点做一级跟进!所谓的"一级"跟进,就是将订单分配给最值得信任的又有能力操作的工厂,由公司最优秀的跟单及QC来跟货与验货。在规划这部分时,就应该邀请供应链部门一起参与确定可行性方案。
7. 成本预算:很多企业是在样衣出来后再计算成本的。我认为这个时间有些为时太晚。更加值得参照的是建立一个"成本跟踪系统"(一些大型企业都有这个系统)。在款式图出来时,便可以针对成本做一个粗略的估算。比如,面料成本大致多少,耗料大概多少(有经验的排版/裁剪师傅会估算),以及加工费。大多数企业的产品吊牌价及标价倍数是有规律可循的,通过这个可以倒推企业可接受的成本价在什么范围。这样,从款式图推出成本价,再看这个成本价是否在品牌可接受的范围,就不会出现等到做大货才发现成本太高而不得不放弃产品的现象。
8. 吊牌价:预计吊牌售价是多少,以及买一套这个产品系列需要多少钱?
9. 促销规划:预计上市后,根据不同时间阶段的不同售罄率,应该如何规划促销折扣?我所知道的企业大多在促销方面只是做了被动反应:比如,商场有促销了,跟进!企业库存太多了,赶快打折!竞品打折了,赶快拼价!这会让企业不断陷入被动反应的状态。其实,对于一家有一定历史业绩的企业来说,各大销售平台的打折季都是比较有规律的,因此,正如我们在第四章OTB规划中所说,企业可以主动提前规划促销活动。但是规划也是有运用方法的。大家可以看到,这里的规划表考虑到了销售时间、售罄率以及折扣三个要素。这就给了执行一定的灵活度,但同时又有执行标准,不至于让执行团队碰到问题仓促上阵被动出方案。
10. 市场推广:推广会极大影响产品的销量,这点在线上显得尤为明显。因此,是否做推广,具体推广方案需要同步一起规划。当然,这点需要与推广部门联合制定。
11. "ROI"是一个简单的计算"投资回报率"的方式。可以将系列产品的预计销售收入,除以货品的采购成本及市场推广费用之和来计算ROI。

大家也看到了,在规划核心系列时,商品企划一定要邀请相关部门一起参与。比如:供应链/生产部门,陈列部门以及市场部。如前所述,现实中很多商品企划无法落地,其中部分原因就是其他支持部门是到了执行阶段才知道有这些计划,这会影响彼此的沟通效率,也会让其他兄弟部门觉得工作很被动。

最后再次强调一次,商品企划如果没有后期的跟进、回顾与总结,那么这个企划永远只是纸上谈兵。企划的执行主要在产品开发与订货阶段,企划出来了,设计部/产品开发部是否依照执行呢?订货时,是否有将订单汇总后再与商品企划对照进行差异对比?如果差异很大,原因是什么?这些因素如何在下次得到纠正或避免呢?这都是需要具体跟进与解决的问题。

重点总结

一、商品企划的定义

商品企划在本书中被定义为"为商品开发做的数字相关的计划"。商品企划始于一家公司在新的一年(季度)中的战略目标(销售目标、毛利目标、成本控制目标、库存目标等)。所有的计划都服务于这些战略目标。

二、商品企划的执行

商品企划若要得到良好的执行,必须要从计划阶段就开始邀请其他相关执行部门的参与与支持。并且在后期执行阶段跟进进程。在某一时间阶段的工作完成后,回顾、总结商品企划的执行效果,找出计划未得到执行的原因,并在下一计划阶段吸取上一阶段的经验与教训。

三、商品企划上市时间波段表(总表)

商品企划的顶层设计表。该表的设计要考量以下要素:

(1) 季节、节气及气候因素
(2) 节日、大促日
(3) 品牌的潮流定位
(4) 销售区域
(5) 产品线定位
(6) 价格定位
(7) 店铺数量及店铺间的差异性
(8) 硬性指标:店铺面积
(9) 销售平台规则

四、其他商品企划

商品企划其他部分还包括对潮流生命周期的企划、品类企划、面料、色彩等企划。

五、核心系列的企划

在为核心系列做企划时,除了前述内容外,还要考量陈列、供应链、市场推广以及 ROI 投资回报率等方面。

案例:如何制作快时尚商品企划案?

以下案例由马春玲提供资料与图片,文字经冷芸助手陈畅整理。以下文章也曾刊登在《冷芸时尚圈》杂志上。

马春玲:
曾服务于李宁、绫致、马克华菲、卓多姿等品牌。目前是一家有 3 000 多家店铺的快时尚女装品牌的品牌合伙人。

快时尚是近年来国内很火的一种服装行业品牌销售模式。从国外快时尚品牌到国内快时尚行业品牌的逐渐发展,这种模式到底为什么能够吸引消费者?快时尚品牌是如何进行品牌营销运营的?要做好快时尚品牌商品企划案应该从哪些思考维度进行分析?我们如何将这些分析内容运用于实际?在了解这些之前,我们首先要定义下什么是"快时尚"?

什么是"快时尚"?

快时尚近几年在国内发展非常迅速。这个定位看似门槛不高,但体量不小,一个快时尚品牌要做大做强,持久发展也并非易事。总结我们身边的快时尚品牌,无论是H&M、Zara 还是 UR,首要特点便是更新速度快,基本可达到周周上新。对于客户而言,快时尚品牌紧跟时尚潮流、产品风格多样、款式丰富且持续更新(每周上货 1~2 次)、产品适销、价格上也比较平价,因此市场接受度高,顾客能维持较高复购率。

作为经营者,可能更关心快时尚品牌的操作模式。品牌上新快,意味着周转也很快。如此快速的周转是与传统品牌截然不同的,经营者应该如何应对这种速度?首先与常规企业不同的是其年度内周转资金的核算次数。常规企业年度资金周转核算往往是 1~1.5 次,而快时尚品牌则是 12~15 次——你没看错,他们之间有着十倍的差距。快时尚的确实现了"快速""时尚""款多量少""价格低廉"这些只有快时尚才有的特点。供应环节快速反应,从设计到终端,整个时间非常短,这一切都非常考验企业的供应链能力。

快时尚品牌通常以库存安全为先,这是由其商品供应模式决定的。因为更新快、货品配送准,每周滚动的销和进让店铺始终保持安全库存。同时快时尚品牌结合智能化商品决策,货品配送准,专业商品客户服务团队帮助加盟店、直营店做数据分析(按每店每天,专人跟进),各店铺顾客需要什么货,品牌就配什么货。

如何搭建快时尚商品企划案?

我们从上文得知,快时尚模式与常规模式区别甚大。那么当你要做快时尚品牌,在商品企划案的搭建上我们应该如何开始呢?

快时尚品牌相比传统品牌而言,所经历的发展时间并不长,目前快时尚品牌在商品企划案搭建的基本逻辑是:

1. 上市节点把控:波段规划

快时尚品牌的波段规划通常比传统品牌要快,我们是按照节气来划分波段的。这种规划方式有利有弊:利主要在于资金周转快、回笼快,针对快时尚的浅库存也可以有效地减少库存问题;弊端则主要在于消费者会产生对于品牌低价、折扣的依赖心理,频繁换季必然会有一定的折扣来清仓。这种快速换季和频繁打折可能会透支需求、影响品牌形象。但快时尚品牌通常走浅库存、低定价的路线,这种波段规划现阶段还是能够与我们的模式相契合的。

为了确定好上市时间点,除了参考二十四节气之外,还要分析以下数据,来确定究竟何时上市及上市之间的间隔多久才为合理:

- 商品销售周期(产品上市后 30 天, 35 天, 40 天, 60 天的日销售对比),此数据是为了发现商品上市后的销售规律,确定上市后的销售高点与低点在何时,以及这些销售规律与销售时间点之间的关系。
- 企业资金周转天数与上述销售周期之间的关系。
- VIP 复购时间点以及上述销售周期之间的关系。

2. 业绩规划

包括:

- 公司战略规划:新开店与闭店计划、销售增长计划、零售市场趋势等。
- 销售部与商品部同时做销售计划,再比对差异。
- 根据本年公司净利润、毛利率指标反推销售流水指标。
- 按月/周分析销售占比。

3. OTB 规划

➤ 新品占比的确认。
➤ 平均销售折扣的确认。
➤ 目标季末售罄率的确认。
➤ 订单(通过正常订货流程下的订单)与快速返单的占比。

我们企业秉承零库存理念，到了季末必须做到 100% 售罄率，并清零库存。我们的订单占比 70%，返单占比则为 30%。

其他企划案还包括：

4. 商品结构及价格带规划分析

5. 产品设计销售分析

6. 关键竞品表现调研

7. 潮流趋势报告分析

8. 色彩、工艺等规划

制作商品企划前，需要如何分析哪些历史数据？

传统的历史数据解析主要从系列、性别、大类、颜色、价格等维度来进行，我们快时尚品牌从以下角度分析数据：

1. 商品结构分析

包括主题系列结构分析和品类结构分析。

目前针对品类分析，我们使用了波士顿矩阵图工具，从纵深来分析、调整投入产出比。如果投入多，产出也多的一般是我们的问题品类，可以适当下调宽度，让其变成我们的明星产品。在波士顿矩阵图中我们常会提到"明星"产品和"瘦狗"产品。"明星"产品是指出款数不多，但是销量高的产品；而"瘦狗"产品是指出款数多，但产出低的产品，这种类型一般就要放弃。

品类分析—宽度 & 深度调整（案例示范）

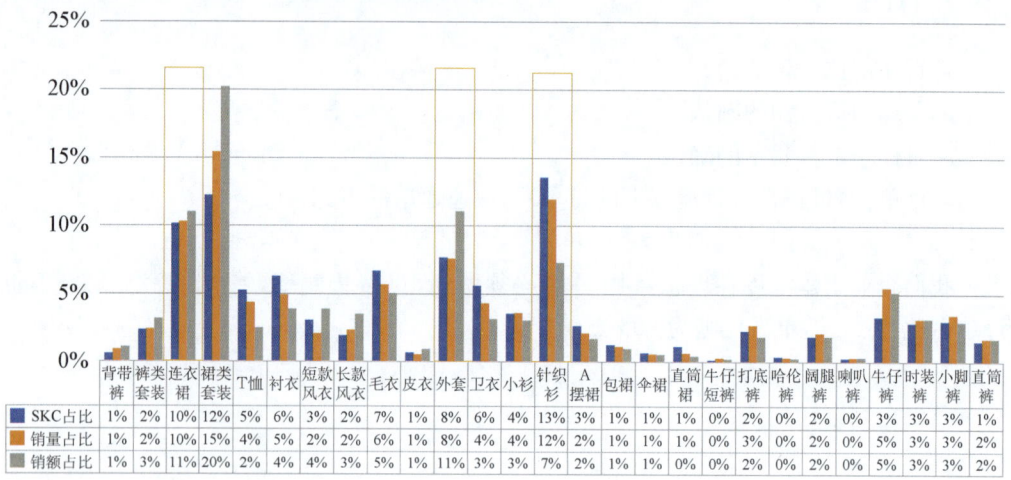

	背带裤	裤类套装	连衣裙	裙类套装	T恤	衬衣	短款风衣	长款风衣	毛衣	皮衣	外套	卫衣	小衫	针织衫	A摆裙	包裙	伞裙	直筒裙	牛仔短裤	打底裤	哈伦裤	阔腿裤	喇叭裤	牛仔裤	时装裤	小脚裤	直筒裤
SKC占比	1%	2%	10%	12%	5%	6%	3%	2%	7%	1%	8%	6%	4%	13%	3%	2%	1%	1%	1%	0%	2%	0%	2%	0%	3%	3%	1%
销量占比	1%	2%	10%	15%	4%	5%	2%	2%	6%	1%	8%	4%	4%	12%	2%	1%	1%	1%	1%	0%	3%	0%	2%	0%	5%	3%	2%
销额占比	1%	3%	11%	20%	2%	4%	4%	3%	5%	1%	11%	3%	3%	7%	2%	1%	1%	1%	0%	0%	3%	0%	2%	0%	5%	3%	2%

品类分析（案例示范）

品类说明	下季度建议（案例）
明星产品： 牛仔裤、小脚裤	① 应继续加大明星产品-牛仔裤、小脚裤的核心价格带产品的开发，使之更有品质感、流行度，提升版型，并加大深度。
瘦狗：小衫	② 瘦狗产品-减少小衫的宽度和深度，侧重性价比高、时尚长青款；款式丰富些，多些流行元素，多些流行色。
现金牛： 背带裤、风衣、皮衣	③ 现金牛产品多开发一些款式，增加SKU数，丰富版型、面料、颜色等元素。
问题产品： 连衣裙、衬衣、毛衣、外套	④ 减少问题产品的SKC数，打造爆款、爆系列，增加深度减少宽度；重点搭配及主推，可打造成我们的明星款产品。

2. 商品价格分析

什么价格段卖得最好？什么价格段卖得最差？为什么？也可以再从各品类细分，

分析每个品类的价格段销售规律。

3. 上市波段分析

不同的上市波段的销售有什么规律可行？

4. 天气分析

不同的天气如何影响销售？

5. 供应商支持度分析

供应链是决定销售成败的关键要素之一。供应商的支持度又如何影响商品的销售？

6. 尺码分析

不同区域/店铺的尺码销售规律是什么？

7. 畅/滞销款分析

畅销款为何会成为畅销？这些产品的共性是什么？同理，滞销款又何以成为滞销？

8. 产品设计方面的销售分析

面料分析。
廓形分析。
色彩分析。
图案/工艺的分析与规划等。

夏季面料销售分析（案例示范）

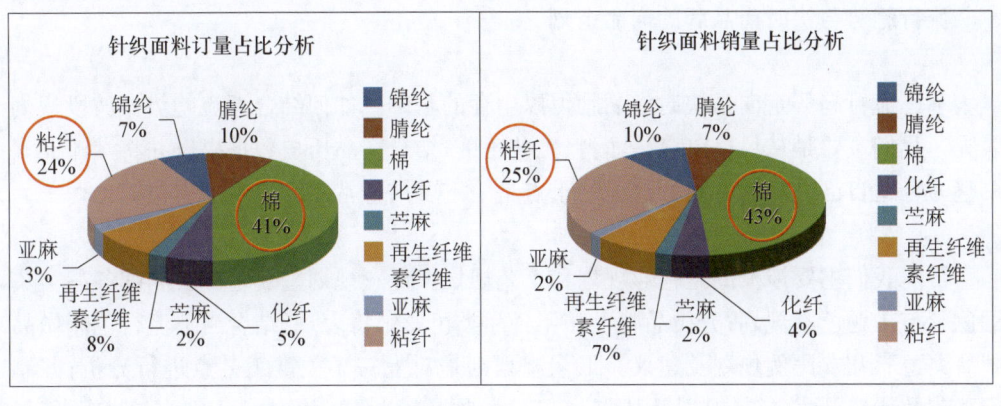

品类	数据呈现	分析	建议
针织	1. 棉 41%订量＜43%的销量 2. 粘纤 24%订量＜25%的销量 3. 腈纶 10%订量＞7%的销量 4. 再生纤维素纤维 8%订量＞7%销量 5. 锦纶 7%订量＜10%的销量 6. 化纤 5%订量＞4%的销量 7. 亚麻 3%订量＞2%的销量 8. 苎麻 2%订量＝2%销量	● 以棉为主 43% ● 粘纤等高品质面料销得不错 ● 低品质面料订得过多	1. 本系列面料以高品质的为主，蕾丝和网布等当季流行时尚面料可以加大发挥。 2. 针织的织法要多样化，不要过于单一。 3. 版型以收身的基本款和时尚款为主。

市场调研

市场调研也是商品企划中重要的一环。在此，市场调研指的主要是关键竞品产品表现调研。在这个维度中我们主要关注竞品产品风格调研，主要维度产品色块、系列及搭配细节调研。在调研中了解关键爆款及主推产品搭配，进行主要维度关键爆款及主推品类抓拍。调研是我们一开始就要做的项目，同时贯穿整个商品企划过程。我们在调研前必须先要知道我们本企业目前的问题点，带着问题去调研。首先是消费者调研，主要靠拍照片并进行图片整理后，对照片进行分析；其次是对本店的了解；再次是对竞品的分析。在这一点上，是与传统品牌不同的，传统品牌对于历史数据更为侧重，但快时尚品牌变化太快，市场调研重要性不可忽视。

快时尚品牌的商业企划中，历史数据和市场调研两者缺一不可，但根据不同的品牌定位会有所侧重。通常来说，市场调研对于(1)新品牌；(2)品牌老化(待转型)；(3)提升业绩；(4)开新店；(5)设计师品牌；(6)推出新品类而言相对更为重要；而历史数据对于(1)内衣品牌；(2)大女装；(3)电子商务这几类更为重要。历史数据分析的主要目的还是看自身产品优势和VIP的消费倾向。

流行趋势与快时尚品牌的商品企划

掌握流行趋势走向是快时尚品牌得以生存的基础。如何结合潮流趋势做波段规划表呢？我们主要是从风格、色彩、面料、工艺角度，结合产品历史数据提取并将潮流元素调整为合适自己品牌的方向。这里的重点是一定要结合本品牌自身的定位。

目前我们主要涉及的是色彩规划和工艺规划。色彩规划主要是分析品牌各品类关键色彩与主题色彩规划；分析品牌上一年各品类色彩销售表现；结合当下流行色彩做品牌品类色彩开发比例规划及建议。工艺规划则是对上一年关键工艺点进行分析；并制定工艺及印花开发方向规划及建议。与设计师品牌相比，快时尚品牌在这方面稍显弱化。

第六章
商品企划

最后，根据这些品类趋势再来进行分解，将它们细化到各个销售区域。传统品牌通常从店铺空间上考虑最大化的 SKU 量的需求，再将 SKU 量细化到性别及各品类等，然后按商品类型分解，包括每个款的功能是什么，是要产生业绩还是做形象等等，以此来控制产品款式之间的比例。或是根据陈列挂杆数、波段、历史数据复盘并确认每根挂杆的品类结构占比、色系比例，同时结合客户的消费变化和流行趋势进行调整。快时尚品牌另外还会考虑到周上新更新率、不同定位的产品的可销售周期及满场次数（满场次数＝陈列 SKU/整季上新 SKU；周上新 SKU＝常态陈列 SKU×周更新率）。

以下是我们如何具体将商品企划分解到各个区域及店铺的示范案例，各表格数据仅为案例示范，非真实数据。

1. 各区域按店铺等级的 SKU 规划

区域	店铺类型	SKU合计	小计	第9周	BTI[1]	基本款	主推款	形象款	第10周	第11周	第12周	第13周	第14周	第15周	第16周	第17周	第18周	第19周	第20周
										第3季【春夏】 春-第3波			第4季【初夏】 夏-第1波				第5季【夏季】-1 夏-第2波			
全国	总计		937	11	5	7	9	3	17	21	34	42	67	62	92	109	89	85	81
	A类	937	937	9	4	7	9	3	17	21	33	42	65	62	75	99	88	76	81
	B类		928	9	5	3	8	2	13	19	34	40	62	50	92	102	86	85	76
	C类		920	5	3	4	7	3	14	17	29	36	67	53	86	109	89	76	75
	D类		922	11	5	3	5	3	11	19	27	37	54	42	84	90	85	67	78
安徽合计	A类	670	633	4		7	6		17	21	32	31	32	42	44	73	55	69	59
	B类		670	5		3	5		13	34	37	44	37	58	102	85	67	73	
	C类		643	3		4	4		11	11	29	23	34	49	60	100	54	76	53
	D类		610						11	13	27	31	42	33	67	84	72	63	59
江西合计	A类	715	681	4		7	4		16	19	21	28	41	39	56	58	65	54	62
	B类		675	3		4	5		10	12	18	25	31	50	67	81	49	54	
	C类		715	3		4	4		11	16	24	39	47	70	61	89	51	50	
	D类		547	4		3	2		9	11	15	20	26	50	34	49	36	44	

---

1 BTI 代表 breath-taking item，意为同品类最低价。

2. 各区域按产品等级的SKU规划（引流款、主推款、搭配点缀款、形象款）

区域	品类	店铺类型	SKU合计	小计	第9周	BTI	基本款	主推款	形象款	第10周	第11周	第12周	第13周	第14周	第15周	第16周	第17周	第18周	第19周	第20周
					第3季【春夏】					第4季【初夏】						第5季【夏季】-1				
					春-第3波					夏-第1波						夏-第2波				
安徽	T恤	A类	465	130	2	5		7	7	4		8	5	14	10	15	15	18	15
安徽	T恤	B类		113							13	4	11		14	20	7	21	11
安徽	T恤	C类		113							7	7	11		15	19	11	20	12
安徽	T恤	D类		109							3	6	8		15	17	15	14	13
安徽	背带裤/连体裤	A类	67	17				1							3		4	1
安徽	背带裤/连体裤	B类		20				1						1	5	2	4	2
安徽	背带裤/连体裤	C类		15										1	5	3	2	1
安徽	背带裤/连体裤	D类		15										1	5	2	1	1
安徽	背心	A类	8	2														
安徽	背心	B类		2														
安徽	背心	C类		2														
安徽	背心	D类		2														

3. 价格带SKU规划

系列	大类	品类	SKC数	零售价布局统计			零售价布局规划									
				最低	中心	最高	99	129	169	199	239	269	299	339	369	399	439	469
	小计																	
服装总盘	内搭	T恤																
服装总盘	内搭	衬衫																
服装总盘	内搭	小衫																
服装总盘	内搭	卫衣																
服装总盘	内搭	毛衫																
服装总盘	外搭	风衣																
服装总盘	外搭	夹克																
服装总盘	外搭	外套																
服装总盘	外搭	马甲																
服装总盘	外搭	毛衫外套																
服装总盘	外搭	皮衣																
服装总盘	套装	上下套																
服装总盘	套装	内外套																

行内人士应该能从中看到快时尚品牌在国内因为其发展历史较短,因此在商品企划逻辑上还不够成熟完善。在进行商品企划时,还需要将"设计开发、产品生产、品牌建设和市场营销"作为整体纳入商品规划。但我相信快时尚模式对于传统品牌模式也同样会有很多启发与可借鉴性。

(注:示范案例显示的并非企业真实数据,而只是示范给读者数据的表现形式)

为什么会有那么多库存？

插画：袁星

第七章　如何选款及打造爆款？

"选款"是每个买手都需要面临的工作。不过大部分新人刚上手时，买货依靠的是自己的感觉甚至个人喜好。另外，可能许多资深买手都经历过"自己觉得好卖的结果没卖好；自己不看好的产品却卖得很好"的尴尬局面。因此作为买手，在选款时需要明白的第一件事是——你是替消费者选款，不是替自己在选款！所以千万不要自己觉得什么好看就买什么。

那么怎么才知道消费者喜欢买什么呢？历史数据与消费者调研当然是获取这方面信息的重要依据。不过，对于时尚类产品来说，仅仅依靠历史数据与消费者调研又是不够的，因为时尚跟着每年流行趋势而变化。虽然如此，我们选款依然可以有些相对稳定的依据与方法。本章节就与大家分享如何选款以及打造爆款。

需要强调的是，这里的选款方法是在第六章的商品企划的基础上发展出来的。大家可以把商品企划理解为一个顶层设计框架，而选款则是在这个顶层设计框架下去决定具体选择什么产品。举例来说，从销售角度而言，我们当然要选我们认为会好卖的款。但是如果我们只考虑销量，不考虑选款策略（见第六章），那么很可能我们最后选的只有黑白灰这种无彩色但不挑人的色彩，以及虽然跑量但不一定能产生高利润的基本款。可是如果我们的店铺里只有基本款及无彩色款，虽然它们可以产生销量，但是消费者可能连店铺门都不愿意进入——因为这些产品看上去实在太乏味了。因此，虽然本篇章的选款逻辑主要是从销售潜力来谈的，但销售潜力不应该成为选款的唯一逻辑。买手还要考虑到"形象款（利润池）"——那些虽然不跑量但可以给你提升品牌形象的产品以及"星级款（时尚款）"。买手选款时还要考虑到销售周期以及潮流周期的区分等等。总之选款是在商品企划的框架下进行的。

第一节　快速选款法

快速选款的基本原则是这样的：买手可以根据自家品牌的销售情况，选出顾客最在意的前3到前5个产品维度，再来根据这5个维度给产品分别快速评分。

比如,这里我选择了 4 个产品维度。

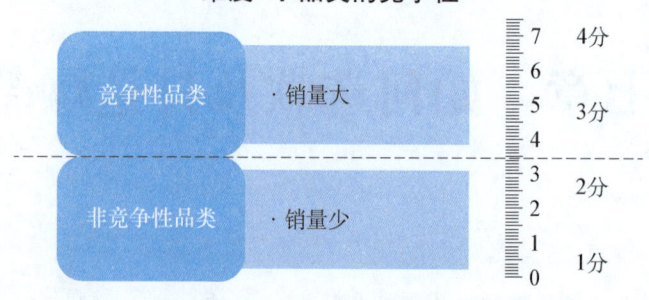

图 7-1　维度 1:品类的竞争性

维度 1 是关于"品类竞争性"。我根据个人的观察与经验发现,大多数品牌都有自己特别擅长的某个品类。比如,有的公司很擅长连衣裙的设计与销售;有的公司的裤子版型特别好,所以比较受消费者欢迎;有的公司西服外套做得很棒等等。大部分品牌都有这种"优势品类"策略。所以,对于品牌公司特别擅长的品类,就可以给相对高分。

维度 2 是关于"产品的时尚度",这个维度对于时尚产品来说是不可忽略的。但这并非说越潮的东西就卖得越好。如同我们在第五章潮流趋势中所讲的那样,其取决于你的品牌定位,不同的潮流阶段在这里所获得的分值是不一样的。

比如,图 7-2 所显示的是大众品牌的分值。对于大众消费群体而言,他们都是"潮流的跟随者"。因此,只有潮流元素处于从"上升到成熟期"这个阶段,购买人群会加多。也因此,只有在这个阶段的产品才值得给 4 分。对于这样一个特定人群而言,潮流太前沿,或者潮流刚兴起品牌就开始跟进,会显得为时过早,很可能销量不佳。

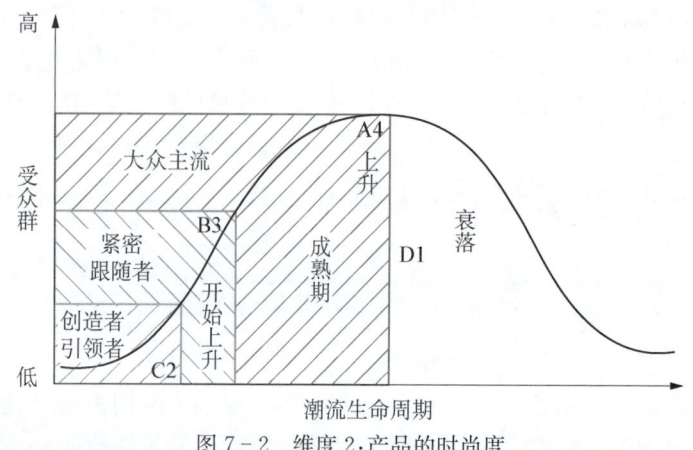

图 7-2　维度 2:产品的时尚度

但是,如果品牌定位的是一群"潮流的先知先觉者",那么这里的蓝色部分——潮流的紧密跟随者的区域,就不应该是3分,而是4分了。

总之,什么阶段的潮流趋势应该获得4分,完全取决于你的消费者属于什么类型。

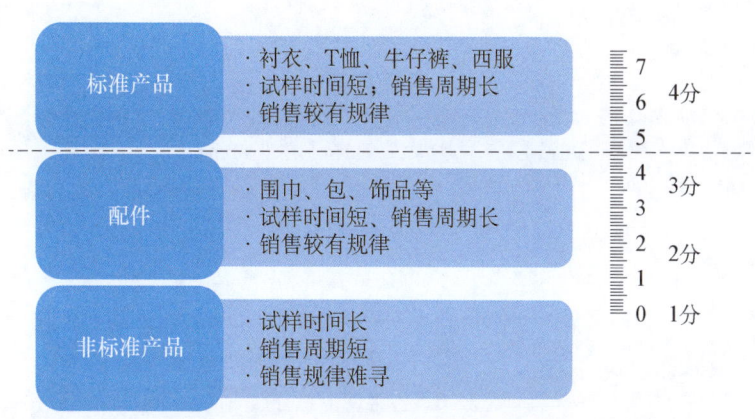

图7-3 维度3:产品的标准度

我所设定的第3个维度是"产品的标准度"。服装类产品总的来说不是标类产品。但相对而言,在总体不标准的服装产品里,有些产品是相对标准的:比如T恤、西服、西服衬衣等等。另外,配饰也是标准类产品。这类产品相对而言,受季节、气候及外部因素影响没有那么大,销售周期比较长,对于顾客来说属于常用款式,消费决策考虑的时间相对比较短。也因此,其销售规律比较容易掌握。所以,标准类产品与配件给分可以相对更高,而款式变化大的时装类衣服则给分相对低。

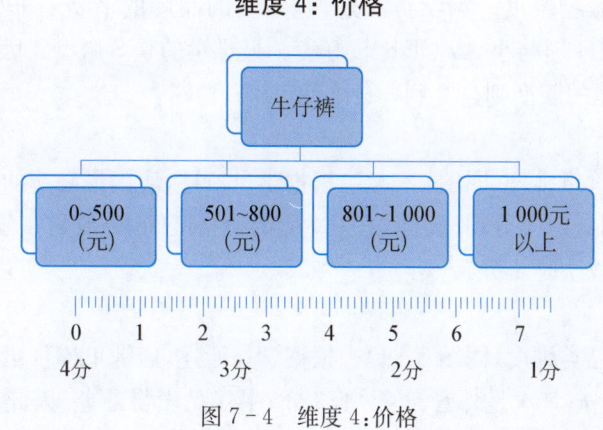

图7-4 维度4:价格

我这里选择最后一个维度,应该也是所有企业都会考虑的"价格"维度(图示中的价格只是举例说明)。价格最好按品类区分,毕竟品类之间的成本差异还是比较大的。另外,是否价格越高,分值就越低呢?我认为不一定!我也碰到过一些公司,他们的产品就是最低价位与最高价位的最好卖,倒是中间价格很难卖。所以,请买手根据企业具体的销售情况确定。

给所有维度评分后,便可以如图7-5所示按维度填入每个SKU的相应分数(图示分数仅为举例说明)。

汇总分数

维度	SKU1	SKU2	SKU3	……
品类竞争度	4	3	2	……
时尚度	4	2	3	……
标准度	4	4	2	……
价格度	4	4	3	……
总分	16	13	10	……

图7-5　各维度汇总分数

这个方法可以灵活运用到不同企业的不同产品。下面我再通过我学员的作业分享来给大家演示如何在现实工作中使用这个快速评分表。

学员案例A:女装时装类淘品牌

维度1,潮流元素维度(同图7-2)。此处不再赘述。

维度2,产品版型维度。据学员所述,她所在的品牌的消费者非常在乎版型。比如,半宽松版型的H形与小A字形比较好卖。最难卖的是S版型。因此,前者定4分,后者定1分。其他的版型则是2到3分之间。

维度3,产品价格维度(同图7-4)。根据学员所述,店铺最好卖的产品价格区间在151~300元间,因此定4分;其次是0~150元的价格区间,分数是3分;301~500元之间是2分;501元以上是1分。

维度4,产品品类维度(同图7-1)。根据学员所述,店铺里连身裙与衬衣品类卖得最好,因此获得4分;其次是外套与T恤,3分;牛仔品卖得最差,因此只有1分。其他品类是2分。

维度5,面料维度。根据学员所述,但凡有视觉肌理效果,手感不易皱,带流行色的面料卖得比较好,可获得 3~4 分;而一般常规的、没有任何特点的面料则销售得不好,因此只有 1~2 分。

学员案例 B：中高端时尚女鞋品牌

案例说明：某中高端时尚女鞋品牌,定位轻奢。零售价格在 1 100~2 500 元之间。

表 7-1 女鞋选款评分标准

维度/分数	4	3	2	1
时尚度	上升成熟期	上升趋势期	初始上升期	衰落期
跟高	0~5.5 厘米	5.5~7.5 厘米	7.5~8.5 厘米	8.5 厘米+
色彩	基本色(深色)	基本色(浅色)	透明及白色	动物格纹
材质	真皮	人造	其他	
总分				

以上案例是一家以高跟鞋为主打的鞋类品牌学员做的评分表。根据学员反馈,店铺的销量主要受"时尚度""跟高""色彩"及"材质"影响。

学员案例 C：女装品牌店裤子品类

表 7-2 女装品牌店裤子品类选款评分标准

维度/分数	4	3	2	1
价格	300~400	0~299	401~500	500 元以上
廓形	哈伦/直筒	阔腿	喇叭	紧身
色彩	无彩色	中性色	品牌色	流行色
时尚度	潮流成熟期	紧随潮流上升期	引领期	衰落期
总分				

这位学员以裤子品类为例,根据自家销售状况,分别按照"价格""廓型""色彩"与"时尚度"为产品打分。

快速选款评分要点：

1) 既然是快速选款法,就不要设定过多维度,否则就无法高效运作了。当然太少了也没有比较的意义。我通常建议评分维度不要少于 3 个,但也不要多于 5 个。

2）每个维度都一定要有评分标准。在教学过程中,我常常发现许多学员只写评估维度,但对各维度的分数缺乏清晰定义。比如"色彩"维度,那么怎样的色彩算 4 分呢？怎样的算 1 分？如果没有如同上述案例对各个维度的分数有一个客观的分数标准,那么这种评分表依然是主观的,也就失去了使用这种评分表的意义。

3）对于特别重要的维度可以通过添加权重占比来加重该维度所代表的。比如,有的学员曾提到自己公司的目标客户群是对价格特别敏感的人群。那么,假如评估维度有 4 个,也许"价格"所占的权重就可以加到 50％,其他 3 个维度则平分 50％ 的权重。这样就可以从顾客角度来客观地评估产品了。

第二节　爆款选款法

那么,我们如何才能高效且尽量客观地评选出有潜力成为爆款的产品呢?延续上述方法,我们可以再延伸一个爆款评分表。通常来说,爆款量不会那么多,因此值得买手花费更多的精力将它们选择出来。通过快速选款法初步选出产品后,买手可以再结合自己的经验与直觉初选出可能有潜力当爆款的SKU,最后再通过下述评分法进行细致评估。

另外,下述表7-3虽然是以服装为例的,但其实无论销售什么产品,只要通过同样的方法解构产品的销售属性即可制定出相应产品的评分表。

表7-3　爆款评分表

款号			优秀					零分
评估项目	维度		5	4	3	2	1	0
品牌								
包装设计								
目标群								
产品外观设计	廓形							
	风格							
	版型							
	面料	成分						
		克重						
		手感						
		肌理						
		护理						
		稳定性						
	色彩							
	色牢度							
	领型							
	袖型							
	袖长							
	衣长							
	设计点							
	可搭配性							
	可穿着场合							
功能	防水							
	保暖							
预估试样时间								

续表

评估项目	维度	5	4	3	2	1	0
性价比							
尺码							
仓储要求							
销售周期							
销售区域							
补货周期							
市场推广支持							
环保性							
其他							

表 7-3 是我根据自己多年的实践经验总结出来的一个评分表。大家可以根据自己品牌的定位与实际情况在这个表的基础上再进行灵活调整。

表格说明：

1）品牌

这个主要针对多品牌买手选货而言的。至于什么样的品牌应该获得高分及低分，应该由买手根据公司战略及与品牌方之间的博弈关系来决定。

2）包装设计

对于服装这样的产品也许包装设计不那么重要。不过对于鞋子，特别是潮鞋或者其他品类包装就比较重要。同理，买手需要细化什么样的包装属于高分及低分。

3）目标群

理论上说，同一个品牌的目标消费群体应该是一致的。不过考虑到现在实际上一些大型品牌正在对目标消费群体进行细分，比如同样是销售给 90 后，可能还会细分为不同生活习性或者不同区域的群体。至于哪种细分群体应该获得高分，依然取决于企业的销售策略及历史销售记录。

4）廓形

服装的常用廓形有 A 形、H 形、X 形、O 形、T 形等等。不同的廓形对人体的要求是不一样的。通常来说，H 形最不挑人；其他廓形则都有相应的体型要求。但是在我们看到具体款式与客人之前，我们很难说什么廓形一定好卖，或者一定不好卖。总之还是要看具体产品及企业的历史销售记录再决定分数高低。

5）版型

这里的版型指服装与人体之间的空间距离。通常有"紧身""合体""半合体""宽松""超宽松"的版型。至于哪种版型在所选品牌里销售最好,也请买手根据实际销售状况评估。

6）面料

虽然"面料"是一个大多数买手都会关注到的细节,但是在实践过程中,我发现大家很容易忽略面料本身还有几个子属性:成分、克重、手感、肌理效果、护理方式及面料的稳定性等。因此这里我还是把这些明细一一列出来。

面料成分:
通常来说天然面料让人感觉更舒适也感觉更健康,但分数设定应该依然以目标群体的习性为准。

面料克重:
这是面料评估时最容易被忽略的细节。我个人经历过因为面料过薄过透,虽然款式很好看,却变成滞销库存的情况。而如果面料克重过重,则会导致穿着者感觉像扛了一件很重的东西,同样很不舒服。很多设计师品牌的大衣与外套都有这个问题。

面料手感:
面料的手感是否让人感觉亲肤也是一个很重要的评估指标。对于消费者而言,这是他们最直观能感受到的方面。

面料肌理效果:
自家的顾客喜欢的是常规面料还是带有一定肌理效果的面料,也是评估的一个方面。

面料护理:
对于工作繁忙的大多数人而言,他们希望衣服从衣橱里拎出来就可以穿,而不需要经过熨烫,或者小心翼翼地维护才可以穿上身。针对这种情况,面料越容易护理,则分数可以越高。

面料的稳定性:
面料的稳定性也是消费者会关注的细节。比如针织的面料稳定性就比较差;而棉易缩水。虽然这些都称不上是面料的品质问题,而是其面料特性所决定的,但是并不是所有的消费者都熟悉面料的特性,他们可能会将此类问题误判为品质问题。

7) 色彩

消费者对色彩的判断更多在于色彩是否适合自己的肤色(比如显白、显亮),以及是否容易搭配其他衣服/鞋子之类的产品。我所做的调研表明大多数国内消费者(主要指一二三线城市)对着装色彩的使用偏保守。所以畅销的色彩往往都是无彩色或者比较中性的色彩,比如黑、白、灰、蓝、驼色、棕色等。

8) 色牢度

一个正规的销售平台通常会要求产品色牢度达到至少国家标准。不过事实上,总有些特定面料的某些上色工艺比较容易掉色。

接下来要关注的就是产品细节部分。虽然是细节部分,但大部分消费者很关注这些细节。

9) 领型

衣服的领型有很多种。一字领、翻领、圆领、V字领……究竟什么样的领型最受自家顾客欢迎呢？这是要根据销售数据进行评估的。通常来说,最受欢迎的还是常规圆领,外套则以翻领为主。不过买手还是要根据零售终端数据进行评估。

10) 袖型

除了常规的袖型,还有泡泡袖、灯笼袖、羊腿袖等特别袖型。有的袖型也会比较挑人,特别是无袖。无袖会露出肩膀上或者腋下的赘肉,偏胖的女性会比较介意这些细节。另外,有些袖型很难再另外搭配外套,所以也要注意。

11) 袖长

怎么样选择到得分最高的袖长要参考本品牌历史销售业绩情况来评估。

12) 衣长

衣长有到胸下、腰部、臀围线的长度,也有盖过臀部的长度,以及到大腿、膝盖、小腿肚、脚踝的长度等等。究竟哪个长度应该评分更高,完全取决于以下几个要素:首先是功能问题(比如冬季保暖;便于行走),其次是流行要素(当下流行什么长度),最后则是对身材的修饰作用(是否能够修身、拔高身高等)。

13) 设计点

"设计点"的意思就是一款产品一眼看上去有没有立刻吸引人的特点？这个特点可能是面料印花,或者某个图案,也有可能是款式中的某个不那么夸张的细节:比如局部撞色，或者某个部位的抽褶、荷叶边等。通常好卖的衣服都会有一个低调的设计细节。大多数情况下，设计点不宜过多。正如我们在第二章关于消费者习性中所写的，大部分消费者并不喜欢过于炫耀与夸张的设计。

14）可搭配性
这是指衣服看上去是不是好搭配？如果有较强的可搭配性（百搭），分数就高。

15）可穿着场合
可穿着场合主要有职场、一般社交场合、重要社交场合、旅游休闲和居家等等。有的衣服通过不同的搭配，可穿着的场合比较多，比如一款衣服可以至少搭配出五六套衣服，那么这类衣服通常销售概率就高。有的服装只适合在某个单一场合穿着，那么销售概率就比较小。

16）功能性
服装的功能性也很重要，特别是在天气不太好的情况下。比如冬天外套一定要有保暖性；夏天外套最好能防晒同时又透气；雨天最好衣服能防水等。

17）预估穿着时间
一件衣服穿起来是否复杂？这也是很多消费者会考量的因素。我曾经买过两款设计师的裙装。结果每次穿它们之前我都要花费几分钟甚至十几分钟去思考究竟该如何穿上它们？

上述所有维度主要是围绕着产品自身要素来设定的。接下来，我们就可以考虑产品之外的因素了。毕竟，除了产品自身设计与质量的好坏，其可销售性还取决于不少外部因素。

18）性价比
我这里没有用"价格"来直接衡量产品的可销售性，原因是我发现越来越多的人更注重的是性价比，而非仅仅是便宜的价格。当然，如果品牌所服务的顾客是价格敏感型的，那么依然可以用"价格"来替代这个维度。

19）尺寸
绝大部分品牌公司的尺寸是有规律的。有的只提供2个尺寸（一般都是设计师品牌），有的则提供5个甚至更多的尺寸（一般是休闲及快时尚品牌）。总体来说，尺寸越多，顾客的选择就越多。不过一旦断码，产品产生库存的可能性也会更大。

20）仓储要求

有的产品对仓储要求比较高。比如白色棉衬衫或者棉T恤，若存储不当面料可能容易发黄，很难再被销售。再比如真丝对仓储要求也比较高。

21）销售周期

一款产品的销售周期主要取决于其一，应季性；其二，产品流行周期（流行周期越久，销售周期越久）；其三，可搭配性（越百搭，销售周期越久）。销售周期越长的销量潜力越大。

22）销售区域

有的产品适合全国各地销售；有的则只适合局部区域销售。销售区域越广的产品则销量潜力越大。

23）供应链补货周期

在当下什么都要"快"的时代，如果供应链能快速补货，对商家会是一件非常给力的支持。当然，大多数情况下，一家公司的供应链也不太可能什么都能做到快速补货。因此，可以根据自家供应链情况及产品的生产要求来判断哪类产品供应链返单最快。

24）市场推广支持

无论是线上还是线下，推广都会对产品的销售起到很大的作用。所以什么样的产品会被推广也应该事先有所规划及了解。

25）环保性

如第二章所述，现在一些年轻的顾客也会特别关注环保问题。在购买一件衣服时，会考虑到其可能穿着的时间长短，以及衣服最终的去处。对于有环保意识的顾客来说，品牌公司的可持续时尚理念则会打动他们。

26）其他

比如，图片呈现方式。对于线上销售来说，图片呈现方式会极大地影响产品的销售。毕竟消费者主要根据图片来决定是否购买。不过这也导致很多商家将更多的精力放在了图片上，而不是产品上。事实上，如果期望有可持续的销售，图片与产品都需要精心对待。

这份爆款评分工具表也可以用来评估产品畅销与滞销原因。下次再订货时就可以用来参考。另外，有了这样一份相对客观的评分表，也便于买手与设计师之间的沟通。对于终端店铺销售人员的培训，以这张评估表为基础，可以培训销售员更多更详细地了解产品，以便于让他们更专业地服务顾客。

第三节　如何利用图片与文案打造爆款？

选择出潜力爆款后，接下来当然就是如何打造爆款了。在我看来，打造爆款的过程就好像造星的过程。打造爆款牵涉到很多因素，比如推广，而推广的好坏又取决于预算多寡与平台推荐机制。这里我们主要介绍如何利用图片与文案来打造爆款，因为无论采用什么推广形式与渠道，你都需要文案与图片的支持。

在这里给大家分享一个学习方法。这个方法可以教会大家如何通过研究自家过去爆款以及竞品爆款的图片/陈列/营销方式来找到答案。换句话说，具体答案可能是千差万别的，但是掌握研究方法则可以让自己掌握事物的本质。

一、怎样的照片能吸引且转换成销售订单？

对于线上销售的商家而言，可能大家都经历过在照片上花费的时间多过在产品上花费的心思的过程。虽然我并不鼓励这种本末倒置的做法（在我看来，实事求是地通过照片反映产品的真实情况是必须的，否则照片就真的成为"照骗"了），不过对于线上销售而言，图片确实是消费者下单的首要因素。因此我们有必要通过研究自己与竞品来调查究竟哪种图片呈现方式更适合自家的顾客？

图7-6　案例图片，图片来自冷芸所主导的消费者调研样本图

假设上图的外套短大衣是一款畅销品,我们依然使用评分表方式从各个维度来评估商家是如何呈现这款产品的?

1)有无场景
这个指拍摄是否有场景设计?如果只是一块背景布,则是"无场景"。其他只要有布景则可以被认为是"有场景"。比如本图中,明显是"有场景"拍摄。至于是"无场景"图片卖得好,还是"有场景"图片卖得好,取决于历史销售记录。

2)棚内外拍摄
是摄影棚内拍摄还是户外拍摄?比如本图中,是在户外。

3)场景描述
拍摄场景具体在哪里?比如本图中,是在公园里。需要注意的是,这里的所有维度评估是从观众"印象"角度来评估的。也许我们并不知道这是否真的是在一家公园里拍摄的(拍摄场景是可以人工布置的),但这没关系。这就好比也许拍摄的图片显示的是秋天的样子,但并不等于图片真的就是在秋季拍摄的。我们只需要关注图片留给观众的印象即可。

4)印象季节
因为看不到树叶,不过根据服装我们可以得知,这是关于秋季的产品图片。

5)背景主色
这里的背景主色是大自然的色彩:棕色的木凳、粗壮的树木与绿油油的草地。

6)背景要素
这里的背景要素包括了木凳、树木、草地等大自然元素。

7)印象时间
指白天或者晚上或者傍晚时分。这里是白天。

8)品牌标识
图片是否有显露品牌标识。这里没有。

9)文案
图片是否有文案。这里没有文案。

接下来我们再对模特进行分析。我在上课与学员交流时,做线上店铺的学员都会告诉我选择模特对照片呈现方式的重要性。这里的选择不仅仅是指模特的专业度,更主要强调的是模特气质与产品定位是否相符。不过在我看来,"模特气质"其实更取决于模特自身的表现力、化妆造型以及摄影师的水平。换句话说,模特气质与产品定位是否相符不仅仅取决于模特自身的长相,更取决于一个团队专业度及合作默契度。

10) 人种
模特是白人、亚洲人还是混血?品牌通常对模特人种有一定偏好度。

11) 性别
是男或女,或者难以辨识的性别?

12) 印象年龄
图片中模特给人留下的印象年龄大概是多大?这个一般都代表了品牌所定位的客群年龄。不过还是那句话,这个指的是"印象"年龄,而非模特儿自身的实际年龄。一个20岁的专业模特通过化妆、造型以及自己的专业表现力,也可以表现出30岁的印象年龄。这里,我们可以推测印象年龄在25岁左右。如果自己没有把握,也可以多让几个同事参与评估,让评估标准尽量客观化。

13) 全身/半身/头像
图片呈现的是模特全身、半身还是头像?这里呈现的是模特全身。

14) 头发长度
头发是长发、中长发或者短发,也可以根据需要更加细分长度。至于怎样算长发、中长发或者短发,可以自己设定个客观的评定。比如,到耳朵处的算短发,这种给人留的印象比较干练;肩膀处及肩膀下多少厘米算中长头发。这里我们可以定义模特的发型长度是中长发。

15) 发型
是直发、卷发、盘发或者什么样的发型。长发通常让人觉得温柔,盘发通常让人觉得干练成熟。它也应该与品牌定位匹配。

16) 发型色彩
发型的色彩是黑色、棕色、黄色或者其他颜色?这里我们可以定义其为棕红色。通常色彩也会考虑流行色。

17) 表情
模特是什么样的表情?是抿嘴微笑?露齿微笑?还是开口大笑?她的眼睛是闭着

的？眯着的？低眉的？仰头的？总之可以尽量描述下模特表情相关的要素。不同的表情给人留下的印象是不一样的。主要看品牌想为产品传递什么样的情感？

18）体型

大部分女性模特是纤瘦的；有时候企业也会根据需要选择比较丰满甚至大码的模特。这些都是根据产品具体需要去定义与分析。

19）姿势

模特使用的是什么姿势？站姿？坐姿？盘腿？慵懒地躺在床上的姿势？这里模特采用的是交叉腿的坐姿。

20）人物在构图中的位置

人物在构图中是中间位置，还是其他位置？

图片中模特身上第一眼吸引你的是什么？

这个可能是模特身上的服装，也可能是她的姿势，或者她的表情。这个如果评分人自己不确定，也可以多问几个周围的同事，看看大多数人的反馈是什么。比如，这里第一眼吸引我的是模特的微笑表情。

在分解了与模特相关的要素后，我们再来分析这款外套衣服。产品分析我们已经在前面的"爆款评分表"中解释过了，这里我们就不再赘述。但是我们在分析图片时，可以再额外地分析下服装的呈现方式。

21）穿着方式

比如在本图中，外套的扣子是解开的，整体的穿法给人留下的印象是比较轻松、随意。

22）服饰搭配

从本图来看，造型师给模特的整体搭配还是比较完整的。比如，有耳环、戒指、包包、袜子、鞋子等，但整体搭配又比较简约，并不会让人觉得眼花缭乱。而且色彩搭配也是比较和谐的。外套下面配了一款白色长袖连身裙。露出全部小腿，而且小腿很长。这些都是很多女性希望看到的效果。

总之，按照上述方式一点点地解构一张图片的所有要素，即可全面解读图片的内容。虽然在对每个维度进行评估时，可能多少还会有些主观或者难以下结论的方面，但只要在企业内部评估的团队能对每个维度有一个统一的定义即可。当你以这种方式解构了足够多的图片时,自然会找到这些爆款图片的规律,并分析出图片能引爆销售背后的原因。

二、如何打造爆款文案?

在这里,我依然用案例形式与大家分享如何去解构一篇你认为值得学习的文案,并从中总结、分析他们会成为爆款文案的原因。

大家知道"一条"是一家知名的自媒体。而他们的产品文案写作方式也很有特色。我这里以他们的公众号里所显示的一件产品来做案例分析(以下案例图片均来自"一条"公众号文章截屏)。

图 7-7

首先让我们来看标题部分。这个看似非常"普通"的标题,其实充满了智慧。

"宽松厚毛衣"点明了几个关键要素:"宽松"虽然是个非常普通的词汇,但其一是当下比较流行的版型(宽松版),其次也说明不太挑身材(这正是很多消费者所希望的)。而"厚毛衣"则表明了产品与季节。

"显瘦、藏肉"则主要强调的是服装的"修身"功能。而这两个词也是女性顾客常用的搜索关键词。最后一个关键词"暖"则突出冬季产品的功能性。

打开标题,我们会发现分享者(测评人)是一位"服装编辑"——这是个可以给读者信任感的职业:服装编辑看过很多衣服,品位超越一般人,她推荐的肯定没错!

而"168 cm、梨形身材、微胖界的大美女"这几个关键词立刻拉近了测评人与读者之间的距离——"梨形""微胖",如果大家仔细观察下身边的女性人群,会发现这是一个比较普遍的体型。因此,很容易获得亲近感。"大美女"——当然,人人都喜欢美女。

再往下翻阅,我们会看到图 7-8。此处产品照片的呈现方式非常简洁,款式也非常基本简洁,配色也是比较安全的,是由不同明度与纯度的同色相蓝色搭配而成。

图 7-8

文字描述中,"前短后长的 V 领毛衣"简要概述了产品特征,后面"拉长腿部线条、让身材比例看上去更修长、漂亮"凸显的都是消费者最关心的关键词——"修身"。

产品介绍的排版也非常简洁有力。产品名称用黑体字加粗,紧跟着的是产品功能描述,用了非粗体。

接下来的图 7-9 是面料成分的介绍。这里也请大家注意下其排版方式与所使用的字体。排版与内容一样都非常简洁且便于手机阅读。

第七章
如何选款及打造爆款？

图 7-9

文案第一段陈述的是面料成分。关键词分别是"100％""澳大利亚""超幼细"及"美利奴羊毛"。短短几个关键词，说明了面料产地，而且是世界上羊毛最好的产地——澳大利亚。这里商家使用了加粗字体以区分于下面两段内容。

第二段则进一步支持第一段的内容，证明这类羊毛究竟有多"幼细"——"19.5微米"，用明确的数字表达——非常有说服力！

最后一段则用灰色字体来解释什么是"美利奴羊毛"，毕竟不是每一个读者都非常了解。使用灰色字体，可以让已经了解这是什么面料成分的读者感觉不到干扰。

接下来的页面（图 7-10），则继续解释美利奴羊毛与普通羊毛相比究竟有哪些优势？而"质感""亲肤"也都是消费者比较关注的面料方面的关键词。

图 7-11 呈现的则是同一款毛衣的不同色彩的 SKU。并最终在这里出现了品牌名字。文案简单说明了"粗纺工艺"，以及"柔软"与"厚实"的产品特点。图片与文字也很呼应。模特通过手抱一团粗纱线，来呈现"粗纺"工艺及温暖的感觉。

217

它和一般的羊毛相比，质感会更高级，也更柔软亲肤，还带有细腻的光泽感。

KOBIZ+的这两件毛衣，经粗纺工艺织造后，手感既柔软，又十分厚实。

结合立体的剪裁设计，穿上身后会非常挺括有型，不会显得松垮软塌。

图 7-10　　　　　　　　　　　　图 7-11

最后一句红色的句子，在我看来则是这篇近乎完美的文案中的一个败笔。因为对于专业人士而言，这款毛衣明显称不上是"立体的裁剪设计"。毛衣本是体现柔软感的，所以"挺括有型"这种用词更适合西服或者硬质面料，并不适合这类毛衣。而且图片上的产品也没有给人以"挺括"的感觉。因此这句话在我看来有些画蛇添足。

图 7-12 的文字介绍，凸显了这款衣服的灵活性功能——围脖可脱卸。如果一款衣服能有多种穿法也是许多消费者会关注的方面。

最后的图 7-13 则是对这款毛衣的总结。"天气变冷"——意味着冬天要来了，那么自然而然大家都想要"厚"衣服。而廓形宽大，其一可以"藏肉"；其二是让人感觉"暖和"。"利用率高"也同样抓住了用户心理——我的调研发现，大多数顾客买衣服时都会思考衣服是否足够百搭，自己家里的衣橱是否有可以搭配的衣服等等。

综合上述文案特点，我们可以总结出"一条"文案的以下要点：

文案内容方面，因为一条卖的都是基本款，故这类产品文案不会像设计师或者奢侈

第七章
如何选款及打造爆款？

> × 一条　　　　　　　　　　…
>
> 我自己今年最爱的厚毛衣，就是来自香港设计品牌KOBIZ+的这两件。
>
> 理由很简单：简约大气，质感高级，厚实温暖。

一件是圆领毛衣＋围脖的套装。

围脖是可以单独拆卸的，所以既能当高领毛衣，也能当圆领毛衣穿。

图 7－12

> × 一条　　　　　　　　　　…
>
> 天气一变冷，我就很想穿厚毛衣，特别是廓形宽松、大大的那种。
>
> 一是很显瘦，一套上就能把身上的赘肉藏起来。
>
> 二是很暖和，利用率也高，基本上搭什么都好看。

图 7－13

品那样强调产品故事与设计灵感来源，只是重点强调产品的优质品质以及功效：修身、保暖、百搭、多种穿法。

"一条"文案的表达形式也非常值得学习。这篇文案通篇的句子结构都非常简明扼要，一句话一个段落。图文传递的信息相互配合。文字用不同的字体及色彩突出各自的重点与层次感。所有的主语都是以产品（物）为主（而不是人物）。没有使用太多感性的形容词：浪漫的、性感的、热烈的、暗沉的……使用的都是比较客观、具象的词汇，因此整体陈述显得较为冷静与理性。

从文案及其呈现方式我们可以看出，这款毛衣所面对的目标群体是大众群体中不太跟随时尚潮流的群体。他们总体都受过一定良好的教育，追求简单、朴实却有品质的生活。

我希望上述案例能够帮助大家了解如何通过解构一篇优秀文案来学习写作一篇优秀文案。总体上，大家在构思文案时需要考虑清楚以下问题。

➢ 标题具体要体现产品的什么（季节、功能、品牌、故事、感觉等）？以及标题要包含些什么目标消费群常用的搜索关键词以便于立刻可以吸睛?

➤ 文案内容要怎样分段落?第一段落陈述什么?第二段落陈述什么?第一段落与第二段落之间是什么关系?这些段落的分布与目标读者阅读的习惯是否相符?比如目标读者在看一款产品时,她/他最主要关心的是产品的什么方面?是修身功能(如本文所示),还是款式本身、能穿的场合?品牌?或者其他什么要素?

➤ 应该如何设计文案的表现形式?这个包括了排版、字体、字体大小及色彩、段落与段落之间的空间等要素。就总体而言,排版要易于读者阅读,特别是手机阅读。

➤ 图文之间是否相配?图片与文字之间的关系是什么?图片是补充说明文字?还是文字补充说明图片?图片与文字的内容主题是否相关且相符等。这些要素都是需要细致斟酌的。

但无论是什么定位的产品,做好一篇优秀的文案,及拍摄一套能引流爆款的图片的根本是做到"以用户为中心"——能在充分了解用户需求的前提下去设计所有的内容。

我相信"一条"一定做过相关的消费者调研,或者通过后台用户数据总结了一些顾客常用的关键词。这篇文案里充满了大众消费群体常用的搜索关键词及关注的问题要点,我自己的市场调研也支持了这些结论。

重点总结

一、快速选款的方法就是从消费者视角选择 3~5 个最重要的产品相关维度,并从这些维度,根据历史数据及消费者需求按不同等级给产品打分。

二、爆款选择是以更加细致的方法给产品打分。这些维度可以根据需求细分到十几个甚至几十个维度。主要包括产品相关的维度(内部因素),及产品以外的因素(外部因素)。

三、爆款的图片呈现方式与文案都会影响爆款的销量。在本章我们主要通过文本解构方式来分析如何向优秀的商家学习图片拍摄/呈现方式及文案策划/写作。

案例：爆款选择

我以从淘宝上找到的一些比较类似风格的商家产品为例，来具体说明我们可以如何利用爆款评分表为产品打分评估。需要说明的是，这些产品我只是根据图片来分析的。我本人并未使用过这些产品，也不熟悉它们背后的品牌。因此我从图片分析的内容也许与实际产品并不相符。但重点是我希望大家借助这个案例能够学习到分析产品的具体方法。在现实中，大家买货时肯定会看到实物，因此依据会比我仅仅靠图片分析更加可靠。

按照本章内容介绍，我们先从"廓形"与"版型"入手分析产品（图7-14）。这5款产品，1号与2号都是相对宽松而且微A字廓形，它们都是不太挑身材的廓形与版型，因此给5分；3号相对版型合体，是H廓形，偏胖的人可能不太容易穿，因此版型给5分，但廓形给4分；4号与5号分别是半宽松与宽松，廓形都是H形，都相对不太挑人，故给5分。

廓形、版型

版型：宽松 5分　　版型：宽松 5分　　版型：合体 5分　　版型：半宽松 5分　　版型：宽松 5分

廓形：A 5分　　　廓形：A 5分　　　廓形：H 4分　　　廓形：H 5分　　　　廓形：H 5分

A形：可爱；更适合休闲场合；H形：庄重；适合广泛场合；

宽松，适合更广泛人群；合体，相对挑身材；

图7-14

色彩方面（图7-15），除了最后一款是红色，其他图片显示的都是白色（此处忽略同一产品其他色彩的选择）。白色其实是百搭色，所以大多我都给了5分。但是为什么3号产品我给了4分呢？因为我的销售经验告诉我，白色棉制的衣服很容易发黄，所以我给了它4分。相对而言，涤纶与涤棉产品这种问题就不多。最后一款是棉针织面料，红色，以我的经验，除非品质处理非常好，红色棉也是比较容易掉色的产品。

色彩

注意线上和线下消费者选择因素异同

图 7 - 15

领型方面,1、2 号图片都是方领,3、4 号都是圆领,这两种领型都不是很挑人,也不挑场合。因此给 5 分。而 5 号产品是露肩袖,其一会挑身材(肩膀肉太多的消费者也许不觉得它合适自己);其次,这种衣服很难出现在职场上,只能休闲时穿。

领型

图 7 - 16

在袖型方面(图 7 - 17),4 号图片是正常短袖,不挑人,不挑场合,故给 5 分。1 号与 3 号图,袖子稍微有些变化,对于体型较好的人来说,这些袖型都不是问题。不过对于稍微胖些的人,可能会让人觉得会暴露自己肥胖的手臂。另外,例如 1 号图这样 A 字形、比较飘逸感的袖型,外面再套外套也不太方便。所以给了 4 分。2 号是 A 形袖且当中开衩,相对而言,手臂粗的人不一定会买。5 号图片与上述一个原因,这种袖子比较挑人与挑场合,故给较低分数。

图 7-17

在袖长与衣长方面(图 7-18),这些衣服都比较常规,所以都是 5 分。

都比较符合主流,5 分

图 7-18

设计点方面(图 7-19),大家看到了 1、2、4、5 号图片都使用到了刺绣工艺,而且都还是在比较明显的部位。而 3 号图片的设计点是其面料的肌理效果。这种面料带有一

1、2、4、5 刺绣 3 分

3、清爽的风格 5 分

图 7-19

些图案,但因为是配色的,所以看上去比较低调含蓄。领部有一圈贴边蕾丝,增加了设计的层次感,但同时因为是配色配料所以还是很和谐。如前所述,我的消费者调研表明,大众消费者更偏爱那些低调但又有内涵的设计,3号作品就是一种典范。所以,相对于其他产品,我给这款产品5分。

取决于你的目标消费群是谁。这批产品从图片上看(图7-20),消费者应该都是潮流的跟随者,而且比较偏好民族风的。在这方面,它们都算是主流里比较好接受的潮流感。

图 7-20

我们在前面曾经提过,面料其实要考虑的因素比较多,比如克重、透明度、舒适性、色牢度(是否容易掉色),护理是否方便,稳定性是否够好等问题。在这组产品里(图7-21),大家知道涤纶面料的问题是夏天不够透气,容易让人感觉闷,所以给3分;而2号产品还是稍带透明感的涤纶面料,因此分数最低2分。3号产品是棉,非常适合夏天,但我以为它比4号产品略差些的是白色棉容易发黄,所以我给了4分。而4号产品是涤棉,我给了满分5分。原因是它结合了涤纶与棉各自的优点,又避免了它们各自的缺

图 7-21

点。5号产品虽然是棉,但棉针织面料稳定性比较差,所以我给了4分。

按照类似的方法我们依次类推,就可以按表7-3给产品打分数,最后按总分来评估究竟哪款可以成为潜力爆款。

这些案例最重要的不是我具体给每款产品打了几分,而是我呈现给大家的思考方法。请大家不要拘泥于"我认为这个应该给3分,为什么你给了4分?"这样的问题。虽然也许我们一定程度上都带有主观想法,但是我们在评定一组产品时使用的是同一个主观标准,那么它也并不影响最后的分数高低之间的关系。虽然也许最后某款产品我给了90分,而你给了85分,但最后的结果是这两个分值都代表着最高分产品,最高分产品一致即可。即使有所分歧,也可以通过大家彼此讨论,或者更多的人参与评分而得到统一。

另外,在现实中,大家还要根据品牌或者店铺的实际定位去判断哪款产品应该给高分或者低分。我这里的案例因为并不具体结合品牌与店铺背景,所以没有结合这两个要素。但大家在实践中要注意这些细节问题。

第七章
如何选款及打造爆款？

练习

1. 请总结出你认为影响本品牌销售的最重要的 X(3～5)个维度，随后按照这个维度的重要性，给予权重评分，并制作出适合本品牌的快速选品模板。

2. 请使用表 7-3，评估下本品牌最近 3 年最畅销的 10 款与滞销的 10 款的共性。

"去年这款很爆,怎么今年不爆了?"

插画:袁星

第八章 产品开发与订货

第一节 产品上市周期

这里的"产品上市周期"是指产品从开发到其上市所需要的时间。目前在国内的鞋服业,传统企业(以线下为主)及线上企业的产品上市周期有非常明显的差异。大多数传统企业的产品上市周期在 6~18 个月之间。其中,女装的周期相对短,大多在 6~9 个月之间;男装、休闲装的周期在 12 个月左右;运动装的时间最久,在 18 个月左右。

然而,如果问任何一家只做线上业务的鞋服企业,他们基本都会以"周"为单位告诉你"3 周、4 周"等等。

为什么同在一个市场,两者的上市周期相差那么大呢?下面我们先来分别看下传统鞋服企业与线上企业产品开发与上市流程的差异。

一、传统企业的上市周期

当下传统鞋服业产品开发流程大致如下:

调研及企划阶段

在这个阶段,企业会调研竞品,了解消费者动向,分析潮流趋势,以及分析总结自家产品的历史销售数据等。随后根据所掌握的信息开始商品企划阶段。这个阶段通常会持续 1~2 个月。

设计、开发、打样阶段

在这个阶段,设计师会开始设计,并且按照商品企划与设计企划的要求具体开发面辅料与产品。技术部/样衣部会同步开始做样衣(没有自己板房的公司会委托工厂开发样衣)。

评审阶段

值得注意的是,在传统企业的产品开发过程中,设计部,商品部/企划部,技术部与销售部会定期开会,每个季节至少做3次产品评审会。

第一次是在设计部完成设计企划后,他们会与商品部、企划部及其他相关部门(比如销售部)分享本季的设计主题、系列、故事等概念性的内容。其他部门则给予反馈意见。不过也有的特别强调设计版权与原创性的企业(主要是国际知名品牌)可能不会那么早就将这些信息告知其他部门,对产品的反馈主要在设计部内部与高层之间完成。

第二次是在具体的产品设计图出来后。一般这个时候还没有样衣,但是已有设计图及面料小样、色卡等辅助材料/资料。商品企划部需要根据这些资料对照自己所制定的商品企划来判断企划是否得到良好的执行?比如,原料成本是否在合理的控制之下?核心产品系列是否都按企划要求做到了?各品类占比结构是否合理?开发的产品与上市的季节、气候是否相符(经常有设计师过于注重美感而忽略了季节与气候的问题)?

对于商品企划人员来说,这是一个很关键的环节。如我们在第六章所提到,商品企划做完后不进行跟进、总结与评估,结果就会导致计划与执行脱节,最后让企划成为纸上谈兵。当然这并不是说企划不可以被改变,但即使改变,企划人员也要知道结果及原因,并对企划再进行调整。

第三次的评审会才会涉及样衣评估。这个环节的重点是评估产品本身,包括产品的设计、制作的工艺、产品的品质等问题。这个评估通常并非一次性完成。大多数情况下第一次打样的产品都需要第二次打样。产品部与其他相关部门需要对其进行二次评估。要求高的品牌还会要求试衣模特针对关键产品试穿1周(绝大多数企业对一款衣服的试衣时间要求只是几分钟)。这是为了保证衣服上身后,经过不同的气候、环境、穿着状况,依然能保持良好的品质(比如不会皱、护理简单等)。

上述3个阶段,通常就会耗费3~6个月的时间。

对于知名企业,在评审会上还应该注意对以下两个风险的评估,即"知识产权风险"与"政治人文风险评估"。

2019年发生过多次的知名时尚品牌危机公关事件。这些事件或涉及版权抄袭事件;或涉及政治问题。这些危机事件为品牌公司带来了巨大的负面影响且严重波及了品牌的销售业绩。这些事件说明,今天无论是设计师还是买手,都不能仅仅做一个只懂服装产品与市场的所谓"专业人士",更需要博学多才,对基本的法律、国家人文与政治有着正确的了解。

订货会阶段

在样衣开发出来后,产品就会进入订货会阶段。在这个阶段,品牌可能会根据经销商买手或者自家销售团队的反馈对产品再次进行调整。不过这个时候的调整已经属于微调了。

生产

品牌收集订单后,产品就会进入下单生产阶段。即使在生产阶段,品牌还要派专人跟单跟货、质检验货等,直到产品上市。在生产阶段,绝大部分传统型品牌公司都会定制面料。而定制面料周期至少都在1到2个月,再加上服装加工的时间,整个生产周期就至少要2～3个月。

所有时间加起来,常规产品上市周期会在6～12个月之间。如果使用的是全球供应链体系的企业,该周期也许会更长。

二、线上服装店铺的产品上市流程

首先,线上大部分的店铺其实是没有专门的"调研"阶段,或者线上店铺所做的所谓"调研",也不过是"搜图"以期找到那些好卖的爆款。然后分析其火爆的原因,再看自己可以如何借鉴甚至直接复制。因此,"快"是线上店铺一大运营逻辑。

另外,因为线上店铺几乎每周都上新款,所以大部分店铺是没有如同传统企业那样细致的商品企划的。线上店铺基本多为"单品"思维——什么产品好卖就卖什么。这与传统品牌讲究"品牌化""体系感""系列感"完全是不一样的思维。也因此,有些电商甚至觉得商品企划对线上店铺没用,这个其实是对商品企划极大的误解。

电商的"爆款"思维,导致的结果是爆款卖的量虽然很大,但这些爆款大多是以高流量成本为代价的,所以投资回报率不一定高。因此如果整盘货都以爆款为主导,它会导致企业的毛利率与净利率并不一定高。这也是为什么大家会看到,有些网红电商虽然流量与销售额大得惊人,但最终财报显示亏损。

另外,"爆款"这种"单品"思维也会导致商品效率很低。所谓"商品效率"主要看每个 SKU 的平均销量。在第六章我们就介绍过，从产品开发角度而言，开发新品所要耗费的成本（人力、材料、时间等）最终都要平摊到每款 SKU 上。销量越低，所摊销的单位成本越高！这就是商品效率很低的表现。

而我碰到不少的纯线上服饰类卖家，他们平均一款 SKU 销量一个季节不过 200～300 件，有的甚至只有几十件（此处指自己开发产品的店家。有的店家自己并不开发产品而是直接买货）。这个平均深度是远低于线下企业的指标的。线上店铺是明显的 SKU 多，但深度浅的商品模式。但正如前所述，这种模式其实对于企业来说是一种低效率运营的表现。这其中的部分原因就是线上店铺缺乏对整体商品的规划。线上店铺缺乏对整体商品规划的原因，除了因为相对传统品牌公司来说专业不足，也在于销售平台的引导。销售平台会根据卖家上新的频率及款量给出推荐权重评估。店家上新频率下降，或者款式减少，平台推荐权重就会下降，流量就会相应减少。这种权重评估方式虽然有其特定的道理，但我认为它会导致商家制造出更多的本不需要以及最终被浪费的产品。所以店家应该平衡上新节奏与 SKU 深度之间的关系。

最后，线上平台可以实时提供后台数据及数据分析，这也是线上店铺可以快速决策的基础。

所以总的来说，线上店铺的业务主要靠后台数据驱动。店家通过"搜图"，再由设计师开发新款。甚至，很多线上店铺连设计师也没有，只是由买手直接按搜图结果找工厂做产品。而且很多线上店铺因为起订量问题以及为了快速抓住市场机会，使用的都是现货市场的面料，因此生产周期更短。最后，在品质控制上，通常线上店铺也没有传统企业那么讲究。因此，如果用一句话来总结目前线上的运营，那就是：到目前为止，大多数纯线上店铺的快速反应，是以数据为驱动，以一定程度上牺牲设计与品质为代价的。

下表中，我们通过表格来对比线上与线下品牌的开发流程、时间与模式，就会理解它们为何会如此不同，以及两者运营模式的不同所导致的差异。

表 8-1

	线上模式	线上时间	线下模式	线下时间
调研	搜图为主	1 周	线下调研为主	以"月"计算
企划	大多没有		商品企划部	1～2 个月
设计	大多没有设计部；小部分有也只是略微改款，没有太多流程	1 周	设计部 -设计企划 -开发新款 -出新款 -评审会	2～3 个月

续表

	线上模式	线上时间	线下模式	线下时间
打样	大多由工厂打样	1周	大多有自己的板房,自己打样。或者委托工厂打样	1~2个月
订货	基本无		经销商订货会	1~2周
面料生产	大多去批发市场或者工厂找现货面料	1周	大多定制 期间要经历: -手掌样确认 -色卡确认 -大货验收等	2~3个月
服装加工	款多量少,许多SKU订单量在50~300件之间。大部分会先首单测试,随后根据销售反馈不断补单	1周	品质验收标准更加高。需要按照工艺单标准制定	1个月左右
上市	不存在店铺配货,只需要从工厂送货到仓库,即可发货		给店铺配货,以及店铺之间的货品调拨等	根据企业物流水平及所覆盖区域的大小,1~2周不等

行业内的人可能已看到了,当下纯线上店铺也碰到了流量瓶颈。因此,我相信,迟早线上店铺也不得不考虑商品运营效率的问题,以及如何在对市场快速反应的同时,也保证产品的设计与品质水平。总而言之,线上与线下品牌应该相互学习彼此的长处,而不是简单地认为"我们模式不一样,所以学了也没有用"。线下企业要向线上店铺学习如何依靠数据驱动高效运营的方法,以及相对透明的管理文化;而线上店铺应该向线下企业学习如何提高商品运营效率以及如何做出更好品质的产品给消费者。

第二节　订货会

现在但凡有些规模的企业在开订货会时都会以时装秀形式进行,而且T台秀的呈现越来越酷炫。时装秀除了是为了让经销商们对新一季产品的风格有个总体认知,同时也是品牌方借此机会给大家官宣些企业的信息。不过,时装秀最多完成对经销商感官刺激的任务,真正的订货很难单靠看时装秀完成。所以在走秀之后,企业都会提供样品及订货间以供买手订货。

订货会期间,品牌方的设计师或者销售代表会向经销商详细介绍每款产品。有条件的企业还会另外请试衣模特在订货会上再给大家演示一遍产品。

另外为了防止正品还没有上市,假货就先上市的问题,有的知名品牌会要求所有人进入秀场或者订货会前上交手机,并关闭所有网络等。

大部分企业目前订货季是一年4次,即春夏秋冬四季。有的企业可以达到1年10次或者11次订货会。针对这种高频率订货会,有的企业也会采用(封闭式)直播形式订货——不能到现场的买手可以通过直播看产品。

开订货会前,买手不是两手空空就去订货。他们需要准备好商品企划、相关历史销售报表、OTB预算、品类规划等资料,同时将关键数据熟记在心,再去现场订货。

订单完成后,也并非立刻就交订单。还要将订单汇总,与商品企划、OTB预算、品类预算、SKU深度、宽度等预算与计划进行对比校验。看下它们与原来的计划差异在哪里,这些差异是否合理等。

在订货模式方面,各家企业都有自己不同的具体模式。目前国内的订货模式大致可以分为以下几类。

自主订货

经销商有充分的自主权选择订什么,不订什么,以及订多少。通常这个级别的经销商都比较高,属于战略型经销商。

菜单式订单

这类订单会分为A、B、C类菜单式订单。根据不同经销商的级别,每家经销商会被匹配不同的订单菜单。经销商只可在菜单允许的范围内选款及定量。而且绝大部分情况下，每款 SKU 都有起订量要求。这个起订量一是成本原因（规模效应），其二是因为工厂加工客观上也有起订量要求。

这种模式对于没有太多买货经验的经销商来说比较方便，只是问题在于自己可选择的范围比较小，特别是一些热门的款式，或者限量款产品，一般级别的经销商有可能拿不到货。

强制搭售

一些比较强势的品牌方会要求经销商如果要订某款（热门）产品，必须要搭买另一款也许不会畅销但是是品牌方想推向市场的产品。

第三节　货品调拨

在 SKU 定量方面，在具体确定每个 SKU 应该订多少量时，除了参考品牌方特定要求的起订量之外，还需要考虑 SKU 宽度以及 SKU 平均深度。

在第六章商品企划里我们已经介绍过如何确定某个时间段里的 SKU 宽度以及 SKU 平均深度。到了订货阶段，我们则可以再对 SKU 平均深度进行细分。在同一章节里，我也曾和大家分享过时尚业根据潮流趋势周期对产品有三大定位分类（见图6-2）。

基本款：SKU 量少，订货深度最深。应该参照历史平均销售深度，销量增长率（根据销售预测）制定出这一类的产品订货深度范围。随后每个具体 SKU 的定量再在这个数值范围之间进行微调。

时尚款（星级款）：SKU 量最多，其订货深度则介于"基本款"与"形象款"之间。同理，这个也主要参考历史平均销售深度及销量增长率。

形象款（潮流款/利润款）：SKU 量最少，深度在三大类别中最浅。

最后三者的总件数加起来除以总 SKU 量，应该与商品企划的平均每 SKU 订量一致。

而在配货与调货方面，配货与货品调拨主要发生在线下店铺。线下店铺分布在各个不同地理位置，这也决定了各店铺所面临的消费群体可能会有一定的差异。配货主要发生在新品上市时。订货时，有的公司会单独给重要的店铺（比如旗舰店）订货。这类店铺通常在首单就不需要再配货了。大多数情况下，当新货到仓后，都需要给单店做配货订单。而当进入销售阶段，店铺又会面临某些产品在某些店铺卖得好，在某些店铺卖得不好的情况，因此商品部或者买手需要根据各个店铺的实际需求在不同店铺之间进行货品调拨。其目的就是将滞销款调出滞销店铺；将畅销款调入畅销店铺。

绝大部分公司都有自己的配货专员。据我所知，到目前为止，许多公司的配货专员还是在用 Excel 表格手工配货。如果一个公司有上百家店铺，这真是一个极其消耗耐心的工作。比较注重信息管理系统建设的企业则会使用系统按规则自动配货，再由人工来调整。

另外，到目前为止，绝大多数的服装公司是不允许经销商之间进行货品调拨的。这个障碍其实并不在于技术问题（需要打通经销商之间的库存系统），更主要在人们的观念。站在品牌公司一方，品牌并不希望经销商之间有太多的沟通，因为这可能会涉及商业机密的泄露。因为不同经销商从品牌方拿到的经销政策与采购价格都不一样，彼此的沟通反而可能会伤害三方之间的关系。另外，作为经销商，他们也不希望自己的数据系统与外方公司打通，以免发生数据泄露的问题。但是现在对于线下企业来说，库存已经是一个比较普遍且严重的问题了。因此，我认为持有开放的态度，保持信息透明其实是大势所趋。当然要打通经销商之间的库存，这项工作只能由品牌公司牵头来做，同时要从技术及政策上思量如何在提高库存透明度的前提下，降低其他商业资讯外露的风险。

另外在执行店铺之间的货品调拨过程中，还会有很多人为的障碍。比如说，公司希望将货品从 A 店调拨到 B 店，可能会遭遇到 A 店所在的百货商场的反对——特别是如果此时正在销售旺季阶段，商场会非常忌讳货品库存外流。而按照商场规定，为了保护场内财产，所有货品（箱子）出店都必须由商场相关部门的签字，保安才会放行。因此，销售旺季商场只允许货品进并禁止货品出。即使你告诉对方流出的货品是滞销款，商场也可能不放行。因为毕竟商场的工作其实并不涉及对具体商品的管理，他们并无法确认放出的货品是畅销款还是滞销款，而且每个箱子都要开箱检查货品是否滞销其实也很耗费人力成本。

另外，货品调拨的执行阻碍还可能来自店长。绝大多数公司的店长都只需背负销售业绩目标而不需要为库存负责。因此，店长更希望货品留在自己店铺中，或者不断有新货来。所以在真正执行调拨时，店铺也可能找各种理由进行推脱。

重点总结

一、线上与线下产品开发的周期很不一样。线上的开发周期一般都在2~4周内；而线下的产品开发周期则在6~18个月不等。造成这种差异的主要原因一是线上主要靠数据驱动；线下则更依赖于人工经验。其次，则是因为线下更加注重产品设计与品质。

二、大部分企业都选择一年四季订货。不过也有少数企业一年订10次以上的货品。订货形式也趋向于多样化，有的企业会采取直播订货。

三、货品调拨目前最大的障碍在于经销商及店铺之间库存系统不够透明。事实上，打通店铺与店铺之间的库存系统，库存风险可以降低很多。只是降低库存风险的同时，可能也会增加企业数据外露的风险。因此如何平衡好两者之间的关系是未来有待解决的问题。

第八章
产品开发与订货

案例一：参加知名运动品订货会是一种怎样的体验？

案例素材及文字均由程珍珍提供。

程珍珍
经济学本科学历。曾任职于香港利丰集团。在做了9年服装行业外贸跟单及采购后，于2017年参加了冷芸的线下初中级买手课程，并在同年转入买手岗位。曾任运动品牌经销商锐力健身装备有限公司耐克产品部买手。现任轻奢女士服装配饰品牌Inniu中国区买手。

作为经销商的买手是很期盼又很害怕订货会的。期盼是因为又可以见到大量新品；害怕是因为订货会后将是令人紧张又兴奋的下单期——那一周将是几乎日日要熬夜，极度缺少睡眠的时间。我记得我曾经有一天订货时，工作时间长达22小时，从前一天早晨的5点一直忙到第二天凌晨3点。

那么运动品牌公司的订货会是怎么开展的呢？运动品牌公司的订货会主要分为两个部分："预览会"和"订货会"。

预览会：

举办日期： 订货会前一个月
时间周期： 3~4天
样品呈现的完整度： 80%
参加经销商等级： 仅限品牌公司的战略经销商客户

主要内容：
- 品牌新一季营销推广策略。
- 重点新品推介。
- 新店铺类型介绍。

目的：
- 作为订货会的预演，让战略大经销商根据品牌推广策略对新一季采购计划做出相应调整。
- 买手做订单初稿，统计被品牌公司分配的款的需求量。

订货会的主要内容则包括：

第 1 天
- T 台走秀。
- 上一季品牌公司销售情况总结。
- 上一季优秀经销商买手及货控团队表彰。
- 品牌新一季营销策略宣讲。
- 经销商运动会：跑步、篮球、足球等。

第 2 天
- 品牌方各产品系列团队总结上一季销售情况。
- 品牌方各产品系列团队宣讲新一季营销方向。
- 品牌方各产品系列团队讲解新品知识并做重点款式推介。

从第 3 天开始，订货会就进入看样、订货阶段。根据不同经销商的级别，订货条件与周期不一样。一般战略经销商会单独拥有一间订货室；其他一般经销商就需要拥挤在一个房间里订货。订货周期一般从 3～5 天到 1～2 周不等。越大的经销商一般需要的订货周期越长。

订货会既是一个与品牌公司交流的机会，也是一个与其他经销商相互交流资讯的好时机。不过通常订货会期间都非常忙碌，能够在短短的一两周上交一份让公司与自己都满意的订单就已经很好了！当然，最值得期盼的则是等货品上市后，自己的订单售罄率能达标啊！

案例二：订货会前的内部商品评估会议具体是如何操作的？

本案例素材主要由 Midori 提供。文字则由冷芸助手陈畅整理及编辑。

Midori

服装设计专业毕业。先后在 Eifini、Lily 两家本土服装品牌任服装设计师一职。从事服装设计工作5年。目前在一家韩企工作。除了设计之外，也关注服装相关的运营管理等方面的内容。冷芸时尚买手课学员。

大家也许有过这种经历：在订货会时，设计师与销售部被订货商追问衣服易皱，面料易劈裂，面料易掉色，衣服太透，衣服易走光，衣服定价太高等这类问题。碰到这类问题，大家都是怎么应对解决的？

要在订货会前规避这些问题，就需要提前进行"商品评估"。"商品评估"就是指从各个维度对要卖出的产品进行评估和审核。这些要素包括产品质量（产品材质、舒适度、耐摩擦、色牢度等）、交付时间、成本控制、销量预测等，总体来说就是对产品试销性的评估。这也是在订货会前对产品适销性及品质的再次把控：在订货会前砍掉一批有问题的货品，将真正经得起市场考验的商品推给经销商与零售终端。而商品评估会议，正是为了降低商品的客诉风险，以及可以让商品正常流转到大货生产环节，当然更重要的是促进订单的达成。

商品评估会议前的准备工作

商品评估会议进行的前提是首先它需要一系列完备的产品——即成型的样品，并确保这个样品和销售样品具有90%的吻合度。

商品评估会议前要进行数据分析，例如品类的复盘和计划品类结构的数据等（也就是通常说的"商品企划"）。品类的复盘就是指对往季各品类销售情况的复盘，比如有哪些品类销售占比增加了，或者哪些是滞销的。这部分其实在商品企划阶段就已经做好了，计划品类结构也是在开发计划这个阶段做好的。这些都是商品评估会议前需做的一系列准备工作。

除了数据上的分析，每次商品评估会议前还需要有以下准备工作：
1. 确定会议时间、参会人员及部门，并向有关人员发出邀请函。

2. 准备正确的货品样品。

3. 样品需要在评估会议前全部经过"产品风险评估测试"（产品材质、舒适度、耐摩擦、色牢度等）这一环节。

4. 完善商品信息：制定有详细的成本信息表以及定价表。

各部门需要提前准备历史数据，比如销售部需要准备好他们零售终端的反馈意见等等。另外还有需要复盘的数据，以及现在的库存货品品类结构等。

商品评估会议时长往往取决于货品的SKU数量。少的一个上午就可以结束；多的需要一天的时间。大前提是前期的商品详情都已提前准备好。在评估时通常配多个试衣模特，大家一起穿可以让评估者看到一个完整的系列。模特着装需涵盖服装和饰品完整的搭配。按穿搭节奏进行，每套评估需要花费的时间为10分钟左右。商品评估会通常按订货会的进度走。

商品评估会参与的人员及部门

参加商品评估会议需要涉及设计部，买手/商品企划，生产部门，品控部门等几个主要部门。

设计部由设计总监或者波段设计师介绍设计主题，包括企划核心和设计理念，从材质、辅料、色彩、工艺、款式、主题、流行趋势等细节方面进行宣讲，并将设计的精髓向相关人员进行传达。

商品企划/买手则从产品的品类结构、增长方向、SKU数量、季节组合、版型、款式、价格带、波段等方面进行陈述。

终端直营店铺的店长，有经验的商品店员和优秀的加盟商代理商则主要针对新产品进行市场接受度的初步评估，以及对设计细节方向提修改意见。

风控部门则针对商品所存在的风险进行评价，并提出改进建议。

生产部主要是在评估会议前做好准备相关资料的工作，并且从供应链角度评估产品的生产周期等。

商品评估会议包括哪几个方面？以及需要从哪些维度进行评估呢？

首先要从货品风险评估这方面谈起。货品的风险评估，主要针对商品的质量问题

第八章
产品开发与订货

进行风控测试，比如：起毛起球、勾丝、劈裂、互染、静电、扎皮肤、色牢度等。另外就是生产的可操作性和价格、交期的风险评估。货品风险评估主要是由前期的风控部门来完成，在开评审会议的时候，部门需要把这些问题向设计部提出来，这些问题主要包括成本控制、设计风格、供应链几个方面。

在成本控制上，要根据定价策略和上一季度的复盘，核定本季度的商品定价的合理性，以及根据商品的运营策略，来对成本进行重新评定。比如：规划的优价款、是否需要调控倍率、调整商品定价。或者有些款式价格过高，是否需要更换便宜面料，或者更改设计细节。

在设计风格上可以从以下四点进行评估：
1. 时尚流行度是否适合自己的目标消费群体？
2. 服装的版型是否需要调整？
3. 是否有设计细节的更改？
4. 色彩规划是否合理？是否需要加、减配色等？

针对供应链方面的评估，除了对面、辅料交期等方面的考量，还应对面、辅料的价格交期、大货工厂生产的排期、工厂的工艺质量、工厂诚信度等多方面进行评估。

此外还会有对于翻单的情况的评估，这也是很重要的。如果产品销量好，突然要加单，但可能会因为面辅料未充分备料的原因，导致加单出货慢，最终错过了重要的销售大促。

因此在评估中如果被定义为"主推款"的产品，就要优先让工厂备货，给后面追单节约时间。

在商品评估工作结束后，各部门也应根据评估实况，给出相应的反馈、调整和进一步的工作规划：设计部针对风控部门的意见进行风控调整，以及针对销售终端人员的意见反馈，进行设计修改；商品企划与买手则要针对评估后的意见进行定价以及订单策略的调整，或者可能会涉及主推款方向的调整，计划款式补充等；生产部需要根据风控意见，反馈给供应商并进行品质调控、报价调整以及交期调整等；而营销部门则应根据商品开始制定营销计划。各部门从商品评估会上得到产品的最新进度与信息，以规避风险，更好地应对订货会等下一步工作。

练习

1. 请审视下本公司的产品开发流程。如果是线上业务，请看下自己是否有什么环节可以向线下企业学习的？如果是线下业务，看看自己可以向线上品牌学习些什么？

2. 请看看本公司的货品配货与调拨流程。看看这个流程目前最耗费时间的环节是哪个？为什么这个环节是最消耗时间的？在现有条件下，是否有可改善之处？

订货会

插画：孙曼琳

第九章　供应商的开发与管理

供应商的开发与管理也是一门专业。从专业角度而言，我们很难用一个章节去深度分解这项专业的工作。对于买手而言，如果你在大型公司里就职，供应商的开发与管理通常会由专门部门（比如供应链部门，或者生产部、采购部等）跟进，那么本书的这一章节内容足够你应付日常的工作。如果你是在一家中小型企业工作或者自主创业，那么这里的内容能够让你掌握一般供应商开发与管理需要掌握的知识点。

第一节　鞋服业供应商的分类与开发策略

一、鞋服业供应商的分类

鞋服业公司的供应商，按供货方式来分，对于自有品牌公司，其供货商主要包括"面辅料工厂"及"服装加工厂"。现在不少品牌是贴牌加工生产，那么就还包括为品牌公司提供贴牌加工服务的工厂。

对于经销商型的公司，其供货商主要是各大品牌。按品牌大小以及经销商经营品牌数量的多少，供货商又可以分为：

> 大型品牌供应商。一般它们都是国际或者国内知名品牌，在商务谈判中通常占有主导地位。
> 中小型品牌供应商。比如以经营设计师品牌为主的品牌集合店，面对的多是小众的设计师品牌供应商。

对于经销商型的公司，按供货来源，又可以分为国内供应商与海外供应商。

二、供应商开发策略

那么,一般情况下,应该如何去开发鞋服类供应商呢?

1. 开发工厂的策略

如果你需要开发的是工厂资源,那么,根据企业的规模及产量要求,建议每个产品品类至少开发2~3家供应商。服装业看似门槛很低,但产品品质及供应链真要做到专业级别,对供应商的要求是非常高的。就拿品类来说,梭织与针织产品需要的设备及工艺要求是不一样的。如果企业开发的是一个完整品类的品牌,涉及的服装加工厂至少包括一般梭织衣服(比如外套、裤子、裙子等)、羽绒服、针织服装(T恤、卫衣等)、牛仔产品、毛衣等五大品类的供应商。如果企业自己采购原材料(面辅料),那么涉及的供应商数量会更多,管理这些供应商也会复杂。

针对数量较大的重要订单(每家企业对"大"的定义不一样,请自行定义),建议企业一定要有备用工厂,或者也可以将订单分给两家工厂来制作。绝大多数品牌公司都会将最重要的订单,通常也是大单给自己最信任的工厂加工。但无论是我本人还是我周围所认识的业内人士,我们都曾遭遇过因为缺少备用方案而导致一张大单延期交货的问题。在时尚业,一批货品如果迟到两周,很可能就失去了一大半销售的几率,特别是在现在这个特别讲究"快"的时代。也因此,可以将大单分批定做,或者分厂定做,以避免一张订单因为一家工厂的问题而被整体延期而成为滞销款。

2. 选择工厂

知名品牌都有自己一套严格的选厂体系及标准。如前所述,这类公司的买手并不涉及这类工作。因此,这里对工厂的选择主要针对中小企业。

(1) 距离的便利性

随着时尚业的订单正在走向多款少量的模式,以及大家对"柔性"供应链的需求,工厂与品牌公司仓库的物理距离已经成为很多中小企业的首选项。对于一些身处大城市比如上海、杭州的商家而言,虽然选择周边工厂成本会高,但相对而言物流成本低,最主要的是与工厂沟通很方便,相应的沟通成本也低。这些都可以间接提高供应链的效率。

(2) 工厂的安全性

这里的"安全性"主要指火灾/水灾安全;罢工风险及企业的财务风险。对于管理良好的工厂(以大型工厂为主),我们通常不需要质疑他们的安全性。因为它们的买家有一套严格的审厂制度与流程。但是对于中小型买家而言,因为价格或者货量太少的原因,常常面临一种"能找到厂愿意做单"就已经很不容易的局面,也因此小买家常常会忽略工厂自身的安全管理问题。这些问题虽然发生的概率不大,但一旦发生,就会给双方都造成严重损失。因此建议大家选择供应商时还是要考量其安全可靠性,并且应该为自己的产品购买商业保险。

(3) 规模匹配度

甲乙双方的规模匹配度也很重要。绝大部分工厂都有最低订量要求。针对不同品类的产品具体起订量也不一样。在国内,要找大规模订单的加工厂并不算太难,相对比较难解决的是小订单,比如只有十几件、二十几件、五十几件订量的订单。这是许多设计师品牌与创业者起步最艰难的地方,也是他们供应链不稳定的症结所在。也因此,有的设计师创业时会自己开样板房或者小型加工厂直接加工产品。

3. 单品牌供货商开发策略

大部分想做单品牌专卖店的经销商对自己的目标品牌是比较清晰的。对于经验丰富的经销商来说,他们非常清楚应该找什么品牌代理,如何找到他们,如何谈商业条款。而对于新手来说,做到这些就比较难。如果你是新手,想经销代理某品牌的产品,最需要考虑的是它与你经销能力的匹配度。新手很容易有一个误解,他们常常认为:"我是来付钱买你产品的,你怎么可能不卖货给我呢?"事实上,很多知名品牌对经销商的门槛是很高的,绝非是一般个体创业者有能力承受的。如果你是个个体创业者,资金规模中等,可以考虑经销一些也许不太有名但有潜力的中小品牌。

4. 多品牌开发策略

如果你经营的是多品牌集合店,那么业务形式会更加复杂。以下是给大家参考的多品牌组合策略。

(1) 品牌大小规模及强弱、新老的组合

通常来说,大品牌都是比较强势的,而且大公司通常沟通成本高、沟通效率低,这些障碍会使得实操中彼此之间容易发生摩擦。面对强势的品牌方,经销商自主决策的空间很有限,强势品牌在价格上可以让步的空间也非常有限。当然,通常这些品牌又是市场销量的保证,所以经销商不得不去选择这些品牌。因此为了让店铺保持良好的运营效率,可以在拥有一些市场中领导性品牌的同时,挖掘开发些有潜力的新锐品牌或者小众品牌,以平衡自己与强势品牌的弱势关系。

(2) 海外与本土品牌间的组合

组合上也可以考虑海外与本土品牌间的比例关系。以设计师品牌为例,通常海外的设计师品牌无论在产品的商业成熟度方面,还是供应链的稳定性方面,都比同等规模的国内设计师品牌更加稳定。当然,他们在商业条款上,特别是付款方式上也要求更高,通常都要求买断方式。本土设计师大多在供应链的稳定性方面欠佳,不过他们大多可以接受寄卖形式。因此，可以考虑组合不同来源的品牌，以便能够在他们的优劣势上进行互补。

（3）价格定位的组合

价格也是一个考量因素。依然以设计师品牌集合店为例，虽然设计师品牌总体价位偏高，但买手依然可以选取些相对低价与相对高价的产品线，让店铺的价位更加宽泛并触达更广泛的人群。

我曾经碰到一位买手店的主理人，其产品主要从海外进口。为了让消费者不至于因为价格不同而产生对品牌的差异认知，他将同一品类的产品价格（不同设计师品牌）统一为一个价格。比如所有 T 恤都是一个售价；所有外套都是一个价格。

虽然他的售价理念也有一定的道理，但单一的价格会极大地缩小消费群体范围（要知道设计师品牌面对的本就是小众人群）。比如，假设一个品类的单价只有 1 999 元这样一档价格，那么就意味着只有买得起这个价格的消费群体才会购买。但如果售价在 999～2 999 元之间（虽然平均售价依然在 1 999 元），就意味着你的顾客群可以涵盖从买得起 999 元的到愿意消费 2 999 元的，这就立刻扩大了你的消费群体。

总之，价格带越丰富，越可以扩展你的目标消费群体。当然，零售价格带应该有个核心范围，不能让消费者觉得廉价的与昂贵的东西在一起售卖从而混淆了店铺的定位。

（4）买断与寄卖模式的组合

经销某一品牌在买货方式上有"买断"与"寄卖"两种方式。通常来说，强势品牌、海外品牌多要求"买断"。国内小众品牌、设计师品牌可能会接受"寄卖"形式。从经营角度而言，两者各有利弊。他们之间最主要的区别在于库存由谁承担。两种模式下，经销商所收的扣点比例不一样。如果是买断方式，则买方以批发价买断，买方收获销售额的大头比例。如果是寄卖方式，则销售分成的大头比例由供货方收获。

（5）风格的组合

虽然通常来说多品牌集合店会有自己核心定位的风格（比如"潮牌"，或者"运动品牌"，或者"淑女风格"等），但在一个主流风格下，还是要考虑产品风格的多元化组合。

（6）潮流周期的组合

即使是多品牌，也要考虑潮流周期组合的因素，即基本款、时尚款、潮流款的组合。国内设计师品牌集合店一个比较常见的问题是产品线几乎都是潮流款，缺少基本款与时尚款，这会大大影响销售的几率。

（7）标品与非标品的组合

在组合品牌时，还是要考量基本标品与非标品的组合。特别建议大家不要忽略配饰的作用。事实上，很多设计师品牌买手店销售的产品过于前沿与潮流，以至于顾客难以下手购买。在这种情况下，配饰就是买手店一个很好的组合商品。配饰相对价格可以更低，可以带动客流，也可以带动连带销售率，非常值得拥有。

第二节　供应商开发渠道

供应商开发渠道通常有以下几种：

熟人推荐

这可能是国内最普遍使用的一种渠道。熟人推荐有诸多好处，比如可靠（如果介绍人足够可靠），甲乙双方更容易熟络等。但是，大家不应该只依赖于熟人介绍。我在培训的过程中发现，大部分学员碰到需要资源的情况下，首先是在脑海里搜索一遍是否有熟人。如果找不到熟人，似乎问题就无解了。事实上，还有很多种渠道可以拓展新的供应商。

行业展会

这是另外一个非常有效的供应商拓展渠道。对于国内的展会，我比较推荐以下几个大型鞋服业的展览活动：

中国国际服装服饰博览会（CHIC服装展）
这个在全亚洲都称得上最大规模的服装服饰展会提供了非常完整生态链的供应商给买家。

中国（深圳）国际品牌服装服饰交易会
深圳作为全国大淑女装的基地，拥有其他一般城市所没有的良好的产业基础。因此这里的服装服饰交易会也很值得关注。

希望拓展设计师品牌的则可以去上海、北京、深圳的时装周及他们的 showroom 展。上海时装周的 Mode Shanghai、时堂、DFO Showroom、Ontimeshow、北京的中国国际时装周的 showroom 都是值得关注的展厅平台。

行业协会

很多国家与地方都有与时尚、流行趋势或者鞋服相关的行业协会。参加行业协会也是一个获取相关资讯及供应商资料的途径。不过，行业协会鱼龙混杂，大家应该首先判断行业协会的可靠度。在国内，中国服装协会、中国服装设计师协会、中国纺织工业联合会、深圳服装行业协会都是官方（政府）以及业内比较认可的行业协会。

行业社群

自从有了微信，微信社群也成了很多业内人士相互沟通的有效渠道。因此，进入一些资源社群也是一种寻求供应商的渠道。不过，大部分社群在活跃了几个月后都会慢慢失去活跃度。其次，在社群里与大家交流也要注意以下商业礼仪：

- 不要入群就加友。据我所知，有很多人都设置了"不可从群加我"这样的功能。原因就是群里总有些人会进群就加人，好像入了一个群大家自然就成为朋友一样。但这只是你个人的想法，不一定是其他群友的想法。我通常建议在群里先与大家聊聊，与大家在群里讨论相熟了以后，再加友。

- 加友时请注明自己的名字以及联络事由。因为工作关系，我也经常被人从群里或者从其他地方加友。我从不加那些不写清楚自己姓名与联络事由的人，这既有礼貌的原因（就像你去别人家里敲门，总得告诉主人你是谁，敲门何事等），也有社交安全因素。

- 尽量在社群活跃，为他人提供帮助，这样别人通过群内的联络了解了你，也更愿意与你做朋友。切忌在一个社群，只想着从他人那里获得帮助，却从不想着去帮助别人。这样只顾一己之利的人到哪里都不会受到欢迎。

社交媒体

社交媒体也大大方便了陌生人之间的联络。以下是我个人使用后觉得比较有效可用于工作社交的媒体平台：

- 领英（LinkedIn）比较适合拓展海外的品牌和供应商。

- 知乎是目前全国最大的知识分享平台。用户在上面可以关注相关话题，比如关注"服装设计"，平台便会推送与这个主题相关的问题、资讯等。上面有许多关于品牌及供应商的信息。

另外值得一提的是，如果你自己不是一个社交媒体的玩家，那么可能你很难与网友建立联络关系。比如如果你在社交媒体上向我发私信希望商业合作，除非你能证明自己来自知名企业（需提供名片证实），如果你的社交账号显示没有任何个人动态，那么很可能我就不会回复你。原因是我不知道你是谁，对你没有基本的信任感。因此，也建议大家不要将社交媒体仅仅视为娱乐的地方，它其实也是展现你职业修养的领域。

第三节　供应商开发评估

在开发新供应商时,我们同时要对供应商进行评估。评估的目的主要是确认供应商是否与自己的业务需求匹配。

一、通常的评估维度

1. 对大型工厂的评估

通常大型工厂面对的买家也都是大型企业。因此评估体系可谓复杂、丰富。通常评估维度主要包括以下方面:

- 企业股东构成、股东关系、债务情况等。
- 业务现状:通常包括供应商的现金流状况、产能、销量规模及库存状况等。
- 生产效率:体现工厂的生产管理水平。
- 生产流水线状况:通常包括工艺流程设计、小组数量、小组人数、工人技能水平等。
- 工厂设备的完整性及自动化程度。
- 工厂的整洁性与安全性:体现工厂的管理是否有条理、消防安全是否到位、劳工工作环境安全是否符合标准等。
- 工厂的劳工环境:通常包括对工人是否友善、工资是否按时及足额发放、其他福利环境等。

2. 如果供应商是知名品牌

如果供应商是知名品牌,作为买家(经销商),很可能你所面临的是供应商选你,而非你选择供应商的局面。不过,也正因为如此,当你的供应商是知名品牌时,作为买手,更为重要的是了解品牌公司对经销商的要求,而非你去评估它的好坏(当然应该评估其是否适合自己的经销业务)。

通常来说,知名品牌公司在选择经销商时,首先往往看的并不是钱,而是经销商企业的价值观、目标消费群体及市场声誉度是否与自己的品牌能相媲美。我曾经碰到一些挺有钱的企业老板,他们很纳闷自己为什么会被一些知名品牌公司拒之门外:"我来给你送钱,你却拒绝我买你家东西?"知名品牌之所以成为知名品牌,就是因为他们不仅仅看经济能力,也要看价值观、企业文化、市场声誉度等柔性因素。

其次是经销商企业业务的健康程度，这方面主要看其现金流、负债率、应收应付款及库存状况。

知名供应商最后评估的才是经销商的经济规模。通常来说，知名品牌会对经销商分级。对不同级别的经销商的要求及给予他们的政策支持及订货价格是不一样的。经销商也可以通过其官方渠道（官网通常都有联络电话）了解品牌公司的渠道策略。这些渠道策略包括：品牌公司目前有哪些渠道类型？以及各个渠道类型的战略地位分别是怎样的（通常都有主次之分）？品牌公司是通过什么渠道和方式来拓展新渠道的？等等。

3. 如果供应商是小公司

如果你面对的供应商是小公司，无论是一家小工厂，还是一个设计师工作室，一定要见老板本人。老板人靠谱，企业就会靠谱。另外，现实中我发现很多人对于小单业务都不签合同，我则建议大家无论多小的业务，至少也要有一份书面协议。现在很多专业法律网站会提供免费的合同模板，大家可以找到适合自己业务状况的模板微调后使用。另外，对于小型公司，在双方签订协议后也要获取一份对方的身份证复印件。我曾碰到过一些创业者支付定金给工厂后，工厂老板逃了，自己却连对方叫什么名字都不知道的状况。虽然订单不大，但是如果小坑不防，未来就可能跌入一个更大的坑。所以防微杜渐，养成良好的商业行为习惯很重要。

二、如何与新供应商接洽？

1. 给供应商做背景调研

在了解了评估内容后，又该如何给供应商做背景调研，以便了解上述内容的真实性呢？

如果供应商是上市公司，那么最简单的方法就是去研究他们的财报。上面几乎包括了上述所有内容的资讯。

一个当下更有效的工具是"天眼查"。这是一家基于公开数据对企业进行资信调查的软件工具。在这个软件上，只要输入相关企业名称，即可显示这家公司的股东名字、股东结构、公司背景、司法风险、经营风险、公司发展及经营状况，以及旗下所拥有的商标与知识产权等非常详尽的信息。

当然，百闻不如一见，最好的调研方式是去现场拜访供应商。即使因为一些原因无法去公司或者工厂拜访，也可以去店铺观察员工的精神面貌及工作态度等。

最后,通过熟人也是一种了解方式:比如通过该供应商的供应商或者经销商,或者有业务关系的商场,已离职的员工等来了解其真实的运营情况。

2. 供应商需要提供的资料

作为合作双方,企业都需要供应商提供相关资质证明。这些相关资料主要包括:

- 企业证明(营业执照等)。
- 商标注册证。
- 特殊行业证(金融、食品、护肤等)。
- 品牌授权证明。
- 质量检测报告。

3. 与供应商初次接洽所应注意的商务礼仪

理论上商务礼仪不该是买手专业内容的部分,但我在工作中发现许多青年人已经没有"商务礼仪"这样的概念了。这与我们长期靠手机阅读与发信息也有关系。给大家举例说明两个例子,它们都是我经常碰到的现象。

"冷芸老师,我是XX知识付费内容合作的负责人,希望有机会能和您达成合作。"

这是我在自己社交账号上收到的众多私信案例中的一个,但很有代表性。

我没有回复这封信。因为从这封信我就看得出写信人的职业修养不高。在互联网上,大家彼此不见面,只有靠文字去感悟这个人是什么样的人!从人的本能与本性而言,大家都只会选择自己觉得可靠、值得信任、有修养的人交往。因此,当你发给陌生人的信无法体现这些要素时,你很可能就不会收到任何回复。

这位网友的联络函有什么问题呢?其一,他/她没有写自己的名字,也没有附上自己的名片以证实自己的身份。而在网上,大多数人首先关心的问题是信任问题。其次,写信人没有介绍自己的公司背景(所提供的企业名字并非一家知名企业)。其三,他/她没有说明究竟希望与我合作什么?

因此,如果我是这位负责人,我会这样来写这封信:

"您好!XXX。我是XXX机构的负责人XXX。随信附上我的名片(证实自己的身份)。我们机构是一家XXX样的公司(企业简介)。我联系您,是希望询问您是否有意与我们在XXX方面合作(合作诉求)?如果您希望了解更多的内容,您可以这里私信回复我。期待得到您的回复(期待联络对象的行动)!"

大家可以比较下前后两封信的样式。如果你是收信人,你会更愿意回复谁的私信呢?

因此,如果是通过网络私信第一次联络供应商,请注意你写的信函就代表了你个人及企业的形象。一封有职业修养的信函应该包括以下要素:

> 称呼(很多人发私信都没有称呼)。
> 商业信函要做到简单明了,提高大家的阅读效率,因此不能太长。但又必须把问题写明白,因此也不能太短。
> 自我简介(你是谁?你所代表的机构是做什么的?你在公司担任什么职位?你的公司优势是什么?),并随信附上名片。特别是如果你代表的是知名机构/企业,则更需要能核实身份的资料来证明自己的身份。
> 联系事由(你为什么联系对方?你的合作诉求是什么?)。
> 说明对方对自己的重要性,以及自己可以为对方带来的利益。(联系对方一定是看重了对方某些优势。趁机赞扬下对方也能让对方感到愉悦。同时也要说明自己能为对方带来什么利益?商业合作,互惠互利是合作基础!)
> 期待接下来具体的行动。(比如期待得到对方的回复;期待与对方见面;询问对方如果有意向,是否可以在具体某个时间约着见面等。总之,一定要有接下来的行动建议,才可以提高对方回复的可能性)。
> 信尾写上祝颂语,如"顺祝商祺"等,发信人的个人信息、签名等。

关于商务礼仪,另外常见的一个问题是个人仪表。特别是本书的阅读者大部分都在服装公司工作,理论上其实应该更注重着装了。但以下两种人却是我在商务会谈中见过的最多的两类人:一类是只穿黑色西服套装的人;另一类是只穿休闲装的人。如果双方初次会面,且会谈是比较重要的,我建议大家一定要在着装上做细致考量。千万不要穿着短裤(即使只是在膝盖上方),或者超短裙去见一个重要的商业客人。你的着装需要说明你是一个可靠、严谨且专业的人。另外,作为在时尚业工作的人,你的着装还应该说明你是有时尚品位的人。总之,不要忽略这些仪表方面的细节。

第四节 签订协议

如果甲乙双方都希望合作,那么就到了签订协议的时候。

在现实的商业活动中,合同原则上是由公司法务或者特聘律师负责的。不过,合同中与商业有关部分的条款,一般都是由业务负责人确认的(因此也可能是买手负责人),所以业务人员可能也和律师有所接触。

业务人员与律师之间因为立场有所不同,有时两者之间也会有小摩擦。业务人员更多考量的是经济效益,在谈判时会考虑为己方争取利益,但也会考虑做些有条件的妥协或者让步。但律师主要考虑的是最大化地保护自己当事人的利益,他们并不更多考虑对方的利益问题。但从业务的角度来说,如果只考虑自己的利益而不顾及对方的意图,这样的合作是很难成功的。所以通常业内做法是,与业务相关的条款由业务去谈,并由此形成一份"关键商务条款备忘录"(Key Terms and Conditions,简称"关键条款")。随后再将这份"关键条款"交由律师去完善法律相关的条款。

下面我以销售代理为例,分享一份这方面的条款模板。这份"关键条款"基本包括了比较完整的商业合作条件,也是业内比较通用的合作模板。

斜体字代表名词解释。
中国区内零售协议之关键条款

甲方:(*授权方公司名称*)
乙方:(*被授权方公司名称*)

甲方授权乙方按以下条件零售以下所列产品:

1. 零售区域:(*授权区域*)

2. 合同期限:(*合同签几年?*)

3. 产品:(*是品牌旗下所有的产品线都授权给乙方吗?还是只授权部分产品线?*)

4. 采购价格:
产品交货地点为_____

交货地点是甲方仓库？乙方仓库？还是第三方仓库？这是个非常容易被忽略的细节。如果忽略了该细节，后期会产生运费由谁支付，以及运输过程中如果货物发生丢失或者损害，该由谁来赔偿的问题。

乙方采购价格是建议零售价格的_____%（注明采购价）

5. 付款条件
乙方何时付款？分几期，按什么比例付款？

6. 经销商管理费
经销商管理费通常按照店铺收取。这笔管理费主要用于甲方为乙方提供的开店服务或者支持(比如店员培训等)。但不是每个甲方公司都会收取经销商管理费。

7. 广告与促销义务
如果甲方是知名品牌，他们可能会要求乙方在当地市场每年至少花费乙方通过代理甲方品牌所获得的销售收入的特定百分比的金额用于市场营销，以推广甲方的品牌。

但是并不是所有甲方都会要求这样做。有的甲方甚至会禁止乙方自行推广甲方的品牌。

8. 每年最低采购目标
通常甲方都会强制规定乙方每年从甲方采购达到的"最低金额"，并且设定每年的"最低新开店铺数量"。

这里值得注意的是，合同要列明该金额究竟是含还是不含税(增值税)的金额，以免未来引起双方的误解。因为财会里的成本是不含增税的，而业务一般都是按含税价计算的。

以及，如果乙方实际未能达到最低采购目标时，甲方如何处置这种情况？

9. 甲方支持
甲方可以给予乙方什么样的支持？通常这些支持包括：
➢ 允许乙方一定额度的换货率与退货率。
➢ 如果乙方的实际采购金额超过双方约定的采购目标(采购目标要高于最低采购金额)百分之多少时，甲方可以给予乙方一定的返利。
➢ 甲方可以给予乙方其他方面的支持(比如装修、道具支持等)。

10. 报告及预算

知名品牌通常会要求经销商提供详尽的关于本品牌的销售报告。不过,这点在实际执行过程中并不总是能够得到充分的执行。

11. 知识产权

知名品牌都很在意保护自己的知识版权,因此合同中会特别澄清乙方对甲方商标使用权限的范围。

12. 合同终止

合同在怎样的条件下可以提前终止或者终止?

13. 适用法律

中华人民共和国法律。

第五节　供应商合作后的评估方法

与前面第三节的评估目的不同,这里的评估指的是甲乙双方在合作了一段时间后,应该如何评估自己的供应商。根据鞋服业的特点,我总结了以下10个评估维度。

1. 业务指标

这个业务指标包括供应商品牌(工厂)在本企业总业务收入中的销售额(采购额)占比。以及该品牌为本企业贡献的毛利占比是多少?

仅仅看销售额会太片面,因此也不妨看看该品牌在本企业中的销售额排名,或者看看从该工厂采购的金额在本企业的供应商中排名是第几位?

不过,对于多品牌买手店铺来说,单看销售额及排名也不完全可靠。因为每个品牌的单价不一样,所以建议同时要看销量排名、售罄率排名及库存周转天数等关键指标。

2. 产品品质

衡量产品品质的指标有很多。这个都可以由企业自行定义。

通常与"产品品质"相关的指标包括:

对于线上店铺而言,"好评率"是个不错的参考值。企业可以按照自己的数据来定义多少百分比的好评率算"优"?多少百分比的好评率算"差"?

对于线下及线上企业,还可以看"退货率"。

其他可以参考的指标包括"客户投诉(产品品质)"的占比等。

优秀的品牌公司或者工厂会有自己的质量检测体系和标准,而且这种标准通常会高于国家标准(否则就没有必要自己单设标准了)。有这类体系的供应商,也可被视为"优秀"的指标之一。

3. 供货能力

如果大家参加过订货会,一般都会知道,基本上订单满足率(按时、按量到货)都不会是100%。通常买方允许到货率与延期率有一定比例的误差。合理的误差内即可被视为"良好"或者"优秀"。

其次,大货和订货样品在设计与品质上是否保持了一致?参加过订货会的买手可能也有这方面的经验,即订货时看到的产品样品是一个样子,而收到的大货是另一个样子。比如前后色差比较明显;或者某些款式细节有所变化。优秀的供应商会及时通知买方订单有什么变化,而管理混乱的公司则往往不会考虑到这个环节。

4. 价格

供应商所提供的价格是否有市场竞争力?以及,供应商的价格是否稳定?通常来说供应商不会随意变动价格。但某些情况下,如果生产过程中产生一些意外(比如原材料突然涨价等),供应商可能会变更报价。如果这种变动出现频率过高,说明这个供应商生产管理不善,采购方需要谨慎对待!

5. 售后服务

这里的"售后服务"是指 B2B(公对公,供应商对买家)之间的服务,不是 B2C(面对终端消费者的售后服务)。不过,对于知名品牌而言,B2C 售后政策取决于 B2B 的售后政策。品牌公司原则上都有自己的退货或者换货政策。这是在双方所签订的合同中都会约定的条款。

6. 发货效率

这个方面主要包括发货准时率、发货数量的准确率、装箱的准确率、包装的完好程度等。这个主要是考验对方供应链及物流能力。

7. 与本公司之间的沟通效率

企业可以自行决定如何定义"沟通效率"?比如,对方有问题是否会主动联系并告知问题?是否会主动关心双方合作的长远性问题(比如约见会谈)?联系对方时,对方是否会高效回复(企业可以自行定义何为"高效")?双方之间的沟通策略是否明确?这里的"沟通策略"是指,针对不同性质及级别的工作内容,双方之间是否设立了不同层次的沟通机制?比如重要的事情,双方必须要以书面形式进行沟通,且传达到哪些相关部门的人员。日常沟通,是否有点对点的相关沟通者等等。

8. 对供应商合作团队的评价

对方员工的专业度、工作效率等,是否总体让本企业满意。当然,这些多少都会带有主观因素。因此一般建议团队成员一起评估,尽量减少个人主观的因素。

9. 财务方面的考量

供应商现金流稳定性如何?负债率如何?可能会有人好奇:我怎么知道对方的现

金流状况（除非对方是上市公司）？其实一个很简单的判断方法就是，如果供应商出现了现金流问题，它供应新产品的频次就会越来越低。因此，如果你发现你的供应商有这个趋势或者迹象，就需要提高警惕了。

10. 是否有获得了任何 ISO 标准的认证

一般国内比较知名的且有规模的鞋服企业工厂有这样的认证。这也是企业资质证明的一种。

在了解完评估维度后，买手需要关注的就是评分标准了。任何评估方法，一定要有一个清晰的定义标准，否则就会导致评估过于主观的问题。比如，多少的年销售额属于"优秀"？多少的规模又属于"一般"？多少属于"差"的业绩？这个标准根据各公司不同的规模及商业模式会不同，但企业一定要设计好清晰的定义，否则不同的评估人可能就会产生不同的评估标准。

重点总结

一、开发供应商时,即使对于再小的企业,也应该至少保证每个品类有 2~3 家的供货商。对于重要的生产订单,除非是非常值得信任的合作工厂,否则不要一次性将一笔大单放在一个工厂,至少需要有一个备用工厂,或者可以考虑分批下单。

二、选择工厂时,除了工厂的专业度问题之外,还要考虑到规模的匹配度。不要一味追求大,而要追求合适。其次,距离的远近及工厂的安全性都是要考虑的因素。

三、开发多品牌时,要考虑以下因素:

(1) 品牌大小规模及强弱、新老的组合。
(2) 海外与本土品牌间的组合。
(3) 价格定位的组合。
(4) 买断与寄卖模式的组合。
(5) 风格的组合。
(6) 潮流周期的组合。
(7) 标品与非标品的组合。

四、供应商开发渠道通常有以下渠道:

(1) 熟人推荐。
(2) 行业展会。
(3) 行业协会。
(4) 行业社群。
(5) 社交媒体。

五、开发新供应商时,对于不同规模的企业评估方法不尽相同。大企业都有自己的评估体系。小企业则需要与老板见面,且不要因为订单小而忽略签订合同等细节环节。

六、接洽新供应商时,一定要注意基本的商务礼仪。也不要忘记给供应商做背景调研,以确保对方所提供资料的真实有效性。

七、供应商合作后的评估维度主要包括：

（1）业务指标。
（2）产品品质。
（3）供货能力。
（4）价格。
（5）售后服务。
（6）发货效率。
（7）与本公司之间的沟通效率。
（8）对供应商合作团队的评价。
（9）财务方面的考量。
（10）是否有获得了任何 ISO 标准的认证。

案例一：我参加意大利 MICAM 鞋业展的经历分享

本案例素材及文字均由程珍珍提供。

程珍珍

经济学本科学历。曾任职于香港利丰集团。在做了 9 年服装行业外贸跟单及采购后，于 2017 年参加了冷芸时尚的线下初中级买手课程，并在同年转入买手岗位。曾任运动品牌经销商锐力健身装备有限公司耐克产品部买手。现任轻奢女士服装配饰品牌 Inniu 中国区买手。

意大利 MICAM 国际鞋业展览会起源于 1931 年。每年 2 月、9 月在米兰举办，分为春/夏和秋/冬展，每届展会举办时间为 4 天。每季约有 500 个意大利本土及其他国家参展商。它是欧洲影响力最大、档次最高、规模最大的国际性专业鞋展，也是当今国际市场流行趋势的风向标。

1. 订货前期准备

首先需要去官网登记注册。登记完成后需要保存好电子版参展牌。每次进展馆均需电子扫描参展牌。

其次需要为自己办理签证。如是首次办理申根签证，则至少需预留一个月的办理时间。委托第三方代理递交材料可以节省自己更多的时间。不过首次办理仍需本人到领馆按指纹，排队时间约 2~3 小时。有 VIP 快速通道，可以半小时完成整个流程，但需要另外缴费。

接着则是用电子邮件与展会供应商邀约见面及订货时间。

临行前，买手需要准备好所有订货资料。这些资料包括商品企划、本季的销售预测及 OTB 预算。

2. 抵达第 1 天与第 2 天：拜访老供应商展位并订货

进展馆后第一时间先去前台领取展位图册，找到老供应商展位号并标注好预约的会谈时间，然后按计划时间逐一拜访供应商。

选款

依据历史销售中畅销款及滞销款的分析结果,初步挑选适合本品牌销售的款式。请供应商介绍其主推款式,如符合本品牌定位则加入待选款清单。对于有意向购买的鞋子,需要亲自试鞋,体验其舒适度,发掘产品可能存在的问题点。部分展位会请模特走 T 台,也可请模特试鞋,观察上脚效果。

商谈价格

通常,各家企业的买手都会对选定的样品做配饰及细节上的改动以免与其他品牌撞款。供应商则会按本品牌以往的采购量标准报价。如采购方特别看中的潜力爆款,可以预估给供应商可能的订量规模,以便为本企业争取更优惠的价格。

拿到所有所选款式的报价后再与供应商商谈具体拿货折扣。欧洲供应商一般不会提供明细报价,不会就单款讨价还价,但买方可以在付款方式、订量等方面给供应商一定的优惠,以换取更优惠的批发采购价格。

下样品单

买手现场确定样品配色。一般都会选择些该款展会样品上没有的配色,这点主要为了避免与其他买家撞款。随后双方确定交货时间。通常情况下,样品交货时间为两周。

样品订单整理

晚上整理样品订单。订单内容包括产品款号、价格、跟高、面料材质、颜色、配件颜色以及基于展会样品所需要做的设计/工艺修改等,并发送给供应商确认。

3. 抵达第 3 天与第 4 天:开发新供应商

到了第 3 与第 4 天,就可以开始开发新供应商了。首先对展会的供应商有大概的了解后,可以针对与自己店铺风格定位相似的供应商做些深入了解。

4. 开发新供应商流程

首先是测试其报价是否在自己店铺的接受范围内。可以选择一些自己看中的样品,请其报价,再乘以加价倍率后,看吊牌价是否与本店铺价格段相匹配。如价格匹配则可进行下一步的了解。

其次要验证工厂的可靠度。在欧美,注册公司是很容易的事情,所以有企业注册证并不难,因此不能仅仅看证,一定要与对方进行交流。可以先与老板本人交谈,了解其具体产地在哪里。然后了解其工厂生产效率情况,包括工人人数、机器数量、年产量以及目前合作的品牌有哪些。我们此次开发了一家新贸易商,老板是个 27 岁的温州小伙,但已是移民意大利的第二代。与其合作的意大利制鞋厂有 200 余家。虽然因为赶时间我们没有来得及参观他的鞋厂,但是温州商人是出了名地讲诚信,而且他提供的信息也比较翔实,所以我们还是下了订单给他。

接下来就要洽谈具体的合作条件。对于一般中小型进口商,通常合作条件包括以下内容:

(1) 成交方式

我们要求工厂做 FOB(Free On Board,也称"离岸价")报价。卖方负责出口报关并按时将货物送上买方指定的船只,货物装上船前,一切风险由卖方承担。

(2) 付款方式

首次合作我们选择的是信用证付款(L/C)。这是一种有条件的付款方式。付款方可以指定银行只有在满足了付款方的付款条件后,才放款给供应商。

(3) 起订量(MOQ)

意大利因为大多是只有十几二十人的家族小企业,对产品起订量要求也是相当的宽松,基本十双鞋就可以起订。

(4) 交货期

意大利鞋大多为半手工制作,制作周期长,一般需要三个月交货。

(5) 下样品单

确定样品交货时间并整理 Order Recap 发送给供应商确认。

5. 关于下大货订单的流程

在回国收到样品后便可以进行第二轮选款了。意大利的样品鞋为 37 码。由脚模试鞋,体验鞋子的舒适度并发掘面料、做工、设计、尺码等方面可能存在的问题。通过这个过程淘汰掉有问题的鞋款。

根据前期的商品企划及看样情况,开始做大货订单并确认交货期。

供应商发送 PI(Proforma Invoice,预开发票)。采购方签字确认并回传给供应商。

买方开具信用证。

货品订单完成60％时,买方可以派专人在当地进行中期验货。

货品完成生产后,买方派出质检人员进行验货。按订单数量不同,抽检比率一般在10％~30％之间。

质检部需向商品部反应大货的质量问题。由商品部决定是否接受货品或者是否需要与供应商协商打折收货。

物流部组织船运。

货品到仓后,由总仓组织发货到店铺并上架销售。

案例二：供应商如何帮助品牌方（店铺方）有效降低库存？

以下案例主要由林梓江提供素材。文字经冷芸助手陈畅整理编辑。

林梓江
一个由数据处理专业转行而来的制衣工厂负责人。希望通过服装行业的数字化及数据共享，改造和完善服装产业供应链，做到真正的柔性生产和快速反应。自有公司创办于1996年，前身为潮阳市佰龙实业有限公司，是一家专业的纯棉T恤生产商。22年来，工厂累计生产纯棉T恤超过8 000万件。合作伙伴包括United Athle、永辉超市、七匹狼等。

合作品牌方简介

2019年，我们工厂与一家天猫旗舰店店铺尝试合作了快反订单的做法。以下是我们实践的过程与结论。在此分享给大家，希望能对读者有些启发。需要说明的是，我们的实验还在实践过程中。以下的数据只是到截至本文分享前的数据。日后，我们可能会探索出更多更有效的方法。

该店铺为男装品类。我们合作的是T恤。其基本款零售价为39元；设计款T恤零售价为59~99元。从T恤价位及设计风格来看，大约对标班尼路、美特斯·邦威这样的品牌。

我们第一阶段的实验从2019年3月3日起，8月10日截止。基本款A（SKU数为35）[1]，生产数量53 268件，零售库存余1 968件，产销率为96.31%[2]；设计款B（SKU数为15），生产数量7 228件，库存335件，产销率为95.36%；设计款C（SKU数为15），生产数量2 688件，库存308件，产销率为88.54%。

我方供应链简介

在面辅料备足的前提下，我们的供应链周期（从客户下单至出货之日）为3~7天。通常，净色T恤的翻单周期为3天。涉及额外工艺（刺绣或印花），也可以在7天内完成

1　SKU此处是指单色单码，即一个颜色有5个尺码的话，就有5个SKU。
2　产销率＝（生产数量－库存数量）/生产数量

出货。

在这次试验的阶段里,客户累计翻单 86 次,平均不到 2 天翻单一次。其中,单个 SKU 最低订单数量为 21 件,单笔订单最低数量为 131 件。平均一次翻单一般在 10~20 个 SKU,平均数量约 800 件。

案例分析

在这个案例中,如果按照以前传统的供应链做法,一个季度大概可以翻单三次,产销率在 70% 左右,而且这个产销率是在最后一个多月里通过不补货清库存的方式才能做到。

我们工厂正常承接的订单在 1~10 万件,而翻单 86 次,看似"高效",但这种翻单频率还是非常值得再商榷的。其实,从 5 月 1 日起,该客户就会向我们提供每天的销售数量及仓库库存,由我们直接依照数据进行订单计划和生产,每天出货。客户对于翻单并没有太多次数的要求和想法,他们保持高频次翻单最主要的目的是降低自己的库存压力。最终结果是一整个季度销售 5 万多件的情况下,库存量最高时只有 7 213 件。

在这个案例中,我认为一方面,我们有些积极的经验可以分享;另一方面,也有些方面有待进一步改善。

比较积极的一面是,这个案例体现了客户(品牌方)与供应商(工厂)进行供应链协同和数据共享后,是能够达到降低销售终端的产品库存同时保证产品的及时供应的。

理想中的供应链协同场景

理想的供应链,即如何在保证产品不缺货的情况下,做到库存最低。要做到库存低,就要缩短供应链的周期。如何用供应链协同来缩短供应链周期,最主要的是信息的互通以及风险共担,具体实施步骤如下:

1. 以款式 A 为例,销售部门做出款式 A 的季度销量预期,并且按销量预期的 20% 进行首单备货。

2. 终端每天获取款式 A 的销售数据,并且根据每天的销售数据调整 A 款式在该季度的整体销售预期;经过观察,我发现符合销售预期时,款式 A 的存货数量 S 将由供应链周期 d、每天销售数量 a 及冗余系数 k 决定,即 $S=(a+k)*d$。

3. 制造商根据销售部门的销售预期和终端的实时库存,可以核算出该产品的后续订单数量,并根据预期订单数量进行产品备料。备料可以极大地缩短供应链周期,降低终端的产品库存数量。

4. 同理,面料商和辅料商也可以根据制造商的预期订单数量和制造商的备料库存,相应地进行原材料的备货。

5. "冗余系数"是指每个产品根据 SKU 数量的多少及物流路程等可能出现的意外情况,多备留库存。但冗余系数的这个"系数"在实操中往往很难量化,通常需要销售部门来做。在本案例中采取的做法是,把供应链周期的一半来作为冗余系数,但这种方法目前并不健全,也许需要做数学模拟才能得到更为精确的数值。但总而言之,供应链协同的理想场景,就是通过数据共享,实现让制造商和上游的面料商及辅料商能够有的放矢地提前备货,以缩短整体的供应链周期。

供应链协同能解决哪些问题?

通过供应链协同来缩短供应链周期,本质是将原先归属于终端的备货,转变成了终端的一小部分备货、制造商的面料及辅料备货以及面料商和辅料商的原材料备货。业内人士都知道,因为环节很多,服装的供应链周期很长。拿纯棉 T 恤举例,从棉花采摘、棉纺、织造、染色、后整理、裁剪(刺绣/印花)、车间缝制,到后整理、打包,整个流程下来大概需要 60 天。这里的信息共享就是和供应商共享供应链系统。也就是正常情况下销售终端需要准备至少 60 天的库存。而在成衣制造商准备好材料的前提下,做裁剪(刺绣/印花)、车间缝制、后整理、打包。这个流程正常情况下需要 10~15 天,加速的情况下可以做到 3~7 天完成。在对销售终端数据透明了解的前提下,数据共享可以大大提前让所有供应方知道该如何主动备货。

在传统的模式中,终端的库存往往是按照预定的销售计划进行备货的。一旦遇到爆款的销售大幅度超乎预期,就很容易出现断货的情况。正常情况下的服装供应链,翻单周期都在一个月以上。一旦补货错过窗口期,翻单便很容易变成积压库存。所以很多时候,终端都会选择以售罄来结束该款式,转而努力销售其实并不好销售的积压款式。

而供应链协同的优势就在于:

1) 由于制造商可以主动提前备料(而非被动等待品牌商通知),生产周期非常短,很容易跟上爆款的销售节奏。

2）由于信息共享，在产品销量开始有明显上扬当天，从制造商到面料商、辅料商都会开始同步生产并准备加大相应的备料数量。

举例说明。今年我们客户设计款 B 本来预计销量是 2 500 件，但截至 8 月 10 日最终销量是 7 228 件。在整个季度自始至终都没有出现过缺货的情况。在款式 B 上架的第二个星期里，现实销量开始超过销售计划的销量了，一开始超出不多，只有 10%，所以第一单翻单只补了 250 件；同理，后续销量继续上扬，销售计划出现变更时，翻单也同步进行。

如何实现理想中的供应链协同场景？

很多时候，销售数据是一个品牌的机密。品牌终端是否愿意把数据给到供应链企业？又如何保证销售数据只在整条供应链里流动而不外泄？是否信息共享只能在合作很久、很有默契的销售与供应商之间才可以做到？

其实供应商需要的销售数据，第一是销售商每天精确到每个 SKU 的准确销售数据；第二是销售商的实时库存数据。

而我方作为供应商，通常满足以下三点时，就愿意做到愿意为客户提前备料：

1）客户需要提供实时销售数据和仓库库存，以及季度预期销售计划；销售计划会随着实时销售数据更新。

2）在销量远不如预期销售数量的情况下，销售商和工厂会利用已存备料尽量开发其他款式，促进备料销售。

3）在开发款式均不能合理销售的情况下，工厂会将产品以成本价出售给销售商，销售商通过打折低价促销的方式进行销售清仓。

对销售和供应商而言，如果是陌生或不够默契的合作，的确很难冒着风险交付数据、提前备料。因此通常都是长期合作形成一定默契的供应商与品牌商才能实现供应链协同，也就是本文开篇案例中所提到的。

而在这个案例中，其实最初的销量预期和最终的实际销量差别很大。比如款式 A 最初目标销量 20 000 件，款式 B 最初目标销量是 2 500 件，款式 C 最初目标销量 1 500 件。但因为在供应链周期足够短的前提下，客户做的计划销量可以尽量保守。在最终则依赖于透明的数据交流以及高效的供应链系统，我们帮客人实现了远超销售计划的目标。

但本次实验中也有一些值得改进的方面。比如 86 次的翻单是否真的值得学习？我认为频繁的少量多次翻单，其实会造成一定程度的成本上升和损耗增加。我个人认为，在供应链里的高效，应该是尽量让生产的成本最低、风险最小并且收益最高。因此如何在规避库存风险的同时又不大幅度提升生产成本与损耗才是我们有待系统考量的方面。

一个可行的解决方案是，基本款低值款完全可以不用做快速翻单的节奏。因为这种款式库存风险低，可销售周期长，且销售比较有规律可循。而对于设计款来说，其产品附加值高，增加的物流成本和管理成本在增长的销量面前其实占比很低；其次，设计款一旦款式滞销，是真的很难卖出去，所以库存需要尽量少。因此对于设计性比较强的款式，快速翻单倒真的很有必要。

第九章
供应商的开发与管理

练习

1. 以你个人开发供应商的经验而言,你认为自己开发供应商最大的难点是什么?是什么造成了这些难点?有哪些可能的解决方案?

2. 以你个人管理供应商的经验而言,你认为管理供应商最大的挑战是什么?是什么造成了这些难点?有哪些可能的解决方案?

3. 请了解下自己所服务的品牌以及周围竞品,究竟有多少企业愿意与自己的供应商做到数据共享?他们愿意,或者不愿意这样做的主要原因是什么?

工厂的困惑

插画:袁星

第十章 综合案例

为了给读者们更多角度的启发,我从我的学员以及冷芸时尚圈社群群友的企业案例中选择了一些有代表性的案例分享给大家。以下的综合案例既有涉及线上电商的也有线下零售实体店的,毕竟本质上买手的工作是通过自己智慧的采购最终为公司实现售罄目标。

这些案例并不涉及企业的内部数据。我们只是将真实案例梳理后将其背后的方法论分享给大家,希望对大家有所启发。大家在运用时,应当结合企业自身情况进行灵活运用,而非完全照搬。

以下案例的文字部分均由陈畅根据案例素材重新整理,由冷芸本人审核。若未特别说明,图片均来自案例素材提供者。

案例一：电商大促当前，买手需要做好哪些准备工作？

案例素材提供者：幺幺

幺幺

东华大学服装设计学士学位。曾任职于台晟（上海）服装公司、拉夏贝尔服饰股份有限公司及上海宝尊电子商务有限公司。拥有9年服装设计与产品管理工作经历。曾在冷芸时尚学习买手课程，并成功转型做电商买手。

随着中国互联网络发展渐趋成熟，各类电商平台迅速铺展线上市场，这一切都改变了全民的消费习惯和节奏。由电商发起的各类电商促销节也成为商家绝不可忽视的销售节点。作为电商买手，如何能在每次大促时掌控全局？我们需要做好怎样的准备？

一、大促之前，先了解好这些数据维度的信息！

作为电商买手，需要在大促之前对数据维度进行思考，这些数据维度是策划每次大促之前所需要掌握的重要参考依据。针对电商大促这一特定的活动而言，需要掌握的数据维度可以分为以下几个方面：

1. 了解电商平台的活动周期及节奏

电商平台发展迅速，影响面广。电商买手必须适应并了解各大平台的活动周期及节奏才不会错过"平台造势、全民买单"的大促最佳时期。那么怎么了解活动的周期和节奏呢？电商平台一般都会有跟进表，如表10-1。

表10-1 电商平台跟进表

平台	6月 日期	周六 1	周日 2	3	4	5	6	7	周六 8	周日 9	10	11	12	13	14	周六 15
天猫	活动名称	618大促（第1波）S级			风尚日预热		风尚日		运动日预热	运动日				618大促（第2波）预热		
	其他要求															
	活动名称	聚划算			聚划算清仓预热		聚划算清仓		聚划算预热	聚划算						
	其他要求															
	活动名称						品牌排位赛									
	机制															

续表

平台	6月	周六	周日						周六	周日					周六
	日期	1	2	3	4	5	6	7	8	9	10	11	12	13	14	15
天猫	其他要求															
	活动名称				店铺活动					店铺活动						
	其他要求															

2. 销售额预估

根据往年的数据以及品牌以往数据，电商买手需要预估大促的销售额。同时销售部或者电商运营部也会给出目标销售流水金额。与此同时还有品类占比预估，比如鞋服配各自的销售占比、明细品类细分目标等。

3. 货品数据分析

分析货品数据是买手了解业务核心内容的重要方式。货品就是"子弹"，做好数据分析，了解货品的库存和销售明细，并且按月份、品类、数量、客单价、流量、转化等各方面对任务进行拆解。只有经过周全的考虑，子弹才能打中靶心。

二、买手在大促前及期间还要做什么？

大数据时代，数据分析走在前面。以大数据为基础，从多维度来思考，把策划方案做周全之后，就需要落实到具体细节。商品买手在大促前还要做好以下工作：选品、设价、排墙铺品，并且在大促后对整个大促进行复盘。下面我们一一细说。

1. 选品

前期已经根据往年同期数据了解了货品销售与库存结构，接下来就需要根据销售目标流水金额来进行选品。选品首先也要看相关SKU历史的销售表现情况。我们一般会拿出近30天的销售记录，按销售金额找出前80%的主力款，这便是我们常提到的"二八原则"。

此举的目的在于了解目前货品中哪些SKU是主要的生意来源；其次，根据销售金额或者数量找出畅销款和滞销款；第三是从运营层面来看转化率，即按"流量"与"转化率"两个维度找出"明星"产品、"潜力"产品、"问题"产品和"淘汰"产品。这四种产品与流量、转化率的对应关系如图10-1。

图10-1以"流量"与"转化率"为纵横轴，区分了以下四类产品：

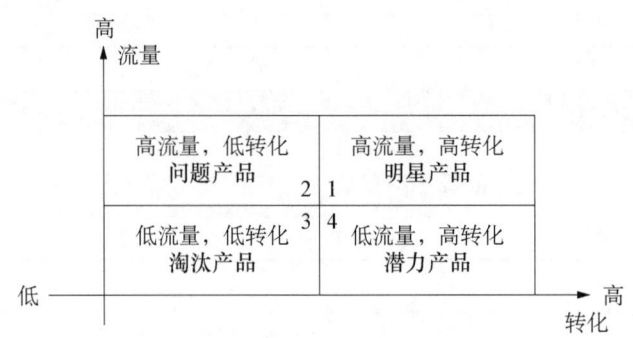

图 10-1 四种产品与流量、转化率的对应关系

明星产品:指高流量、高转化率的产品。
问题产品:指高流量、低转化率的产品。
淘汰产品:指低流量、低转化率的产品。
潜力产品:指低流量、高转化率的产品。

在销售表现的基础上,买手也要根据品牌和大促的定位来综合选品。选择什么样的款去参加活动很重要。找出了以上四类产品,并不是说我们在每次大促时会固定选择某一类产品,而是要根据活动要求以及活动定位来灵活决定。

例如可以用"潜力"产品做上新活动、"问题"产品来做促销活动、用"淘汰"产品做清仓活动。除了这三类产品,还有"明星"产品。明星产品自带高流量和高转化率,因此在大促活动中承担的角色主要是引流。但是如果选择所有的明星产品去做活动,无疑是自残的举动,因为这会极大地牺牲毛利,也会影响其他款的销售。因此我们通常只选择一部分明星产品进行引流,同时保证和支撑销售。至于每个 SKU 的数量应视活动大小来定,通常建议选择库存高的产品且要控制好 SKU 量,不宜过多。另外要同步根据流量和转化率来选择潜力产品,增加其曝光度、加大推广力度。问题产品和淘汰产品也要重点关注,并额外设置促销价以促进转化。针对这些产品进行合理的大促,不仅可以吸引流量,还可以促进消化库存。

有的品牌,并没有按上述四大类产品进行分类,而是简单地对新老货品区分进行销售。新老货主要根据货龄,即生命周期来进行区分。并且重点关注库存高(库存比>6个月)且售卖周期超过 3 个月的货品。在线上大促活动中往往会出现一个有趣的现象,即老货比新货卖得好,因此运用线上大促来解决滞销问题是一个不错的方式。

2. 设价

选品之后,就是设定价格,业内简称"设价"。

第十章
综合案例

设价前首先需要了解电商平台所设定的游戏规则。无论是线上还是线下的零售平台，对零售价格都有自己的游戏规则。因此，了解这些规则很重要。

以天猫平台为例。天猫平台在2019年4月，也就是"618"大促前，发布了关于"商品价格力"的指标。该指标将影响商家的流量大小，并同步推出"消费者价格保护服务"。所谓的"商品价格力"也就是商家给消费者的优惠程度。该指标越高，商家所获得的流量会越高，反之流量会越低。其次，参与活动的商品若在活动结束后的15天内出现降价，消费者可申请补回与差额部分等值的款项，系统将自动根据价保规则计算差价对顾客进行补差。此类规则被称为"价保期（价格保护期）"。按天猫平台规则，"价保期"15天的计算方式为：活动结束后的15个自然日，如双11的活动时间为11月11日，价保期则为11月12日~11月26日。

在了解了销售平台的规则后，商家便可以根据不同分类方式从以下几个维度来设价：

（1）按品类分别进行设价

比如鞋、服、配（饰）品类，男、女、童品类或者按系列分类（如主题款、常销款、形象款）。

1）根据生意贡献占比来定价。比如鞋子销货速度快且为主要生意来源，则价格不能太低。在常规价基础上适当下调，确保能正常提报活动即可。

2）根据库存深度来定价。比如衣服售卖不佳且库存量大的，则价格可以更加优惠，加快清仓速度。

3）根据SKU宽度来定价。比如配饰本身宽度不大且单价本身较低，价格不宜太低，宜控制好毛利。

（2）按货龄以及存销比进行设价

1）货龄在0到3个月之间的属于"新品"，当其存销比大于6个月时，根据活动级别适当降低价格。此时，新品参加活动的主要目的是增加曝光获取流量以加大推广力度。价格不宜过低，以免新品被贱卖。

2）货龄在4到6个月之间且存销比大于3个月的商品，需要增加曝光，可适当调低售价，并适当控制好折扣。

3) 对于货龄大于 6 个月且其存销比大于 3 个月的商品,是需要重点关注的款。可适当放大价格折扣力度以加速清仓。

(3) 根据某个时间段内单款或单色产品的销售表现来定价

这个时间段可以视活动力度而具体确定活动折扣。

1) 销量爆款:价格可以不变,提报活动只为引流。

2) 销量次爆款:SKU 销量高于平均单款销量,可将价格下调不超过 5%;如果 SKU 销量低于平均单款销量,可将价格下调不超过 10%。

3) 销售垫底款:价格下调幅度可加大。

3. 排墙铺品

产品的排墙铺品(线上的陈列位置)对于产品点击量和销量都有影响。在排墙铺品之前,首先要通过后台了解货品表现。我们一般主要关注一下几个方面:产品销量的历史表现、加购金额、收藏金额、优惠券领取数量、跳失率、点击率、停留时间及访问深度。

选品的具体陈列位置通常都会根据销售情况进行调整。活动规模大小不同,商品陈列位置调整的周期和频率也会不同。在"双 11"或"618"这样的大型电商促销活动时,需要对陈列位置每天都进行调整,给消费者更多的新鲜感,这样会有利于产品销售。值得一提的是,这种大型的活动通常会有预热和预售,在预热期间产品的排墙就要实时跟进。在排墙铺品时,注意不要将断色断码款要放在铺品里呈现。

表 10 - 2 与表 10 - 3 是在具体选品选陈列位时使用的数据表格。

一般的活动会根据预热效果调整,而大型活动则根据预热以及预售效果进行调整。通常在预热阶段,我们会先按"累计加入购物车的数量(加购)"从大到小排序,再根据"日均加购率"及"累计加购倍数"及"SKU 库存深度"来选款。

而到了"预售"阶段,我们会先按累计销量从大到小排序,再根据售罄率及库存深度来选款。

选款时,在库存尚未达到不健康程度时,建议将断码的 SKU 挑出来另外执行。如果库存比较严重的 SKU,无论是否断码都应该通过大促活动尽力售罄。

三、买手在大促后必须复盘总结

并非所有品牌或公司都会在大促后进行复盘。但复盘就好比总结,通过事后对数据的前后对比可以对整个活动进行各个维度的分析和总结。每一次大促产生的数据很多,比如计划目标与实际目标、重点指标的对比。对于全店而言,需要关注的重点数据指标在于销售额、动销率、转化率、顾客平均停留时长、UV 价值等等;针对单品而言,主要看的数据包括:UV 搜索转化率、支付转化率、UV 价值、顾客页面停留时长、静默下单率等等。另外,还可以从这些数据中总结出人群画像以及相关标签。

复盘为什么重要?从复盘中我们能够从宏观维度来了解货品表现,这些数据可以具体到畅销款、滞销款的分析,及导致它们畅销及滞销的原因,以此可以策划下一次大促时如何做到同比业绩的提升。在分析数据时,不仅要进行自家商品的分析,还需要通过收集竞品的相关数据进行竞品调研。同时要保留好每次复盘的总结记录。这些记录或为 Excel 表格,或为 PPT 文档,以便于查找和交接给其他同事。

电商大促近年来各方面都已逐渐发展成熟。对于消费者而言,这俨然是一场全民购物节。而对于品牌、商家以及买手来说,则是一次销售良机。只有把握平台销售机会,了解价格机制,玩转营销技巧,商家及买手才能在每一次大促时赢得市场先机,获得流量红利。

表 10-2 选品选列位陈数据表格

季节	款号	上市日期	品类大类	品类小类	产品描述	库存数	618活动价	备货数	金额	累计加入购物车(加购)	累计有效加购	累计收藏	累计销售额	累计有效销售额	累计UV	总体加购率	有效加购率	加购倍数	5月29日 收藏人数	5月29日 销售排名	5月29日 销售金额	5月29日 UV	5月29日 加购率	5月30日 收藏人数	5月30日 销售排名	5月30日 销售金额	5月30日 UV	5月30日 加购率

"有效加购"指加购支付率等于20%。加购支付率=实际支付件数/加入购物车件数。

"有效收藏"指收藏支付率大于等于5%。收藏支付率=购买件数/收藏件数。

"加购倍数">=4倍支付率不给任何推广不给任何位置,5倍即全部售罄。加购倍数=加入购物车件数/备货库存件数。

表 10-3 销售效果跟进表

日期	2019活动节奏	2018活动节奏	2019销售件数	2018销售件数	2019销售额	2018订单数	2019销售额	2019销售额比2018销售额年增长%	2019按天目标销售额完成率	2019全店UV	2018全店UV	2019全店UV年增长%	2019商品UV	2018商品UV	2019商品UV年增长%	2019商品转化率	2018商品转化率	2019商品转化率年增长%	2019售罄率(件数)	2019售罄率(金额)	2019加购件数	2019收藏人数
2019-6-1	618大促(第1波)	活动																				
2019-6-2	618大促(第1波)	活动																				
2019-6-3	日销	活动																				
2019-6-4	风尚日预热活动	活动																				

第十章 综合案例

续表

日期	2019活动节奏	2018活动节奏	2019销售件数	2018销售件数	2019订单数	2018订单数	2019销售额	2018销售额	2019年同比2018销售额增长率%	2019年按天目标销售目标完成率	2019全店UV	2018全店UV	2019年同比2018全店UV年增长率%	2019商品UV	2018商品UV	2019年同比2018商品UV年增长率%	2019商品转化率	2018商品转化率	2019售罄率(件数)	2019售罄率(金额)	2019加购件数	2019收藏人数
2019-6-5	风尚日预热	活动																				
2019-6-6	风尚日	活动																				
2019-6-7	风尚日	活动																				
2019-6-8	运动日预热	活动																				
2019-6-9	运动日	活动																				
2019-6-10	日销	活动																				
2019-6-11	日销	活动																				
2019-6-12	日销	活动																				
2019-6-13	618大促第2波预热	活动																				
2019-6-14	618大促第2波预热	活动																				
2019-6-15	618大促第2波预热	活动																				
2019-6-16	狂欢日	活动																				
2019-6-17	狂欢日	活动																				
2019-6-18	狂欢日	活动																				
2019-6-19	618返场	活动																				
2019-6-20	618返场	活动																				
总计																						

案例二：利郎是如何将公司特卖会延展为"线下双 11"活动的？

案例提供者：陈钊

陈钊

毕业于武汉纺织服装学院服装设计专业。曾任职七匹狼区域主管及国内上市运动品牌公司的华中区域经理。目前是一名独立服装设计师。

2018 年 12 月 7 日至 2019 年 1 月 20 日，利郎男装总部年终"福利会"的销售业绩突破 2 亿元，创造了历史新业绩。这个"福利会"已经连续举办 7 年，并从一开始消化库存的"特卖会"发展成为现在每年当地百姓都翘首企盼的盛会。其实每家品牌公司每年都会做"特卖会"，但鲜有其他品牌像利郎这样将特卖会发展成为当地一年一度堪比"线下双 11"的盛事与节日。不仅如此，它还带动了周边产业的销售。

下面是对该"福利会"的介绍。

"福利会"简介

利郎年终"福利会"在晋江举办，其所使用的场地面积在 5 000 平方米以上。除了本公司管理人员，"福利会"大约还雇佣 400 名学生做兼职工作，平均日销售 200 万元左右。在连续运营了 7 年以后，该"福利会"已经形成完整的运营体系（库存、人员、运营等）。今天，它已经不是我们所认为的一般企业特卖会了。在晋江，它已经成为一年一度的"线下双 11"那种盛世节日。

"福利会"入场流程

每人凭一张身份证可以领取 3 张入场券，每张券限购 5 件。前些年还有警察在门口维持交通秩序。不过这两年客流被有意分散成海底捞的排队等位形式。

"福利会"是否会影响品牌其他门店的业绩？

首先这种影响范围仅限于与总部在同一地区的店铺。其次为了尽量降低对同一地区的店铺业绩的影响，利郎另外开发了些"福利会"的专供款。其产品与其他店铺不完全一样。

为什么该"福利会"模式会成功?

就像"双11"一样,"福利会"如今已经成为当地一个盛大的线下节日。每年年底当地消费者都会蜂拥而至。以前"福利会"仅限处理库存产品。但这两年形成口碑后,品牌为这个"福利会"专门开发、生产一些商品。这几年"福利会"也带动了周边产业的兴起,以至于它已成为同城盛会。比如同行业的七匹狼、柒牌、富贵鸟也开始了类似的企业特卖会。今年利郎公司还引进了餐饮商贩入驻,以更好地服务顾客。利郎不向餐饮商贩收租金,也不收水电费,所以餐饮商也很开心。而对于顾客来说,这又很大程度地解决了消费者饮食问题。因此,如今的"福利会"已经成为一个比较完整的零售业态,且已进入一个良性循环中。

案例三：新品上市后，如何利用活动提高新品销售？

案例素材提供者：齐辉

齐辉

时装全域营销的探索者，场景营销推广者，Rococo 时装新零售创建人。从事时装零售 10 年，曾服务的品牌包括 Enjoy、JNBY、Less、OTT 等。目前创业中。

对于零售而言，新品上市是整个商品运营中最重要的一个环节。新品上市后，从卖方而言我们都希望能尽快让新品产生销量以加快库存周转频次。那么，新品到店后，我们可以怎样通过有计划地组织活动来快速提高销量呢？下面就与大家分享一个我们线下真实运用的案例。

首先，我们在秋季新品上市以前，先做了一个周详的总计划（见表 10-4）。

表 10-4 秋季新品推广规划

事件	7月份				备注	8月份				备注
	第一周	第二周	第三周	第四周		第一周	第二周	第三周	第四周	
节气	建党	小暑	大暑							
市场推广										
顾客去哪儿										
顾客穿什么										
商品上货计划										
核心品类推动及补货										
核心品类销售分析										
新品上市物料筹备										
店铺陈列布局										
橱窗主题展示										
重点 LOOK 陈列										核心品类的搭配要做足
本月重点工作										

第十章
综合案例

我们的理念是将新品上市当作一个项目来立项操作。通过立项操作,从零售运营部到店铺终端会有更加具体明确的目标与行动计划,并且因为项目周期短,大家的成就感更快可以得到满足。

立项时,我们先以"周"为单位,计划7~8月新品上市管理计划。

其次,我们会考虑7~8月的节气以及节日,毕竟服装必须都是为应季而做的。

表10-4中的"市场推广"是指在7~8月间公司是否有具体的市场推广计划?

"了解顾客穿着场景"也是我们总规划的内容之一。我们需要了解在7~8月间,我们的目标顾客都会去哪里?做什么?为了这些场景需求,他们可能需要什么样的衣服?顾客在这个时间段的生活轨迹与他们对形象诉求与其他阶段有什么不同,是我们重点要提前调研好的。这样才可以更有针对性地销售。

接下来,7~8月间,我们的新品上市计划是什么?会在具体哪一周上什么新货?所上的新货有多少品类与SKU?具体有哪些货品?

公司预备推动的核心品类与核心款式是什么?他们会被陈列在哪些区域?

新品上市后,需要预备哪些物料(通常是海报、POP、给客人的小礼物以及营造活动气氛的物件等)?

店铺陈列的规划是什么?特别是新品将被置放在什么区域?

7~8月间的橱窗陈列主题是什么?哪些商品会被置放在这个区域?

本月店铺的工作目标是什么(销售目标、提袋率、售罄率等)?

上述目标及具体内容都需要提前传达给店铺终端销售人员。

上面只是一个针对零售终端所设计的顶层计划。那么具体到每家店铺(旗舰店),我们还会策划具体的目标与计划。我们当时预定的目标是新品到店后我们会在旗舰店组织一个VIP沙龙活动。这个活动会进行3天,我们的销售目标是120万元。

在有了销售目标后,依照我们的件单价与客单价,我们再测算以下数据。

1）我们需要邀请多少个顾客才能完成这个目标？
2）计划现场成交多少位顾客及金额？
3）计划有多少会员顾客会充值？
4）店铺需要备多少量的畅销款？
5）目前店铺的款式可以组合搭出多少套衣服？
6）活动中，员工的工作职责怎么分配？
7）现场激励机制怎么做才能不断激励员工成交、顾客买单？
8）整个活动如何事先预热、宣传等等。

做好上述规划后，我们便要具体立项了。

立项内容主要包括以下方面。

1）设定本次活动的具体销售目标。
2）设定项目的绝对唯一负责人。该负责人必须被充分授权为当天的活动负责。此人通常是店长。一旦授权店长后，请老板及其他人都不要再插手具体执行方案。做到这点非常重要。以免过多的人参与活动细节而导致最终无人对活动承担责任。
3）设定内部激励体制，这个激励主要是为了提高员工销售的积极性，并且为他们努力的付出提供合理的回报。
4）设定具体的广告内容。通常这种活动我们都是鼓励员工通过发送朋友圈以及会员社群来做的。我们会提前统一设定好话术模板，在规定的时间内发送到朋友圈。
5）社群裂变也是我们会使用的渠道。我们会通过自己的社群及其他社群来通告即将举办的 VIP 活动。
6）商品培训。我们会给店铺提供商品知识及搭配培训。让员工充分了解上市新品，并且尽量根据顾客的穿着需求提供不同的穿搭方案。这将大大提高我们的连带率也就是客单价。
7）现场具体的成交流程是什么？成交目标是多少？成交时店员应该使用什么样的肢体语言？以及如何营造现场氛围鼓励更多的销售？

随后便可以开始具体的推广与邀约客人计划了。具体要求包括。

1）编辑电话邀约顾客的话术。
2）编辑朋友圈推送模板，附加九宫格新品。
3）店长给店员分配邀约任务并督察进度。
4）准备好给顾客的小礼物（见面礼等）。
5）店内氛围布置。店内需要布置的有节日气氛。
6）做好新品陈列区、相应海报展示的位置等。

第十章
综合案例

活动开始当天,顾客到店后需要做以下安排。

1) 对于重点客人,可以专车接送。
2) 事先店铺里要备好鲜花、礼物、点心、水果、饮料等。
3) 准备好礼物,客人一进店就送鲜花、礼物,可以先简单聊聊家常,做足气氛。
4) 准备好事先预备推荐给顾客的衣服;移动挂杆事先都挂好;在恰当的时间向客人推荐。
5) 哪位店员的顾客,谁约,谁主导接待。
6) 接待客人的四个肢体语言:搭肩、托腰、挽手、拥抱。

最后,就是大胆成交。

1) 将给顾客准备好的3~5套搭配方案,用移动挂杆将衣服推出来。可以事先用衣套把衣服都包起来,这样让顾客觉得有神秘感,随后再给顾客一个小小的惊喜。
2) 职能小组出动。他们主要分工是:1位拍照+1位负责搭配+1位负责主要销售+服务(身兼数职)。大体都是3人小组作业。
3) 用美颜相机给顾客拍照,既可以鼓励顾客发朋友圈,也可以让顾客确认穿着效果。确认购买的可放置再收银台一边。尽量搭配出1周7日的多场合多风格的组合。
4) 客人如果有抗拒,回到服务本质,不要勉强客人。等到合适的机会再谈成交的问题。

参 考 文 献

Yves L. Doz 与 Maria Guadalupe. Escaping the 'S-Curve' — is the 'Agile' Organization the Answer, *INSEAD Working Papers Collection*,2019,1月刊:1~30页

Featherstone, Mike. *Consumer Culture and Postmodernism*. London: SAGE Publication Ltd, 1st edition,1991.

赫拉利,尤瓦尔【著】,林俊宏 译.《未来简史》,北京:中信出版社,2017 年

Schüller, Sophie 与 Jud, Bianca Viola. The Revolution of Brick-and-Mortar-Retail Pop-up Stores — a Taxonomy, *Marketing Review St. Gallens*,2018,1月刊:60~68页

www.ecommercedb.com

www.everlane.com

www.thereformation.com

www.stats.gov.cn（中国国家统计局官网）